Astrida Wallat

Pikkolo und Panettone

Roman

Atlantik

Atlantik Bücher erscheinen im
Hoffmann und Campe Verlag, Hamburg.

1. Auflage 2015
Copyright © 2015 by Hoffmann und Campe Verlag, Hamburg
www.hoca.de www.atlantik-verlag.de
Satz: Pinkuin Satz und Datentechnik, Berlin
Gesetzt aus der Bembo
Druck und Bindung: C. H. Beck, Nördlingen
Printed in Germany
ISBN 978-3-455-65066-2

HOFFMANN
UND CAMPE

Ein Unternehmen der
GANSKE VERLAGSGRUPPE

Für Ruth

e per Corrado

Inhalt/*Indice*

Natale con i tuoi ...

... *pasqua con chi vuoi!* – »Weihnachten mit der Verwandtschaft, Ostern mit wem es dir gefällt! Gott sei Dank«, ächzt Nonna Elsa, während sie kraftvoll den Sauerteig in der Schüssel schlägt. Schöne, große Blasen muss er werfen, damit daraus am Ende ein Panettone entstehen kann, fluffig und wohlschmeckend wie wenige auf dieser Welt.

Seit ich denken kann, beginnt Weihnachten bei uns spätestens am 19. Dezember, dem Tag, an dem meine Großmutter den ersten Vorteig aus frischer Hefe und Wasser ansetzt, der nach einer Ruhephase weiterbearbeitet werden muss. Ein kompliziertes, zum Teil schweißtreibendes Unterfangen, denn Nonna hält viel auf Traditionen – Trockenhefe verachtet sie ebenso wie die Zuhilfenahme elektronischer Küchengeräte. So sitzt sie auch jetzt da, die rote Plastikschüssel zwischen den Knien, den Holzlöffel in der Hand, müht sich ab, schwitzt und flucht.

»Ach, Elsa«, seufzt Mama, die auf der Arbeitsplatte neben dem Herd kandierte Orangen und Zitronen zerhackt, »sei ehrlich, was wären wir ohne die Familie? Und abgesehen davon«, fügt sie pragmatisch hinzu, »kommen wir alle doch ohnehin nur dieses eine Mal im Jahr zusammen.«

»Und das reicht völlig!«, erwidert Nonna. »*Basta, basta, basta!*«, stöhnt sie im Takt ihrer Teigschläge.

Wir sind eine Familie – oder eine *famiglia*, je nachdem. Ich, Anna Maiotti, bin die Tochter des Italieners Dino Maiotti und der Deutschen Silke Maiotti, geborene Pfaffenlehner. Ich habe eine zwei Jahre jüngere Schwester namens Maura sowie ziemlich italienische Großeltern väterlicherseits, die bei uns wohnen, und ziemlich deutsche Großeltern mütterlicherseits, die glücklicherweise nicht bei uns wohnen. Außerdem gibt es meinen Cousin Angelo, den Sohn von Zio Franco und Zia Gina, der älteren Schwester meines Babbo. Angelo ist mit Arianna verheiratet, die beiden haben zwei Kinder, und hätte ich es mir aussuchen können, wäre ich die Patentante ihrer kleinen Tochter Savia gewesen. Weil man sich in einer halb italienischen Familie jedoch selten etwas aussuchen kann, bin ich die Patentante des achtjährigen Ugolino geworden. Ebenfalls nicht wirklich ausgesucht habe ich mir meine Arbeitsstelle. Dottore Vincenzi, ein Zahnarzt derselben Herkunft wie mein Vater, hat mich genommen, weil er uns kennt.

Jetzt lümmle ich neben der teigschlagenden Nonna am Küchentisch und rühre in einer fade schmeckenden *camomilla*, gegen die ich wieder einmal machtlos war.

»Wer hart arbeitet ...«, presst Nonna kurzatmig hervor, indem sie das Kinn mahnend in Richtung der unseligen geblümten Teedose auf der Anrichte reckt.

»Wer hart arbeitet, muss dafür zusätzlich mit Kamillentee bestraft werden!«, brummt Babbo, der mein Schicksal teilt und ebenso lustlos in eine Tasse des eklig gelben Gebräus starrt. Dieser Einwurf wird von Nonna mit einer Drohgeste quittiert, bei der jeder italienische Sohn einer italienischen Mutter sofort weiß, dass hier, genau hier, die Grenze liegt, die keinesfalls überschritten werden darf.

»*Camomilla* ist gesund, wärmt den Magen und unterstützt die Verdauung. Damit ...«

»... *basta*, schon klar«, füge ich mich in das Unvermeidliche. Über die Beschaffenheit meiner Darmflora zu diskutieren scheint mir noch schlimmer als der Tee. Nonna hat allerdings gut reden, denn vor ihr auf der Anrichte steht ein Pikkolo

Prosecco Valdo (ihre Lieblingsmarke), an dem sie während des Kochens pausenlos nippt.

Am Kopfende des Tisches vergleicht Nonno Corrado Horoskope. Er liebt die Sterne, und wie die meisten gebürtigen Neapoletaner ist er überaus abergläubisch. Unser Haus ist vollgestopft mit irgendwelchen Objekten, die dem allerorts lauernden *malocchio*, dem bösen Blick, entgegenwirken, Glück befördern, Unglück verhindern sollen. Nonnos Repertoire an schicksalsrelevanten Verhaltensweisen ist beeindruckend. Nie würde er einen Hut aufs Bett legen oder den Löffel beim Essen in der linken Hand halten, weil das ebenso Unglück bringt, wie den Regenschirm in der Diele zu öffnen. Um Ehestreitigkeiten vorzubeugen, würde er nie und nimmer mit Nonna ein Handtuch teilen, und gefrühstückt wird ausschließlich in den eigenen vier Wänden – auf nüchternen Magen einer Elster zu begegnen, käme einer Katastrophe gleich. *Non è vero ma ci credo* – was so viel heißt wie: Zwar ist es Blödsinn, aber ich glaube daran; meinen Großvater muss man sich als fleischgewordenes Exempel dieser Redensart aller Redensarten vorstellen.

»Und, wie sieht's so aus in den Sternen?«, erkundige ich mich, mehr zur Ablenkung von der Kamillenplörre denn aus echtem Interesse.

»Mmh, ja, also, in naher Zukunft sieht es grundsätzlich …«, setzt Nonno etwas umständlich an.

»In naher Zukunft«, ergreift Mama das Wort, »sieht es grundsätzlich so aus, dass das Abendessen fertig ist.« Sie zieht den Steinguttopf vom Herd, in dem seit einer guten halben Stunde die von Nonna vorbereitete *minestrone* vor sich hin köchelt, und wendet sich zur Tür.

»Mau---ra«, brüllt sie nach oben ins Universum des ersten Stockwerks. Als sich dort nichts rührt, nochmals: »Maura, Abendessen.«

»Ich decke den Tisch«, erbiete ich mich hastig an und lasse

im Zuge eines Kurzsprints zum Geschirrschrank die lästige *camomilla* unauffällig in der Spüle verschwinden. Babbo tut es mir nach.

Die Tafel sieht einladend aus, sechs tiefe Teller, sechs silberne Löffel, dazu Gläser aus Murano und ein Korb mit duftender Oliven-*Ciabatta*. Noch während ich genüsslich den Blick schweifen lasse, rumpelt es auf der Treppe. Wumm, wumm, wumm macht es aufmerksamkeitheischend, dann ist sie da: meine Schwester Maura, gesegnet mit all dem, was einer uninteressanten Erstgeborenen böse Schauer der Minderwertigkeit über den Rücken jagt: Schönheit, Intelligenz, Offenheit, Schlagfertigkeit, Weltgewandtheit, Esprit.

Zielstrebig peilt sie das Spülbecken an, um sich dort die Hände zu waschen, was sie aus Faulheit nie im Bad erledigt, schnuppert, reckt das Näschen in die Luft, schnuppert erneut.

»Könnte es sein, dass da vor kurzem jemand *camomilla* in den Ausguss gekippt hat?«, flötet sie unschuldig zu mir hinüber, um dann auf ihren angestammten Platz zu plumpsen.

»Du musst dich täuschen«, flöte ich zurück, »nie käme Babbo auf die Idee, so etwas zu tun. Nicht wahr, Babbo?«

Meine Schwester lächelt gnädig. Ihr gewohnt selbstbewusster Auftritt vermag nicht darüber hinwegzutäuschen, dass sie, der zuletzt sogar »Managementqualitäten« bescheinigt wurden, an diesem Abend etwas angekratzt wirkt. Das belegt allein ihre Anwesenheit. Während ich als hartnäckiger Single auch im fortgeschrittenen Alter von dreiundzwanzig in meinem Mädchenzimmer hause, lebt Maura seit einiger Zeit bei ihrem Freund Sammy in Erlangen, wo sie etwas sehr Geistvolles studiert. Das heißt, sie lebt dort, solange sie sich nicht mit Sammy verkracht. In diesem (häufig eintretenden) Fall verkriecht sie sich umgehend in ihrem alten Zimmer im ersten Stock unseres rustikalen Hauses in Gerasmühle, einem der südlichsten Zipfel von Nürnberg. Gerade ist es wieder so weit. Maura ist zurück.

Seit ungewöhnlich langen dreieinhalb Tagen, in denen ich sie allerdings kaum zu Gesicht bekommen habe, weil vor Weihnachten alle Welt plötzlich durch furchtbare Zahnschmerzen geplagt wird und ich in der Praxis Überstunden schieben muss.

Nonna lüpft den Deckel der Kasserolle und greift zum Schöpflöffel.

»Iih, *minestrone*«, krittelt meine Schwester, als wäre die Suppe auf dem Tisch nichts anderes als der Kamillentee in der Spüle, »ich glaube, ich habe keinen Appetit.«

Nonna bleibt gelassen.

»Wenn du nichts isst, *cara*, wirst du abmagern bis auf die Knochen«, erwidert sie gleichmütig und kippt eine randvolle Kelle Suppe in Mauras Teller. »Dann wird es erst recht nichts mit deinem Sammy. Kein Mann mag eine *spilungona*.«

Bohnenstange? Dass ich nicht lache. Grotesk. Wenn es ein Attribut von Superfrauen gibt, das Maura verweigert wurde, dann das, schlank zu sein. Von *thigh gap* keine Spur. Auf den massiven Schenkeln meiner Schwester sitzen üppige Hüften, ein ausladendes Hinterteil, dazu gehöriger Bauchspeck und einschüchternd große Brüste. Man könnte sie bestenfalls als »vollschlank«, mit etwas Boshaftigkeit sogar als »dick« bezeichnen. Was ihrer Schönheit keinen Abbruch tut. Sammy himmelt sie (meistens) an, Babbo schmilzt dahin, sobald sie mit den Wimpern klimpert, und Mama ist unsagbar stolz auf ihre Jüngste, weil sie etwas »Kulturelles« studiert.

Normalerweise halte ich mich zurück. Heute nicht. Beherzt kneife ich in die verlockende Stelle über dem Hosenbund, wo der Hüftspeck meiner Schwester üppige Röllchen wirft.

»Keine Sorge, Nonna, dieser Speck wird es überleben, der ist zäh.« Durch Mauras Körper geht ein Ruck.

»*Stronza*«, zischt sie wütend, »schau dich an, wenn es sonst schon keiner tut. Nonna hat völlig recht. Du bist flach wie eine Flunder und – Single.«

Das letzte Wort betont sie absichtlich in einer Weise, die mir beinahe die Tränen in die Augen treibt.

»Pah, besser dünn und Single als fett und …«

»*Figlie mie*«, beschwichtigt Babbo, der sich inzwischen selbst an der Suppe bedient hat, »*non litigate*, hört auf zu streiten.«

»Wenn ihr mich fragt, kein Wunder!«, brummelt Nonno, der die Zeitungshoroskope neben seinem Teller abgelegt hat. »Widder und Skorpione sind kosmisch heute nicht harmonisch bestrahlt!« Ich bin Widder, Maura Skorpion.

»Wir fragen dich aber nicht, Corrado«, weist Mama ihren Schwiegervater milde, aber bestimmt zurecht. Nonno schweigt.

»Wie dem auch sei«, erklärt Maura, »ich habe keinen Hunger. *Buon appetito a voi!* Lasst es euch schmecken.« Schwungvoll schmeißt sie den unbenutzten Löffel zurück neben den Teller. Dann rauscht sie aus der Küche wie eine Primadonna von der Bühne. Mama will ihr etwas nachrufen, Babbo hindert sie daran. Er weiß, es ist zwecklos.

»Na denn, *salute*!« Nonna hebt ihr Glas und nimmt einen kräftigen Schluck.

Nonno rückt mit geducktem Kopf auf den nun leeren Platz und hinter den vollen Teller neben mir.

»Horoskope lügen nie«, flüstert er mir zu, ehe er sich genussvoll schmatzend seiner Suppe widmet. Auch ich beginne zu essen. Im Gegensatz zu Maura bin ich geradezu verrückt nach *minestrone*. Mit frischem Gemüse, Reiseinlage, einer Koriandernote und sehr sämig, wie Nonna sie zubereitet hat, kann ich normalerweise nicht genug davon kriegen.

Normalerweise. Heute bleibt mir jeder zweite Bissen im Hals stecken, *minestrone* oder *camomilla*, völlig egal. Ich muss ständig an meine entschwundene Schwester denken. Dieses eitle, ungerechte, nervige, faszinierende Trampeltier, ohne das mein fades Leben noch fader wäre! Nach ungefähr zehn Löffeln Suppe und einigen Würgebrocken *ciabatta* entscheide ich, zu tun, was getan werden muss.

»Ich sehe nach!« Wie gelingt es Maura nur, dass wir für ihr Theater stets bereitwillig die Statisten spielen?

Im oberen Stockwerk befinden sich auf der rechten Seite des Ganges das Bad und mein Zimmer, auf der linken das Gästezimmer und das meiner Schwester. Alle Räume sind winzig, aber in einer *famiglia* wie der unsrigen ist man mitunter dankbar für den Platz von der Größe einer Bienenwabe, solange man dort für sich sein kann. Vor Mauras Tür halte ich inne. Drinnen wird eine Computertastatur malträtiert, dazu ertönen massive Schimpfwörter, zwischendurch fliegen Bücher. Keine ganz ungewohnte Situation. Ich gehe in die Knie, versuche durchs Schlüsselloch zu spähen. Das habe ich schon als Kind getan, wenn meine kleine Schwester nach einem Streit beleidigt in ihrem Zimmer verschwunden war. Oder später, aus Neugier, als sie ihren ersten Freund hatte. Manchmal, wenn ich nicht schlafen konnte, öffnete ich die Tür einen winzigen Spalt und setzte mich in den Rahmen, um Mauras gleichmäßigen Atemzügen zu lauschen. Ich fragte mich dann, was sie gerade träumen mochte. Das beruhigte mich. Einmal bin ich sogar in dieser unbequemen Position auf der Schwelle weggedöst, wo mich Nonna am nächsten Morgen kopfschüttelnd fand.

Heute Abend klopfe ich halbherzig an und trete sofort ein.

»Maura, tut mir leid wegen vorhin, ich wollte nicht streiten.«

Erschütternd, wie jemand sich in kurzer Zeit derart verändern kann. Meine Schwester sieht erbärmlich aus. Dunkle Ringe unter dunklen Augen, dramatisch verschmierte, von Tränenrinnsalen durchzogene Schminke, die sonst schnittige Bobfrisur zur Unkenntlichkeit zerzaust.

»Schon mal was von Anklopfen gehört?«

»Nette Begrüßung!«

»So bin ich eben.« Trotzig schiebt mir Maura die Unterlippe

entgegen, was sie noch bedauernswerter wirken lässt. Ich unterdrücke den Impuls, sie in die Arme zu nehmen.

»Schönes Chaos hier.« Kritisch mustere ich die quer über den Boden verteilten, eselsohrigen Bücher, unter denen ich einige Standardwerke aus der Bibliothek unserer Eltern wiedererkenne.

»Lass das lieber nicht Mama sehen!«

»Wenn du mir so kommst, kannst du gleich wieder abhauen und mit den anderen Idioten *minestrone* fressen«, versetzt Maura mürrisch.

»Was ist denn passiert?«, frage ich, obwohl ich es eigentlich weiß. »Sammy?«

Maura nickt.

»Dieser Mega-*Stronzo*. So ein Riesenarsch!«

»Hm.«

»Was heißt ›hm‹?«

»Das hast du schon öfter gesagt.«

»Aber diesmal meine ich es ernst. Da!« Sie deutet auf den Bildschirm ihres Laptops, wo ihr Facebook-Account geöffnet ist. Bei genauerem Hinsehen wird mir klar, dass sie auf dem Profil von Sammy surft. Ein paar Schnappschüsse des vertrauten Gesichts, mal grinsend, mal bedeutungsschwanger dreinblickend, mal cool, mal verträumt. Ziemlich attraktiv.

»Und?«

Der Finger meiner Schwester bohrt sich in die nachgiebige Oberfläche des Flachbildschirms.

»Getrennt«, lese ich laut den Begriff vor, der neben einem unscheinbaren Herzchen prangt, das den Beziehungsstatus symbolisiert. »Oh.«

»Das hat er noch nie gemacht«, jammert Maura, »noch nie.«

»Sicher meint er es nicht so«, versuche ich sie zu beruhigen, aber es kommt mir ebenfalls nicht ganz harmlos vor. Sammy ist nicht der Typ für solche Späße.

»Wie soll er es sonst meinen?«, bellt Maura prompt.

Ich zucke die Achseln. Manchmal fällt es mir schwer, meine kleine Schwester zu trösten. Schließlich hat sie den dritten festen Freund, während ich romantische Beziehungen nur aus dem Fernsehen kenne.

»In ein paar Tagen ist Weihnachten, bis dahin werdet ihr euch versöhnen. War doch immer so.«

»Diesmal nicht«, orakelt Maura düster, »diesmal ist es endgültig. Aus und vorbei. Schau dir das an.« In schwindelerregendem Tempo scrollt sie durch Sammys Pinnwand, auf der verschiedene Personen die vielfältigsten Nachrichten hinterlassen haben. Einige davon stammen von einer gewissen »Rosalie«.

»*Hi, it's me. Never thought something like this could really happen! After all that time*«, schreibt sie.

»*Yeah, but it did!*«, antwortet Sammy.

»*Might seem strange, but I'd like to know you better again. See you soon?*«

»*Wish we could.*« Mit dem ersehnten Treffen dürfte es schwierig werden, da Rosalie laut Auskunft von Facebook derzeit beruflich in Kapstadt weilt.

Dazwischen ein paar nichtssagende Nachrichten anderer Freunde. Dann weiter unten, ein früherer *post*:

»*Something new! How do you like this photo?*«

»*You are really beautiful, Rosalie. Beautiful and charming.*«

Schönheit und Charme kann man Rosalie nicht absprechen. Sie trägt lange mahagonifarbene Locken zu einer feingeschnittenen Nase und einem spöttischen Zug um die Mundwinkel. Der bronzefarbene Teint glänzt makellos. Es ist etwas an ihr, so etwas Fotomodellartiges, das spontan Bewunderung erzeugt.

»Kannst du das verstehen?«, schnaubt Maura. »Dreieinhalb Jahre, für nichts! Für eine ›Rosalie‹.« Der Ton ihrer Stimme lässt keinen Zweifel daran, dass sie dieser virtuellen Unperson am liebsten die Augen auskratzen würde.

»Klar, es lief nicht gerade perfekt mit uns in letzter Zeit, das stressige Studium, die Prüfungen, die Familie, das gibt's halt, ist doch normal, oder?«

Offen gestanden kann ich das nicht beurteilen.

»Diese Nachrichten sind über drei Monate alt«, bemerke ich ausweichend, »warum regst du dich erst jetzt darüber auf?«

»Was glaubst du? Ich bin im Sommersemester durch zwei Prüfungen gerasselt, was Mamma (Maura spricht das Wort italienisch aus, mit ploppendem Doppel-M) im Übrigen noch nicht weiß, und hatte anderes zu tun, als mich um das blödsinnige Facebook-Geplauder, Gechatte und Geposte zu kümmern. Außerdem, warum sollte ich misstrauisch sein? Nie hätte ich mir vorstellen können, dass Sammy untreu ist!«

»Ich, ehrlich gesagt, auch nicht!«

»Aber als er in der letzten Zeit immer so komisch war … entweder schwieg er sich zu Tode, oder er interessierte sich für seltsame Dinge, zum Beispiel dafür, wo Arianna geboren wurde oder ob dein Chef verheiratet ist, als ginge ihn das etwas an. Wenn ich ihn fragte: ›Was ist los mit dir, was hast du?‹, antwortete er nie etwas anderes als: ›*Nothing.*‹ ›*Nothing*‹, mit so einer Miene« – Maura zieht eine schaurige Grimasse –, »mit so einer Miene, die irgendwie alles sagt, deswegen habe ich mich hier mal wieder eingeloggt und ein bisschen nachkontrolliert. Und jetzt das!«

»Hast du ihn darauf angesprochen?«, erkundige ich mich vorsichtig.

»Schon.«

»Und?«

»Er meint, diese Rosalie sei eine Bekannte aus der Highschool, die er per Zufall im Netz wiedergetroffen hat, es habe überhaupt nichts zu bedeuten.«

Ich atme auf. Das könnte durchaus stimmen. Sammy ist gebürtiger Amerikaner und schokobraun. Mit siebzehn Jahren kam er nach Deutschland, weil sein Vater für die Army arbeitete. Dass er Maura kennenlernte, war später sicher einer der Gründe dafür, in Deutschland zu bleiben. Die *famiglia* hieß ihn sofort willkommen, eine Nationalität mehr oder weniger spielte für uns keine Rolle. Sammy war immer ehrlich. Und die fraglichen *posts* auf seiner Facebook-Seite kann jeder einsehen, was sollte er zu verbergen haben?

»Na also! Wo liegt das Problem?«

»Das Problem? *You are really beautiful, Rosalie. Beautiful and charming*«, äfft Maura. »Die Geschichte mit der Jugendfreundin glaubt ihm doch kein Mensch. Ach, Anna, man merkt ehrlich, dass du von Männern keine Ahnung hast.«

»Da muss ich dir recht geben«, entgegne ich steif, »von Männern habe ich tatsächlich wenig Ahnung. Aber Sammy kenne ich. Und ich glaube ihm.«

»Tu, was du willst«, kommentiert Maura spitz, »aber mir macht niemand etwas vor; sein eigenartiges Verhalten, das urplötzliche Auftauchen der alten Bekannten ... mir ist absolut klar, was Sache ist.«

»Wenn du meinst.«

»Doch komisch, dass er mir nie von einer soooo guten Freundin namens Rosalie erzählt hat, nicht ein einziges Mal in dreieinhalb Jahren.«

»Ach, Maura, mach dich nicht fertig, wer sagt denn, dass sie eine soooo gute Freundin ist?«

»*You are really beautiful, Rosalie. And so charming!*«

»Du bist eifersüchtig!« Wider Willen wächst in mir erneut das Verständnis für meine temperamentvolle, tragische Schwester.

»Und wenn schon.«

»Wie ich dich kenne, hast du Sammy kräftig Bescheid gegeben, und jetzt hat er genug.«

»Soll er doch. Ich habe auch meinen Stolz.«

Unsere konspirative Sitzung wird unterbrochen von Mama,

die es unten nicht mehr ausgehalten hat und plötzlich im Zimmer steht.

»Alles klar?«

Angesichts von Mauras echauffiertem Zustand erübrigt sich die Frage.

»Sammy hat sich von ihr getrennt«, sage ich schnell.

»Ich mich von ihm«, korrigiert meine Schwester umgehend.

»Gut, dann eben so herum«, gebe ich nach.

Mama reagiert völlig unerwartet.

»O Gott. Und was ist mit Massimo?«, fragt sie schockiert.

»Massimo?«, brüllt Maura. »Ich bin todunglücklich, und du erkundigst dich allen Ernstes nach *Massimo*?«

Mit Massimo verhält es sich wie mit den meisten Dingen in unserer Familie: Es ist kompliziert. Massimo ist erstens ein Freund von Sammy, zweitens der Sohn von Gianni, eines Bekannten der *famiglia*, sowie drittens und schlimmstens der Traumschwiegerenkel meiner Nonna, die ihn unbedingt mit einer bestimmten Person verkuppeln möchte, nämlich mit mir.

»Mama, wie kommst du jetzt bloß auf Massimo?«, stärke ich Maura schwesterlich den Rücken.

»Das liegt doch auf der Hand. Maura und Sammy streiten, Sammy beklagt sich bei Massimo, und der will dann am Ende vielleicht nicht mehr den …«

Okay, ich habe etwas Wichtiges vergessen: Massimo ist viertens unser Weihnachtsmann, also derjenige, der seit Jahren sehr zur Freude der Kinder am Nachmittag des 25. Dezember pünktlich um drei Uhr als *Babbo Natale* erscheint. Keine schlechte Besetzung, wie ich zugeben muss. Im letzten Jahr deklamierte er mit italienischem Akzent ein deutsches Gedicht, um danach ruteschwenkend zu fragen, ob die *bambini* übers Jahr schön brav waren. Daraufhin servierte er, begleitet von freundlichem Geraune und Gegrunze, großzügig seine *regali*, Geschenke für alle. Zumindest die kleine Savia dürfte keinen

Zweifel daran hegen, dass *Babbo Natale* wirklich existiert, ein waschechter Italiener ist und extrem nach Rasierwasser Marke Baldessarini duftet.

»Und wenn schon«, keift Maura, »was kümmert mich *quel cazzo di Babbo Natale?*«

»Scheiß Weihnachtsmann? Reiß dich zusammen, *signorina*«, keift Mama zurück.

Maura sieht nur sich und ist stinksauer, Mama sieht die *famiglia* und ist besorgt. Da sie sich gegenseitig nicht ansehen wollen, starren beide auf mich, eine von rechts, die andere von links, beide gleich verzweifelt, nur aus verschiedenen Gründen.

»Ach was«, verkünde ich schließlich großspurig, »das regelt sich schon, irgendwie.«

Mit dieser kühnen Behauptung und der geballten Familienverzweiflung im Nacken verzichte ich auf eine Fortsetzung des Abendessens und verschwinde in meinem Zimmer. Mein wundervolles, tröstliches, altprinzessinnenrosa Mädchenzimmer, das dringend einen neuen Anstrich bräuchte.

Weihnachten mit der Verwandtschaft? Ich wollte, es wäre schon Ostern.

Nachbars Kirschen ...

... sind immer die süßesten. Oder anders: – »*L'erba del vicino è sempre più verde.*« Ist eine der Lieblingsweisheiten von Nonna Elsa und heißt übersetzt so viel wie, dass das Gras des Nachbarn stets grüner ist.

Ob eins davon oder gar beides der Wahrheit entspricht, ist im Augenblick schwer zu sagen. Alle verfügbaren Obstbäume sind abgeerntet und die dazugehörigen Gärten bedeckt von einer dicken Schneeschicht, die sich garantiert pünktlich zum 24. Dezember in eine eklige Schlammpaste verwandeln wird. Wenn man sich in diesem Land auf etwas verlassen kann, dann darauf.

Neben uns, ein Stück weiter vorn an der Stichstraße, die zum Hauptweg führt, wohnen seit ein paar Monaten die Schäberles. Die Schäberles stammen aus Schwaben und sind nicht unbedingt freiwillig in Franken, sondern weil Herr Schäberle hierher versetzt wurde, um irgendeine Behörde zu leiten. Nach kurzer Zeit haben die beiden immerhin erkannt, dass es sie in eine Diaspora verschlagen hat, die missioniert werden muss. Und zwar insbesondere, was die »Kehrwoche« anbelangt, die man hierzulande eher »Hausordnung« nennt, was im Grunde dasselbe meint, aber keinesfalls dasselbe ist, zumindest nicht für die Schäberles. Die Kehrwoche verleiht deren Leben einen Sinn. Niemand nämlich kann mit solcher Inbrunst, Pedanterie und religiöser Überzeugung Schnee schippen, die Straße kehren und den Vorgarten pflegen wie die Schäberles. Niemand kann außerdem mit solcher Hartnäckigkeit den vorbeischleichenden oder -hetzenden Leuten durch bloße vorwurfsvolle Anwesenheit verdeutlichen, dass man selbst nicht so exzellent Schnee schippen, die Straße kehren und den Vorgarten pflegen kann wie das Ehepaar Schäberle. Wie es *in* deren Haus aussieht, mag man sich gar nicht erst vorstellen, wir wissen es auch nicht, denn meine Eltern und die Schäberles können sich nicht leiden. Ebenfalls nicht leiden können sich die Schäberles und meine italienischen Großeltern, die zu uns zogen, als Nonno Corrado vor zehn Jahren seine Arbeit verlor und sich der Zwangspensionierung ergab.

Als ich an diesem Morgen gegen 7.15 Uhr schlaftrunken in Richtung meines etwas abseits geparkten Fiat Panda torkle, lehnt neben der Eingangstür der Nachbarn demonstrativ eine Schneeschippe: Herr Schäberle hat seinen Teil des Winterzaubers längst säuberlich beseitigt. Frau Schäberle poliert nun, bewaffnet mit einem Reisigbesen, das Kopfsteinpflaster und streut Salz, damit sich niemand unfreiwillig auf den Hintern setzt. Die Grenze zu unserem Teil des Weges markiert eine circa zehn Zentimeter dicke, kompakte Schneeschicht. Da die Straße, wenn man den durch Kopfsteinpflaster gesäumten Teerstreifen überhaupt als solche bezeichnen kann, sehr schmal ist und in einer Sackgasse endet, bleibt mir keine Wahl – ich muss an Frau Schäberle vorbei. Unter dem Saum ihres Wintermantels leuchtet es bunt: Das Tragen geblümter Kittelschürzen gehört zu den wenigen gemeinsamen Vorlieben von ihr und Nonna Elsa.

»Grüß Gott«, murmle ich beiläufig und versuche mich, über das blankpolierte Parkett des Trottoirs hinwegschwebend, um den Reisigbesen herumzudrücken. Keine Chance.

»Guten Morgen!« Da ein Großteil der *famiglia* ihren Dialekt nicht verstehen konnte oder nicht verstehen wollte, bemüht Frau Schäberle sich uns gegenüber um reinliches Hochdeutsch. »Ihr Teil des Gehwegs ist nicht geräumt!«

»Ich, äh, nein, tut mir leid.« Nonno liegt im Bett, Babbo

ist gerade nicht ansprechbar, Nonna kann nicht aufgrund von Küchenkämpfen, Maura nicht aufgrund von Liebeskummer, Mama aus Prinzip nicht, ich nicht, weil … versteht sich von selbst. So sieht's aus.

»Später wird sich jemand darum kümmern«, versichere ich ihr.

»Später?« In einem mimischen Akt der Missbilligung hebt Frau Schäberle die linke Augenbraue. »Da kann man nur hoffen, dass später nicht zu spät ist. Unter dem Schnee befindet sich Glatteis« – sie schrubbt dramatisch mit dem Stiefel auf und ab –, »da kann schnell jemand hinfallen und sich einen Arm brechen oder ein Bein oder …«

»… wer weiß, was sonst noch«, ergänze ich rasch, um mir Weiteres zu ersparen. »Wie gesagt, das wird schon erledigt.« Wer zum Teufel sollte bitte um die Uhrzeit in diese gottverlassene Gegend kommen und sich alles Mögliche brechen? Hat Frau Schäberle darüber einmal nachgedacht? Offensichtlich ja.

»Da hinten wohnen die Hubers, wenn die jetzt herauskommen, das sind alte Leute, müssen Sie wissen.« Und ob ich das weiß, schließlich wohne ich seit meiner Geburt in dieser Straße. Die Hubers hat seit Ewigkeiten niemand zu Gesicht bekommen, weil sie ans Bett und er an den Rollstuhl gefesselt ist. Unnötig, festzustellen, dass sich auch vor ihrer Tür die Schneemassen türmen.

Fraglich ist nur: Wie schaffe ich es zu meinem Auto, sprich, wie beende ich die irrwitzige Diskussion mit Frau Schäberle?

Die Rettung erscheint in Form von Nonno Corrado, der sich schlurfend aus dem Haus quält, unsere alte, verbeulte Schneeschippe in der Hand. Was für ein Timing! Ich frohlocke.

»*Ciao*, Nonno!«, rufe ich vergnügt. Ein Gefühl des Triumphs bricht sich in mir Bahn, ich setze eine selbstzufriedene Miene auf, die so viel bedeuten soll wie: Hab ich's nicht gewusst, auf *la famiglia* ist Verlass!

»Servus, Frau Schäberle, und schönen Tag auch!« Nonno beginnt zu schippen, die Nachbarin bleibt mit offenem Mund zurück.

Meine Arbeitsstelle ist nicht weit entfernt, sieben Fahrminuten bei gutem, zehn bei schlechtem Wetter. Wäre ich sportlicher, könnte ich laufen. »*Avanti, topolina*«, neckt Babbo mich manchmal, wenn das Wetter gut zu werden verspricht oder der Frühnebel romantisch in den Flussauen hinter dem Haus hängt. Babbo hat viele Kosenamen für mich, die meisten davon mit Vorbildern aus dem Tierreich: *topolina, caprioletta, coccinella* zum Beispiel. Mama findet das albern, ich selbst bin manchmal ganz gern ein Mäuschen, Rehlein oder Marienkäferchen, es vermittelt mir das Gefühl, nicht ganz so erwachsen sein zu müssen, wie gemeinhin in meinem Alter erwartet wird.

Ich bin früh dran. Als ich die Tür aufsperre, liegen die Praxisräume leer im Dunkeln. Das Durcheinander auf der Empfangstheke ignorierend, bereite ich mir in der Teeküche den zweiten morgendlichen Cappuccino zu. Groß, stark, mit viel Milchschaum. Geöffnet wird um 8.30 Uhr, vorher sind Büroarbeiten zu erledigen. Die Praxis ist keine zertifizierte High-Tech-Maschinerie, sondern eher bescheiden. Normalerweise sind wir zu viert. Meine Kolleginnen Sabrina, Gabriella, Dottore Vincenzi und ich. Außerdem gibt es eine türkische Putzfrau und eine serbische Teilzeitkraft für die Buchhaltung. Derzeit bin ich mit meinem Chef allein, zwischen den Jahren habe ich Notdienst. Wenn ich eins schwören könnte, dann dies: Die durch überdimensionierte Weihnachtsgelage lädierten Kronen und Plomben werden sich die Klinke in die Hand geben, im Wechsel mit den Wichtigtuern, die sonst keine Zeit finden, zum Zahnarzt zu gehen. Im Augenblick jedoch herrscht seliger Frieden, sogar das Telefon schweigt. Genüsslich löffle ich den Milchschaum aus der Tasse, der wie angewärmter Schnee auf der Zunge zergeht.

Gegen die Tatsache, dass daheim einiges im Argen liegt, vermag allerdings der leckerste Cappuccino wenig auszurichten. Die Vorzeichen sind besorgniserregend. Heute früh wurde ich nicht wie üblich vom Wecker, sondern durch Würgegeräusche von schräg gegenüber unsanft aus dem Schlaf gerissen. Eindeutig Maura, die nach unserer Diskussion am Vorabend irgendetwas Unverträgliches – und davon zu viel – zu sich genommen haben muss, ihr übliches Verhalten in Sachen Liebeskummer. Während des Frühstücks in der Küche schimpfte Nonna Elsa energiegeladen über einen widerspenstigen Hefeteig und genehmigte sich aus Frust den ersten Pikkolo des Tages, weswegen Mama ihr prompt einen Hang zum Alkoholismus attestierte. Babbo vergrub sich hinter seiner Ausgabe der *Nürnberger Nachrichten*, eine stumme Aufforderung, ihn nicht anzusprechen. In der Luft hing üppige Festverdrossenheit, und das wenige Tage *vor* dem Ereignis.

Gegen 7.55 Uhr klingelt zum ersten Mal das Telefon. Selbstverständlich nehme ich nicht ab, geöffnet wird Punkt 8.30 Uhr, keine Minute früher! Stattdessen spiele ich am Computer eine Partie Coconut Bowling, um anschließend die Karteikarten der Patienten mit Termin herauszusortieren. In unserem System nimmt der Buchstabe »M« wie Maiotti ungewöhnlich viel Raum ein, was unter anderem daran liegen mag, dass meine gesamte Familie bei Dottore Vincenzi in Behandlung ist.

Um 8.29 Uhr dreht sich der Schlüssel im Schloss.

»Buon giorno, buon giorno!«

In meinem gut gelaunten Chef hat die Natur virtuos das verschmitzte Lächeln von George Clooney mit der Schlonzigkeit von Jack Nicholson und der wirren Frisur von Adriano Celentano kombiniert. Zu Letzterem besteht außerdem die Parallele, dass Dottore Vincenzi nicht singen kann, was ihn nicht daran hindert, es mit überbordender Leidenschaft zu tun. Von *Azzurro* über *Volare* und *Il vecchio frac* bis hin zu *Felicità* – kein populärer Italo-Song bleibt verschont. Richtig schlimm wird es, wenn mein Chef sich im Klassiksektor versucht.

»Gut gefrühstückt?«, erkundigt sich Dottore Vincenzi grinsend. Ich bin perplex.

»*Sì grazie*, wieso?«

»Sie haben einen Milchbart.«

»Oh.« Verschämt spiegle ich mich im Display meines Handys. Mein Chef stützt sich lässig mit dem linken Arm auf die Theke. Ein charmanter, gutaussehender Mann norditalienischen Typs, groß gewachsen, mit dunkelblondem Haar, der sich seiner Wirkung auf Frauen durchaus bewusst ist. Alleinstehend und kinderlos. »Ich bin vielleicht der einzige Italiener«, pflegt er zu sagen, »der nicht versessen auf Kinder ist.«

»Was liegt an?«, fragt er nun.

»Karies«, antworte ich mit einem flüchtigen Blick in unseren dichtgedrängten Vor-Festtags-Terminkalender. Dottore Vincenzi lacht: »Na, dann wollen wir mal.«

Während ich die Patientenkartei weiter nach den benötigten Unterlagen durchforste, zieht sich mein Chef zur Vorbereitung zurück. Lange dauert es nicht: Ein Summton, das Schnappen des automatischen Türöffners, und herein tritt Signora Petrelli, eine Art Stammkundin, die zum Zahnarzt geht wie andere Frauen zum Friseur. Hochtoupiert, parfümumwolkt, perfekt gestylt, trippelt sie mir entgegen.

»*Buon giorno*. Ich habe einen Termin.« Obwohl mir das selbstredend bekannt ist, blättere ich wichtig in unserer Agenda. Signora Petrelli unterzieht mich einer eingehenden Musterung.

»*Cara mia*, Sie sollten ehrlich etwas mehr für sich tun«, säuselt sie in einem affektierten Soap-Opera-Tonfall, den sie sich als eine Art Modeaccessoire zugelegt hat. »So gewöhnlich, so blass. Ganz das Gegenteil Ihrer Schwester.«

Ich muss mein Kinn in beide Hände stützen, damit es nicht herunterfällt. Sogar in meiner Funktion als Empfangsdame einer Zahnarztpraxis bin ich vor Vergleichen mit Maura nicht gefeit. Woher kennen sich die beiden eigentlich, warum sagt Signora Petrelli so etwas? Und überhaupt: Was bildet sie sich ein?

»Sie brauchen nicht so entsetzt dreinzuschauen, *cara mia*, ich meine das ernst. Ihre Schwester weiß sehr genau, wie man sich präsentiert. Ebenso Ihr Chef, *oh la la*, sage ich.«

Täusche ich mich, oder liegt eine leichte Verärgerung in ihrer Stimme? Oder Ironie? Nur weshalb? Die Dame mag eine Schwäche für Dottore Vincenzi haben, über Maura kann sie nicht viel wissen.

»*Beh*«, macht Signora Petrelli affektiert, »jung muss man sein, verführerisch, sexy.« Überspannt rollt sie die Augäpfel nach oben. Was genau will sie von mir hören? Dass sie jung ist, verführerisch und sexy? Wie heißt es so schön? Du sollst nicht lügen. Von daher murmle ich irgendetwas vor mich hin, das ich selbst nicht verstehe. Entsprechend gereizt ist die Reaktion.

»Drücken Sie sich ruhig deutlicher aus!«

»Es hat geschneit«, erkläre ich mechanisch, »man darf die Kehrwoche nicht vergessen.«

»Die Kehrwoche?« Signora Petrelli scheint kurz sprachlos, weiß jedoch umgehend Rat: »Wunderbar, *cara mia*. Sagen Sie, sind Sie so naiv, oder ist das ein Trick?«

»Bin so.«

Ehe das Gespräch eine noch üblere Note annehmen kann, kommt – *che fortuna!* – Dottore Vincenzi im weißen Kittel aus dem Hintergrund hervorgeflattert, um die Dauerpatientin charmant ins Behandlungszimmer »Bologna« zu komplimentieren.

»Signora Petrelli, *come va*?«

»Wollen Sie wirklich wissen, wie es *mir* geht?«, trällert die.

Mein Chef übergeht diese Provokation galant.

»Aber *naturalmente* will ich das wissen! Und habe ich Ihnen erzählt, was meinem Kollegen Dottore Rotelli letzten Sommer in Urbino passiert ist? Nein? *Davvero?* Das müssen Sie sich anhören!«

Dann sind die beiden verschwunden. Ich gähne und lausche nach »Bologna«. Kein Mucks. Doch da: amüsiertes Quieken, schrilles Gelächter. Offenbar läuft mein Chef sich warm. Ebenso wie Nonna Elsa verfügt Dottore Vincenzi über ein schier unendliches Arsenal an Geschichten, eine skurriler, chimärenhafter als die andere. Dottore Vincenzi plaudert, Signora Petrelli gackert. Der Rest des Tages ist Routine. Sogar das Geschenk meines Chefs.

»*Buon Natale*, Anna! Für Ihre Sammlung«, verkündet er salbungsvoll, indem er ein in Klarsichtfolie gehülltes Päckchen vor mich auf die Theke zaubert. Darin befindet sich eine kitschige Schneekugel mit dem schiefen Turm von Pisa. Als wollte er die Tauglichkeit seines Präsents demonstrieren, nimmt Dottore Vincenzi es noch einmal an sich, um es kräftig zu schütteln. Sogleich versinkt die Sehenswürdigkeit in dichtem Schneegestöber.

»*Me--ra--vi--glio--so!*«, stottere ich. »Toll! *Grazie.*«

Gerade als ich die verschneite Pisa-Impression zu ihren Pendants schieben will – der Kugel mit dem Kolosseum aus dem Vorjahr, der mit dem Mailänder Dom aus dem Vorvorjahr und der mit dem Vesuv aus dem Vorvorvorjahr –, ertönt der Summton der Praxisklingel.

»*Chi è?* Wer mag das jetzt noch sein?« Dottore Vincenzi wirkt wenig beglückt. Er hat mir sein Geschenk überreicht, jetzt will er nach Hause, Feierabend, *finito*.

»Ein Notfall?«, mutmaße ich.

Der »Notfall« entpuppt sich als meine Schwester Maura, deren Erscheinen im Gegensatz zur Schneekugel meines Chefs eine echte Überraschung darstellt. Sie hat das noch nie gemacht. In fast viereinhalb Jahren kein einziges Mal. Maura meldet sich regelmäßig zur Kontrolluntersuchung an, manchmal zur Zahn-reinigung, und selbst diese Termine legt sie meist so, dass sie mir in der Praxis nicht begegnen muss.

»Du?«

»Begeisterung klingt anders!«

»Was willst du?«

»Wonach sieht es aus? Dich abholen, wir brauchen ein Geschenk für Nonna Elsa.«

»Wir haben schon eins.«

»Wie?«

»Na, diesen Pasta-Wecker, der nach sieben Minuten den Triumphmarsch aus ›Aida‹ und nach zehn den Gefangenen-chor aus ›Nabucco‹ piept.«

»Muss ich glatt vergessen haben.« Zerstreut lugt Maura an mir vorbei.

»Dein Chef hatte es aber eilig, zu verschwinden.«

In der Tat. Der sonst so redselige Dottore Vincenzi hat ihr lediglich rasch zugenickt und sich in sein Büro zurückgezogen. Untypisch für ihn.

»Vorweihnachtsstress.«

»So, so.«

Diese Art von Nichtbeachtung ist meine kleine Schwester nicht gewohnt.

»Heute war Signora Petrelli hier«, berichte ich leichthin.

»Ja, und?«

»Du weißt nicht, wer das ist?«

»Nö, wieso? Bin ich du?« Sie zeigt auf die Patientenkartei.

»Natürlich nicht. Ich habe mich bloß gewundert, weil sie dich umgekehrt recht gut zu kennen scheint.«

»Tja, ich bin eben so was wie ein Promi.« Herausfordernd dreht sich Maura einmal im Kreis. So selbstbewusst wie sonst wirkt es nicht.

Nach einem letzten prüfenden Blick auf meinen einigerma-

ßen aufgeräumten Arbeitsplatz greife ich nach der Umhängetasche.

»*Andiamo?* Wollen wir gehen?« Meine Schwester fixiert
mich schräg von der Seite.

»Der kommt nicht mehr, oder?«, erkundigt sie sich unschlüssig, mit dem Kinn in die Richtung weisend, in die Dottore
Vincenzi verschwunden ist.

»Chef?«, rufe ich in die Tiefe der hinteren Praxisräume.
Keine Antwort.

»Moment, ich komme gleich wieder.«

Auf mein sachtes Klopfen an der Tür des Privatraums erhalte
ich ebenfalls keine Antwort. Was tun? Einfach abhauen? Nicht
vor Weihnachten. Vorsichtig drücke ich die Klinke nach unten
und öffne einen Spalt. Dottore Vincenzi steht mit dem Rücken
zu mir am Fenster. Starr und versunken. Als ich ihn anspreche,
fährt er herum. Sein Blick ist glasig.

»*Scusi*, Sie waren vorhin so schnell weg. Ich würde jetzt
gehen.«

»Ja, ja, natürlich, auf Wiedersehen.« Abwesend sieht er durch
mich hindurch.

»*Tutto a posto?*«, frage ich irritiert. »Alles okay?«

»Gehen Sie nur! *Arrivederci!*«

Unwillkürlich schüttle ich den Kopf; was ist wohl in den
gefahren?

»Warum bist du wirklich gekommen, Maura?«, frage ich auf
dem Heimweg meine ebenfalls wenig gesprächige Schwester.

»Ich? Wieso?«

»Was ist los?«

»Nichts.« Auf dem Beifahrersitz bleibt es stumm. Bis Maura
sich überwindet, haben wir etliche Kreuzungen hinter uns
gelassen.

»Du, Anna«, fragt sie zerknirscht, »findest du mich eigentlich
komisch?«

»Total!«

»Nein, im Ernst, bin ich schwierig?«

Schwierig? Hoch kompliziert!

»Worauf willst du hinaus?«

»Ich frag nur, weil …«, druckst Maura herum, »… glaubst du, dass das wieder wird, ich meine mit mir und Sammy?«

»O *sorellina*, wenn *das* dein Problem ist – du und Sammy, todsicher, ja!«

»Danke! Das ist lieb von dir.« Und dann ganz unvermittelt: »Können wir einen kleinen Umweg machen? Ich habe plötzlich Saulust auf Döner.«

»Döner? Nonna Elsa wäre *scandalizzata*!«

Da ich meiner jüngeren Schwester jedoch keinen Wunsch abschlagen kann, zumal dann nicht, wenn sie down ist, hält sie gleich darauf einen dieser stinkenden Riesenapparate in Händen, den sie mir zu allem Überfluss großzügig von der Seite ins Gesichtsfeld schiebt.

»Möchtest du?«

»Bloß nicht!« Ekel ist kein Ausdruck für das, was ich empfinde. Maura hingegen lässt es sich schmecken. Wieder daheim, sprintet sie, noch kauend, die Treppe hinauf und versenkt das soeben Konsumierte geräuschvoll in der Kloschüssel. Schade ums Geld.

Ich selbst werde von Nonna Elsa rekrutiert, um den widerspenstigen Hefeteig hereinzuholen, den sie zum Ruhen auf der Terrasse deponiert hat. – Der Anblick des Nachbargartens ist atemberaubend. Fein säuberlich wurde dort ein Geviert vom Schnee befreit, auf dem betörend ein von Hunderten von Leuchtdioden überzogener Rentierschlitten funkelt.

Das Gras des Nachbarn ist zeitweise also tatsächlich grüner, selbst im Winter, wenigstens das der Schäberles.

Casa mia ...

... casa mia, benché piccola tu sia, mi sembri una badia. – »Häuslein mein, Häuslein mein, bist du auch nur klein und fein, mir scheinst du ein Schloss zu sein.« Oder kurz gesagt: »Eigner Herd ist Goldes wert.«

Findet Nonna Elsa, findet Mama, finden dummerweise aber auch Oma Liselotte, Zia Gina und Arianna. Davon später mehr.

Im Augenblick steht Nonna Elsa genauso fluchend in der Küche wie am Morgen, als ich das Haus verlassen habe.

»*Bella di Nonna*«, schleudert sie mir entgegen, »wie soll man backen, wenn der Hefeteig nicht richtig aufgehen will?«

Nonna Elsa hat inzwischen den zweiten Panettone in Arbeit. Einer allein reicht nicht, davon ist sie überzeugt. Auch zwei sind zu wenig, drei müssen es sein. Panettone ist zwar alles andere als eine typische Spezialität aus Kampanien, wo unsere Vorfahren herkommen, aber was soll's? Schmeckt gut, wird gegessen. Nachteilig ist lediglich die sich jährlich einstellende Überversorgung mit dieser Leckerei. Denn neben den Brummern, die Nonna Elsa seit Tagen fabriziert, wird garantiert Arianna einen anschleppen (den abgepackten von Motta), ebenso wie Zia Gina (aus Eigenproduktion, allein um Nonna Elsa zu ärgern) und Oma Liselotte, bei der das Ganze zwar »Striezel« heißt und etwas anders aussieht, aber ähnlich schmeckt. Mit dem Ergebnis, dass nach Weihnachten keiner von uns mehr Hefeteig sehen, geschweige denn verzehren kann.

»Nonna«, versuche ich sie zu beruhigen, »mach doch eine

Pause. Du hast schließlich Zeit. Und wenn es diesmal zwei statt drei werden, wen stört's?«

Das hätte ich nicht sagen dürfen.

»*Prego, signorina?* Wen es stört? Mich! Und *tutta la famiglia. Natale* ohne Panettone, undenkbar!«

»Na, so ganz ohne Panettone wäre das ja nicht unbedingt …«, versuche ich es erneut.

»Elsa«, schaltet Mama sich ein, »reg dich nicht auf, Anna meint es nur gut.«

Zoff mit Nonna, kurz vor den Festtagen? Nein, danke! Lieber ein kleines Ablenkungsmanöver. Die Geschichte, wie Nonna die Ehe meiner Eltern gestiftet hat, ist, genau wie der weihnachtliche Panettone, Teil des Familienerbes. Ich persönlich höre sie immer wieder gern, nicht zuletzt deswegen, weil sie im Detail jedes Mal ein bisschen anders ist.

»Nonna, erzähl doch mal!«, bettle ich darum jetzt. Was kann es nach einem anstrengenden Vorweihnachts-Powertag Netteres geben, als gemütlich gemeinsam in der Küche zu sitzen, Nüsse zu knacken, im Hintergrund das behagliche Prasseln eines Feuers im Kamin … nein, das leider nicht, Nonno muss erst neue Scheite schlagen. Gemütlich ist es trotzdem.

»Was willst du hören?«, fragt Nonna Elsa, obwohl sie genau weiß, was ich meine.

»Die Geschichte, wie Mama und Babbo sich verlobt haben.«

»Ah, sooo!« Mit einem genüsslichen Seufzer lässt sie den Panettone Panettone sein und setzt sich zu mir an den Tisch, wo die zersplitterten Nussschalen quer über die Platte spritzen.

»Auch eine?«, frage ich und halte ihr eine hübsche Walnuss unter die Nase, Nonna aber schüttelt den Kopf und beginnt zu erzählen:

»Silke war Austauschstudentin und Dino sehr in sie verliebt.« Entgegen dem, was man aufgrund der jetzigen Situation vermuten würde, begann die Geschichte meiner Eltern nämlich in Italien.

»Kennengelernt haben sie sich in der Mensa der Universität ...«

War es das letzte Mal nicht eine Diskothek oder eine Osteria? Mama verdreht die Augen.

»Elsa, erzähl keine Märchen.«

Nonna zwinkert lustig und fährt fort: »Sie hat ihm gleich gefallen, aber er war *molto timido*, sehr schüchtern, niemals hätte er sie angesprochen. Inzwischen hat sich das gelegt, aber damals ... Nicht wahr, Silke?«

Mama, die auf der Arbeitsplatte neben dem Herd Nougatmützchen formt, deren Rezeptur glücklicherweise keinen Hefeteig vorsieht, brummelt etwas in sich hinein. Sie weiß, dass Nonna nicht zu bremsen ist.

»Sie haben sich häufig gesehen, wieder und wieder, doch hätte Silke sich nicht irgendwann ein Herz gefasst ...«

»Das allerdings stimmt!«, bekräftigt Mama impulsiv.

Genau betrachtet sind wir eine recht eigenwillige und zugleich interessante Familie. Mama, die mit ihren blonden Locken und ihrer hellen Haut mindestens fünf Zentimeter größer ist als der typisch olivfarbene Italiener Babbo, der mit den Jahren viele Haare verloren, dafür einige Kilos hinzugewonnen hat und dem als Tiefbauingenieur eine merkwürdige Vorliebe für die Konstruktion von Kläranlagen und Regenwasserauffangbecken zu eigen ist. Nonna Elsa, die sich voller Leidenschaft die Seele aus dem Leib kocht, in jeder Situation die geeignete Geschichte parat hat und nie um einen Spruch verlegen ist. Ganz im Gegensatz zu Nonno Corrado, der mit Begeisterung schweigend Holz hackt, Horoskope liest oder Karten legt. Dazu Maura und ich und der Rest der Verwandtschaft, von dem ein Teil uns an den Feiertagen beehren wird.

»Silke jedenfalls fasste sich ein Herz«, fährt Nonna Elsa fort.

»Als sie Dino eines Tages weit hinter sich in der Schlange an der Mensakasse entdeckte, tat sie so, als würde sie nach ihrem Geldbeutel suchen, und ließ die anderen vorbei. Und siehe da, plötzlich stand mein Sohn Auge in Auge mit seiner heimlich Angebeteten und wurde feuerrot.«

»*Non è vero ma ci credo!*«, tönt es ironisch von nebenan, wo Nonno Corrado Tarotkarten legt.

»Ja, Corrado?«, flötet Nonna. »Was ist?«

»Gerade habe ich die Sieben der Kelche gezogen, bedeutet so viel wie Täuschung, *illusione*, heißer Wind.«

Den Geschichten seiner Ehefrau gegenüber ist selbst der gutgläubige Nonno Corrado eher skeptisch. Allein, es hilft nichts. Wie wir anderen überlässt er ihr meistens das Wort.

»Sieben Kelche, papperlapapp!«, wehrt Nonna auch jetzt ab, um erneut den Faden aufzunehmen. »Dino also wurde rot, Silke hingegen lachte und lud ihn spontan ins Freilufttheater ein, wo im Sommer eine besondere Atmosphäre herrscht. Sie sahen *Romeo e Giulietta* …«

»*Carmen*«, berichtigt Mama, »das ist die Oper, in der er ihr im letzten Akt aus Eifersucht ein Messer in den Bauch rammt!«

»Was ihr die Karten aber schon im vorletzten Akt prophezeit haben«, ruft Nonno.

»Gut, *Carmen*, meinetwegen«, korrigiert Nonna sich säuerlich, »darf ich jetzt ausreden?« Die Kommentare verstummen.

»In einer lauen Sommernacht, unter den funkelnden Sternen haben sie sich zum ersten Mal geküsst. Ist das nicht romantisch? Seitdem waren sie unzertrennlich. Als Dino uns zum ersten Mal mit Silke besuchte, habe ich sofort gewusst, dass er sie heiraten wird.«

»Der Mistelzweig«, brummt es von nebenan, »und die singende Nachtigall, ein klares Vorzeichen dafür, dass …«

»Still, Nonno!«, rufe ich erregt, obwohl ich den weiteren Verlauf der Geschichte kenne. »*Avanti*, Nonna, *avanti!*«

»So neigte sich Silkes Austauschjahr dem Ende zu. Dino hätte ihr am liebsten einen Antrag gemacht, aber wieder einmal traute er sich nicht. Unmöglich konnte er *brutta figura* machen, nichts fürchtete er so sehr, wie sich zu blamieren. Was habe ich auf ihn eingeredet.«

»Nicht nur du!« Nonno lässt die Karten Karten sein und widmet sich ganz unserer Unterhaltung.

»Was sagst du da? *Ti prego*, nichts als dumme Sprüche hattest du für ihn übrig.«

»Wer hatte was für wen übrig?«

In der Küchentür steht Babbo, soeben zurück von den Planungsarbeiten an einem Regenwasserauffangbecken, und zieht eine Grimasse.

»Wann gibt es Abendessen? Ich habe einen Bärenhunger.« Beim Anblick unserer angespannten Mienen durchquert er schweigend den Raum, greift einen Zipfel Salami aus dem Kühlschrank und verdrückt sich kauend zu Nonno Corrado auf die Couch; gemeinsam betrachten sie die Karten und schweigen.

Damit hat Nonna Elsa die Aufmerksamkeit aller Anwesenden.

»Was also war zu tun? Ich habe überlegt, alles verworfen, wieder neu geplant und – lud die beiden zum Abendessen ein. Denn, *ditemi*, gibt es etwas Besseres als gutes Essen?«

»*No! Esatto!*«, tönt es im Männerduett von der Couch.

Nonna übersieht den Wink mit dem Zaunpfahl und erzählt weiter.

Alle Zuhörenden wissen, dass jetzt die Sache mit dem Ring kommt. Seit langem nämlich verwahrte Nonna Elsa einen Ring, den Bisnonna Fabiola ihr zur Verlobung geschenkt hatte, in der Schublade des Nachttischs. Der Brauch will es, dass dieses Schmuckstück zu gegebener Zeit an die Braut des Sohnes weitergereicht wird. So ist das in Italien.

»Ich selbst habe ihn selten getragen«, sagt Nonna. »Zu filigran mit dem winzigen Smaragd, zu unpraktisch. Abgesehen davon« – sie wedelt mit ihren Wurstfingern – »hat er mir nie wirklich gepasst.«

Ich schiele zu Mama, die, scheinbar versunken, weiter am Backblech hantiert. Ihr passt der Ring bestens, und sie trägt ihn häufig.

»Wie sollte ich vorgehen? Ich konnte schlecht Silke den Ring überreichen und sagen: ›Da hast du, bitte heirate meinen Sohn!‹ Nach langem Grübeln kam mir eine Idee. Ich würde als Vorspeise *arancini di riso* machen.«

Arancini di riso sind orangengroße, panierte Kugeln mit einem Innenleben aus Reis und Ragout. Das Rezept stammt aus Sizilien.

Jetzt kommt meine Lieblingsstelle. Gespannt lausche ich den Ausführungen darüber, wie Mama und Babbo eintrafen, wie Nonna sich einen Mut-Pikkolo gönnte und nicht wagte, Mama den einen, den entscheidenden *arancino* zu servieren. Zusammen mit ein paar anderen hielt sie ihn zurück. Sie müssen gut gegessen haben an diesem Abend – die genaue Zusammensetzung der Speisen unterliegt bei jeder Erzählung einer leichten Veränderung –, doch zogen meine Eltern in spe von dannen, ohne dass Nonna Elsa den entscheidenden Part ihrer magischen Idee in die Tat umgesetzt hatte. Das musste sie auch nicht, jedenfalls nicht direkt, denn letztlich entfaltete das Ganze seine Eigendynamik.

In jener Nacht, der Nacht vor ihrer Abreise, schlief meine Mutter schlecht. Würde es entgegen aller Schwüre womöglich ein endgültiger Abschied sein? Anderen Menschen schnürt es in einer beklemmenden Lage den Magen zu, nicht so meiner Mama. Trotz des Festmahls am Vorabend bekam sie in den frühen Morgenstunden Hunger. Hatte Signora Maiotti ihnen nicht ein paar dieser köstlichen *arancini di riso* mitgegeben?

Ungeachtet allen Kummers lief Mama das Wasser im Mund zusammen. Im Kühlschrank fand sie, was sie suchte, fischte wahllos eines der goldgelben Bällchen heraus, biss beherzt hinein – und stieß auf etwas Hartes. Was mochte das sein? Instinktiv spuckte sie ins Spülbecken: ein dumpfes Plong. Aus dem unansehnlichen Brei blinkte es silbern. Zum Vorschein kam ein reisverschmierter Ring mit einem schmutzig grünen Stein.

»Bisnonna Fabiolas Ring«, trumpft Nonna auf und setzt zum Finale an. »Silke stürmte ins Schlafzimmer, wo sie Dino das Schmuckstück unter die Nase hielt. ›Sieh dir das an!‹ *Ed ecco*: Noch halb träumend, tat mein lieber Sohn einmal in seinem Leben das absolut Richtige und stellte die Frage aller Fragen: ›Willst du mich heiraten?‹«

Nonna Elsa hat geendet und lächelt beseelt, ich klatsche freudig in die Hände, aus dem Nebenzimmer dringt beredtes Schweigen.

»Meine liebe *suocera* hatte von jeher sehr viel Phantasie«, kommentiert Mama, »alles frei erfunden. Nur den Ring, den habe ich wirklich bekommen!« Dass sie das sagt, gehört ebenso zum Ritual wie mein folgender Einwand.

»Du hast den Ring, und du hast Babbo geheiratet, also stimmt doch das Wesentliche! Und das mit den Reisorangen ist so eine schöne Geschichte. Apropos *arancini di riso*. Nonna, wann machst du wieder welche?«

»Bald, *bella di Nonna*, sehr bald, wenn du willst, schon morgen.«

»Morgen?«, unterbricht Mama alarmiert. »Elsa, morgen haben wir dafür keine Zeit. Ich muss zum Bäcker, zum Friseur, zum Supermarkt, und du …«

»Ja, ja, ich weiß«, beschwichtigt Nonna Elsa, »morgen gehe ich mit Anna auf den Weihnachtsmarkt, danach holen wir die Gans und Ugolino.«

»Die Gans bringt Mutter« – Oma Liselotte – »am ersten Feiertag«, entgegnet Mama knapp.

»Weihnachtsmarkt? Ugolino?«, mische ich mich ein. Nicht, dass es mich wundern sollte, bisher bin ich jedes Jahr mehr oder weniger freiwillig mit Nonna Elsa auf dem Christkindlesmarkt gewesen. Irgendwie hatte ich gehofft, ich käme diesmal darum herum. Leider verfügt meine sonst so vergessliche Großmutter in dieser speziellen Angelegenheit über ein fabelhaftes Erinnerungsvermögen; außerdem kann sie Gedanken lesen.

»*Bella di Nonna*, du hast nicht etwa geglaubt, ich würde es vergessen. Ich bitte dich, Kind, das ist Tradition.«

»Ja, natürlich«, zwinge ich mich zu einem Ausdruck freudiger Überraschung, »toll!«

Und Mama ergänzt kleinlaut: »Wegen Ugolino hat vorhin Arianna angerufen, sie haben so viel zu tun im *Vesuvio* vor Weihnachten, und ich meinte, dass es dir nichts ausmacht, wenn er morgen schon kommt, ja, dass du dich freust, schließlich bist du seine Patentante. Er kann bei dir im Zimmer schlafen, nicht wahr?«

Weil du Single bist, denke ich den Satz weiter, und immer bleiben wirst.

»Ja, natürlich«, wiederhole ich, »toll.«

In Wahrheit gefällt es mir gar nicht.

»Ach, Mama«, setze ich deshalb erneut an und versuche dabei möglichst bemitleidenswert zu wirken, »ich wollte mich morgen mit Silvia treffen. Wir haben uns ewig nicht gesehen.« Silvia ist eine gute Freundin von mir. Als Sprechstundenhilfe eines Urologen hat sie bei unseren Treffen stets skurrile Patientengeschichten parat. Wie die von dem Mann, der sich sterilisieren ließ und danach noch zwei Kinder zeugte.

»Könnte nicht Maura …?«, rege ich deswegen an. »Das bringt sie vielleicht auf andere Gedanken.« Ein Argument, das ich für schlagend halte. Mama nicht.

»Ugolino ist *dein* Patensohn«, gibt sie zurück, »du trägst die Verantwortung. Deine Freundin läuft dir nicht weg.«

Ich verdrehe die Augen. Dieses ewige teutonische Pflichtgetue! Über zwanzig Jahre Ehe mit einem Italiener haben meine Mutter nicht wirklich locker gemacht. Ugolino ist mein Patensohn, stimmt, aber ich bin nicht seine einzige Patin. Der Rest der Familie lebt in Italien. Was, bitte, kann ich dafür, dass ich damals als gerade mal Fünfzehnjährige dieses Ehrenamt nicht ausschlagen konnte und die anderen so weit weg waren?

»Der Kleine braucht Abwechslung«, vermeldet Nonna Elsa.

»Die hat er im *Vesuvio* zur Genüge!«, erwidere ich sarkastisch.

»Diese Art von Abwechslung meine ich nicht!«

Dazu muss man wissen, dass Arianna und Angelo eine etwas kuriose Form des Zusammenlebens pflegen. Im üblichen Umgang fallen Beleidigungen, die ich sonst nur aus Soaps im Fernsehen kenne. Den anschließenden Versöhnungen folgen bizarre Turteleien, die ich ebenfalls nur aus Soaps im Fernsehen kenne.

»Wie dem auch sei«, beendet Mama die Diskussion, »der Tagesablauf morgen steht fest: Besuch des Christkindlesmarkts, danach Abholung von Ugolino. Elsa?«

Nonna nickt zufrieden. Ich öffne den Mund und schließe ihn wieder, wie ein Fisch. Widerstand zwecklos.

»Ich gehe nach oben«, verkünde ich müde. Zum wer weiß wievielten Mal fallen meine persönlichen Pläne denen der *famiglia* zum Opfer. Ich suche das Telefon. Den Hörer des schnurlosen Apparats finde ich nach Aktivierung der *Find-headset*-Taste der Basisstation im Wäschekorb des Badezimmers. Auf welche Weise er dorthin gelangt ist, werde ich nie erfahren.

»*Casa mia, casa mia …*«, denke ich, während ich schicksalsergeben die Nummer von Silvia wähle. Es müsste ja nicht gleich ein ganzes Haus sein, aber eine eigene Wohnung wäre ganz nett.

Was man nicht im Kopf hat ...

... muss man in den Beinen haben. Wird in Italien ganz ähnlich gesehen: »*Chi non ha testa, ha gambe.*«

Der Urheber dieser Redensart muss Nonna Elsa gekannt haben, denn die Gedächtnislücken meiner Großmutter sind spektakulär. So gut wie keine Sache von Bedeutung, die sie nicht schon einmal vergessen oder verlegt hätte: Einkäufe, Tabletten, Verabredungen, von den untergeordneten Gegenständen des täglichen Lebens wie Brille, Gebiss, Schlüssel, Handtasche ganz zu schweigen.

Komplette Nachmittage haben wir mit vereinten Kräften nach ihrer Lesebrille (die sie auch zum Kochen benutzt) gesucht, um sie am Ende im angestammten Etui zu finden. Stein und Bein hatte Nonna Elsa geschworen, dass ihre Sehhilfe überall sein könne, ganz bestimmt nicht dort. Regelrecht verboten hatte sie uns, das Etui anzufassen, bis Mama einfach darin nachsah. Nonna zeigte sich nur sehr kurzzeitig zerknirscht.

Jetzt sitzt sie neben mir im Auto, auf dem Weg zur S-Bahn-Station. Sie trägt ihren uralten Nerzmantel, dazu selbst gestrickte Handschuhe und eine Pelzmütze. Insgeheim hatte ich bis zuletzt gehofft, sie würde es sich anders überlegen, keine Lust haben, sich nicht fit genug fühlen. Eine ernsthafte Erkrankung habe ich ihr natürlich nicht gewünscht, bloß eine kleine Unpässlichkeit oder schlicht die praktische Einsicht, dass es draußen zu ungemütlich ist. Weihnachtsmarktbesuche mit Nonna sind unglaublich anstrengend. Zumal ich vom gestrigen Arbeitstag noch völlig fertig bin.

»*Bella di Noo--nn--aa?*« Der gedehnte Tonfall sagt mir sofort, woher der Wind weht. Wir nähern uns dem Bahnhof, und Nonna hat keine Lust, in die S-Bahn umzusteigen. Sie ist zu faul, will chauffiert werden. Nach längerem Kramen fördert sie aus ihrer ockerbraunen Handtasche die Geldbörse zutage.

»Ich übernehme das Benzin«, wimmert sie. »Und die Parkgebühren.«

»Lass stecken, Nonna«, stöhne ich, »du weißt genau, dass es darum nicht geht.« Wir stellen uns dieser Diskussion jedes Jahr. Jedes Jahr führe ich die überfüllten Parkhäuser, die Staus, die unglückseligen Wetterbedingungen an. Jedes Jahr reagiert Nonna Elsa mit Betrachtungen über Rheuma, Arthritis und Knieschmerzen, Erkrankungen, die ihr normalerweise nicht besonders anzumerken sind. Immer endet es damit, dass ich einen Gang hochschalte, das Gaspedal durchtrete und an der S-Bahn-Station vorbeischieße.

»*Grazie, bella di Nonna*«, flötet Nonna dankbar. Ich winke ab.

»Bete darum, dass das Parkhaus am Hans-Sachs-Platz zufällig eine winzige Lücke für uns übrig hat.«

»Das werde ich tun«, entgegnet Nonna Elsa ernst, »vorher müssten wir aber bitte auf einen Sprung bei Gianni vorbeischauen.«

Das auch noch! Gianni ist der Inhaber eines italienischen Feinkostladens in der Nürnberger Innenstadt und, wie schon erwähnt, der Vater unseres Weihnachtsmannes Massimo. Massimo. Da wäre sie, sozusagen auf dem Silbertablett, die Gelegenheit, meiner Familie einen Gefallen zu tun und mit ihm zu sprechen. Nur dass das total schwierig ist, weil Nonna zeitgleich ihre persönlichen Eheanbahnungsinteressen verfolgt.

»Gut«, befinde ich schnippisch, »können wir machen, aber ich sage dir gleich, es wird nichts nutzen! *Niente di niente!*« Mit quietschenden Reifen gehe ich in die nächste Kurve. Nonna zeigt sich unbeeindruckt.

»Ich weiß nicht, was du meinst. Wir brauchen *confetti di Natale. E basta.*«

»Sicher.«

Wenig später halte ich auf dem Parkplatz vor *Giannis Alimentari*.

»Da sind wir. Geh du schnell rein, ich warte im Wagen.« Clever nestle ich mein Handy aus der Hosentasche und gebe mir den Anschein von Geschäftigkeit. Nonna sieht unglücklich drein, stemmt sich jedoch ohne weiteren Kommentar aus dem Beifahrersitz. Ein Punkt für mich. Aufatmend lehne ich mich zurück. Da piept das Handy. Eine SMS: »*Ciao* A.! Bringst du mir 1 Schokobanane mit? *Baci*, M.«

Typisch Maura. Als wir vorhin das Haus verließen, lag sie in tiefem Schlummer, jetzt erteilt sie fleißig Aufträge. Erneutes Piepen: »P.S.: + 1 Tüte gebr. Mandeln. *Grazie.*«

Prima. Während ich über eine geeignete Ausrede nachsinne, um nicht den Dienstboten für meine kleine Schwester spielen zu müssen, wird rechts die Beifahrertür aufgerissen. Nonna Elsa lugt herein.

»*Bella di Nonna*«, schnauft sie, »du musst mir helfen, die Einkäufe sind *strapesanti.*«

»Ach was! Ultraschwer? *Confetti di Natale?*«, frage ich gedehnt. Bei dem Zeug handelt es sich um ekelhaften, meist kitschig aufgemachten, bonbonartigen Süßkram, der einem in Italien thematisch passend zu jeder Feier angedreht wird: Hochzeit, Taufe, Kommunion, Geburtstag, vermutlich auch zur Beerdigung, man kann sich schier nicht davor retten. Vorausgesetzt, dass Nonna keine Tonne davon eingekauft hat, sollte sie in der Lage sein, das Paket selbst zu tragen. Mein fragender Blick begegnet einer Unschuldsmiene. Ein Punkt für sie.

Gianni empfängt mich mit ausgebreiteten Armen. »*Dio mio*, Anna, was bist du groß geworden.«

»Ich bin seit sechs Jahren gleich groß«, antworte ich düster.

»Was du nicht sagst? Wie lange haben wir uns nicht gesehen?!
Tsssss.« Dieses »Tsssss« ist Giannis Markenzeichen. Gutes Wetter,
tsssss, schlechtes Wetter, tsssss, *Natale*, tsssss, *Pasqua* und so weiter.

»Sie hat üble Laune«, erklärt Nonna Elsa, »ihr fehlt ein Mann.«

»Ehrlich? Nein! So eine hübsche *ragazza*! Nicht zu glauben.«

»Tsssss!«, mache ich sarkastisch. Nonna ignoriert das huldvoll.

»Wie geht es übrigens Massimo?«, erkundigt sie sich interessiert.

»*Bene, benissimo*. Soll ich ihn rufen?«

»Nicht nötig«, fahre ich dazwischen, »wir haben's eilig. Wo
sind die Einkäufe?«

»Die Einkäufe?« Gianni wirkt irritiert.

»Ach, ruf ihn doch! Der Weihnachtsmarkt läuft nicht weg«,
sagt Nonna Elsa.

»Massimo!«, ruft Gianni.

»Die *confetti*!«, insistiere ich.

»Ah, *confetti*, Moment … *eccoli*!« Gianni weist auf eine kleine Theke, in der sich weihnachtliche Köstlichkeiten stapeln.
Struffoli, biscottini al burro, biscottini speziati. Und *confetti* mit auf-
geklebten Weihnachtsmännern, Weihnachtsfrauen, Tannenbäu-
men, Schlitten, Schneemännern.

»*Scegli!*«, ermuntert mich Gianni. »Such aus!«

Ich werfe Nonna einen vernichtenden Blick zu. Von wegen
Einkäufe!

Massimo hat kinnlanges, gewelltes Haar. Er wirkt wie einem
Mantel-und-Degen-Film entsprungen und verhält sich auch so.
Stets zuvorkommend, überhöflich, beflissen. Das Schlimmste
jedoch: Er ist der typische *mammone*, ein Mamaschwanzel erster
Güte. Wenn der zu Hause auszieht, dann auf der Totenbahre.
Sein leicht zerknautschtes Gesicht mit den treuherzigen Augen
erinnert mich ein wenig an einen Mops, weswegen ich ihn
heimlich *carlino* nenne, wie der Mops auf Italienisch heißt. Als
ich das Maura offenbarte, hat sie sehr gelacht.

»*Che bello!*«, ruft Nonna begeistert und kneift Massimo kräftig in die Wange, wie es italienische Großmütter gern tun. »Ist er nicht ein prächtiger Bursche? So stattlich, so männlich.« Der in dieser Weise Umschriebene sieht peinlich berührt zu Boden. Nonna kümmert das wenig.

»Nicht wahr, Anna?«

Ich grinse verhalten. Meine Großmutter misst geschätzte eins fünfundfünzig. Da findet man vermutlich jeden stattlich.

»Jetzt sag wenigstens *ciao*«, fordert sie vehement, und mir bleibt keine Wahl, ich muss es hinter mich bringen.

»*Ciao, carli-*, äh, Massimo!«, bringe ich hervor.

»*Ciao,* Anna!«

Er hat mir nicht mehr zu sagen als ich ihm.

»Wir nehmen ungefähr dreißig Stück«, wende ich mich an Gianni.

»*Trenta.* Und welche?«

»Egal.« Gianni wirft die Stirn in Falten und kratzt sich den kahlen Schädel.

»Tsssss. Könntest du vielleicht …?«, wendet er sich an seinen Sohn.

»*Ma certo*, gerne!« Perfekt erzogen begibt sich Massimo hinter die Theke.

»Pack ein, was du magst«, verfüge ich knapp, ohne die Süßigkeiten einer näheren Betrachtung zu unterziehen. Während Massimo sich umständlich in der Auslage zu schaffen macht, lasse ich den Blick schweifen. Nett ist es hier! In den Regalen lagern würdevoll etikettierte Weinflaschen, von der Decke baumeln Würste, es gibt alles aus Italien zu kaufen, was das deutsche Herz begehrt: *antipasti, pasta, prosciutto, mozzarella, parmiggiano, rucola, pomodori, panna cotta, dolci.* Mir läuft das Wasser im Mund zusammen.

Massimo greift inzwischen sorgfältig jedes einzelne *confetto* mit einer zierlichen Zange und unterzieht es einer intensiven

Musterung, ehe er es in einen Zellophanbeutel gleiten lässt. Dabei legt er eine solche Konzentration an den Tag, dass ihm Schweißperlen auf die Stirn treten. Fasziniert verfolge ich sein Hantieren, bis mir das kolossal angewachsene Volumen der Bonbontüte ins Auge sticht.

»Was tust du da?«

Massimo fährt sich dienstbeflissen mit der Zunge über die Oberlippe. »Ich packe ein, was ich mag!«

»Stopp, *basta*, das sind schon viel zu viele.«

»Hoho!«, poltert Gianni aus dem Hintergrund. »Zu viele? Tsssss, das kann gar nicht sein. Bei einer so großen *famiglia*! Mach weiter, Massimo, weiter, *avanti*.«

Er klopft Nonna kräftig auf die Schulter, die begeistert grinst: »*Esatto!* Wunderbar, Massimo! Wie hübsch sie sind, diese *confetti*! Das ist Weihnachten! Das und dein Auftritt als *Babbo Natale*.«

Mir stockt der Atem.

»*Indubbiamente*«, antwortet Massimo ruhig, was bedeutet, dass er daran nicht den geringsten Zweifel hegt. Mir rutscht der halbe Apennin vom Herzen. Falls Sammy sich bei seinem Freund beklagt hat, so zeitigt dies zumindest keine Konsequenzen im Hinblick auf die Bescherung. Unser *Babbo Natale* lässt einen letzten Zuckerschneemann in den Beutel gleiten.

»Wird Angelo auch da sein?«, erkundigt er sich nebenher.

»Selbstverständlich«, antworte ich einigermaßen erfreut, »wir alle!« Hatte ich also doch recht, neulich. Das Ganze hat sich geregelt, irgendwie. Danke, Nonna, danke!

Ein paar Minuten später verlasse ich den Laden mit ungefähr zwei Kilo *confetti*, drei Flaschen *rosso di Puglia* (Hausmarke), einer luftgetrockneten *finocchiona* sowie einer Großmutter, die deutlich Oberwasser hat. Weil sie nämlich glaubt, aus meiner freudigen Reaktion auf Massimos Frage nach Angelo folgern zu können, dass sich mir *finalmente* die grenzenlosen Qualitäten ihres Traumschwiegerenkels erschließen. Noch auf der Schwelle trifft eine weitere SMS von Maura ein, die drei Elisenleb-kuchen bestellt.

Der restliche Vormittag sowie der Nachmittag in Nonnas Begleitung verlaufen wild. An drei Parkhäusern fahre ich an-gesichts der unermesslichen Schlangen wartender Fahrzeuge vorüber, beim vierten stelle ich mich notgedrungen an. Irgend-wann habe ich meinen Fiat in eine winzige Lücke geschraubt. Jetzt muss Nonna ihre Besorgungen erledigen, was sich man-gels klarer Vorstellungen und eines vergessenen Einkaufszettels kompliziert gestaltet.

»*Bella di Nonna*, zuerst muss ich zur *farmacia*.«

»Zur Apotheke? Heute? Wieso das denn?«

»Na ja, du weißt doch ...« Sie flüstert mir etwas ins Ohr. Nonna hat wie üblich Verstopfung. Darunter leidet sie fast immer und ganz besonders, wenn sich die Familie ankündigt. Psychosomatisch nennt man das wohl.

»Dort drüben!« Gott sei Dank gibt es im Zentrum von Nürnberg allerorts Apotheken.

»Nein, nicht die, die mit dem freundlichen Apotheker vom letzten Mal.« Darauf gehe ich erst gar nicht ein.

»Nonna«, zische ich in Bühnenlautstärke, sodass sich einige der vorübereilenden Passanten nach uns umdrehen, »hol dir dein *lassativo* und lass es gut sein.« Ausnahmsweise tut sie wie geheißen.

Darüber hinaus benötigt sie Zutaten für die *minestra mari-tata*, eine traditionelle Suppe, in der Fleisch und Gemüse mit-einander sozusagen den Bund fürs Leben eingehen (*maritare* = *sposare* = ehelichen). Warum sie den Kram nicht bei Gianni gekauft hat, bleibt unklar, wahrscheinlich hat sie es vergessen. Da allerdings selbst *Giannis Alimentari* so illustre Zutaten wie *gamboncello di manzo* oder *salsicce napoletane* nicht zwangsläufig bevorratet, hat Nonna sich ohnehin mit »Ersatzstoffen« abge-funden. Heute holt sie bei einem türkischen Gemüsehändler

Brokkoli, Chicoree, Endiviensalat, Majoran, Rosmarin und Petersilie sowie in der Feinkostabteilung eines Kaufhauses Schweineschwarte, Suppenfleisch und Debrecziner. Von *code di maiale* – Schweineschwänzchen –, die ich ausgesprochen unappetitlich finde, kann ich sie gerade noch abhalten.

Danach will sie eine Schürze (für sich selbst), ein Fondue-Set (für Silvester), *schiuma da barba* (für Nonno), mehrere Sammeltassen (für Mama) und Plastikdinosaurier (für Ugolino).

Meine gehfaule Großmutter ist plötzlich wieder recht gut zu Fuß. Kreuz und quer rennen wir durch die Breite Gasse, die König-, die Kaiser- und die Karolinenstraße, klappern verschiedene Nebensträßchen ab. Jedes Mal, wenn ich alles erledigt glaube, fällt ihr etwas Neues ein. Als wir definitiv fertig sind, bin ich beladen mit zig schweren Plastiktüten und restlos erschöpft.

»Und jetzt zum Christkindlesmarkt«, fordert Nonna tapfer. Täusche ich mich, oder ist ihre Munterkeit inzwischen gespielt?

»Okay«, stöhne ich mit schmerzenden Armen.

Über den großen Platz, vorbei an der Lorenzkirche, die Königstraße entlang. »Kling, Glöckchen, klingelingeling«, orgelt ein als Nikolaus verkleideter Alter mit seinem Leierkasten, bereits überlagert von »Süßer die Glocken nie klingen« aus der schäbigen Violine eines Musikerkollegen, der unter den Arkaden von Karstadt Schutz vor der Kälte gesucht hat. Stets war es mir ein Rätsel, wie Menschen mit klammen Fingern einem Instrument melodische Töne entlocken können.

Ein kurzer Stopp bei »Käthe Wohlfahrt«, wo Nonna eine Weihnachtsgurke kaufen möchte. Von diesem typisch amerikanischen Brauch, den die Amerikaner für einen typisch deutschen halten, hat sie im Radio gehört und will seitdem unbedingt ein solches Objekt für unseren ohnehin komplett überladenen Weihnachtsbaum. Dort tummelt sich Lametta neben Holzspielzeug, Strohsternen, bunten Kugeln sowie einem Rauschgoldengel. Der Gipfel allerdings ist die sogenannte *Mokka di Natale*, eine Mini-Espressomaschine, die als Glücksbringer einen der unteren Äste ziert. Gurke und Espressomaschine. Warum nicht?

Nonna indessen verlässt »Käthe Wohlfahrt« mit einem langen Gesicht.

»*Sono esauriti*, alle ausverkauft.«

»Was erwartest du, zwei Tage vor Heiligabend?«

»Die könnten sich ruhig darauf einstellen! So ein Riesenpech!«

»Wir werden Weihnachten auch ohne diese Gurke auskommen.«

Nonna brummelt Unverständliches und trottet voran, ich hinterher.

Auf der Brücke kurz vor dem Hauptmarkt wird das Gewusel so dicht, dass die Tüten ohne Unterlass gegen irgendwelche Beine schlagen. Gegen meine eigenen oder gegen die von fluchenden anderen. An der ersten Bratwurstbude auf dem Markt lechze ich nach einer Pause. Ohne Umstände drücke ich Nonna die Tüten in die Hand und bedeute ihr, zu warten, sich keinen Millimeter von der Stelle zu rühren. Ich selbst werfe mich in die Schlacht um die Wurst. Am Anfang ist der Stand hinter der Menschentraube kaum erkennbar, mit Beharrlichkeit kämpfe ich mich voran.

»Drei im Weckla. Zwei Mal«, schreie ich frenetisch in einem goldenen Moment, da ich eine Chance auf Erhörung sehe. Wie im Märchen muss ich es dreimal versuchen, dann halte ich das Ersehnte in der Hand. In beiden Händen.

Jetzt der Senf! Mag Nonna Senf? Ihr bleibt keine Wahl.

Die Senfspender sind nicht weniger umkämpft als die Würste selbst. Endlich gleitet die grüngelbe Soße auf die erste meiner Semmeln, da rempelt mich jemand an. So sehr, dass es den

Senfstrahl ablenkt und dieser statt auf den Würsten auf dem linken Ärmel meines Wintermantels landet.

»*Vaffanculo!*«, entfährt es mir prompt. »Verdammte Schweinerei!« Was vollkommen den Tatsachen entspricht. Ohne chemische Reinigung wird da nichts zu machen sein.

»O mein Gott! Das tut mir leid!«, tönt es von links in ehrlich besorgtem, warmem Tonfall. Ich wende mich der sonoren Stimme zu. Der Anblick ihres Besitzers löst ein seltsam wohliges Jucken in meiner Zwerchfellgegend aus. Es ist ein junger Typ, wahrscheinlich ein Student, ungefähr so alt wie ich. Er hat kurzes, dunkelblondes Haar, dazu ein Paar schmal geschnittener graublauer Augen, die aufrichtige Anteilnahme bekunden.

»Ich helfe dir.« Er schickt sich dazu an, mir die Bratwurstsemmeln abzunehmen, die ich zum Zweck der Senfgarnierung beide zwischen die Finger meiner linken Hand geklemmt habe.

»Das ist ein echter Dufflecoat«, stammle ich hilflos.

»Nimm eine Serviette«, rät der Fremde, geschüttelt durch zahlreiche Püffe der nachfolgenden Bratwurstkäufer, die an den Senf wollen.

Ich tue wie geraten, das Ergebnis erweist sich als wenig überzeugend: Mein linker Ärmel ist ruiniert.

»Es geht nicht!« Geschafft von der Hatscherei durch die Stadt, schießen mir unter dem mitfühlenden Blick des Rempel-Studenten, der heroisch drei Bratwurstsemmeln zu balancieren versucht, die Tränen in die Augen.

»Ist doch halb so schlimm. Weißt du, was? Ich gebe dir meine Adresse, du meldest dich, und ich zahle die Reinigung. Warte!« Wahrscheinlich will er eine Visitenkarte oder einen Zettel herausholen. Das ist jedoch schwierig, denn er weiß nicht, wohin mit den drei Brötchen. Deswegen fuchtelt er damit komisch in der Luft herum. Ich muss schniefen und lachen, beides zugleich.

»Na also, schon besser«, sagt er. »Übernimmst du?« Er will nun seinerseits mir die Brötchen übergeben, damit er ungehindert die Taschen nach einem Stift durchsuchen kann. Doch da wird jäh deutlich, was Maura und mich unterscheidet: Maura hätte sich die Adresse aufschreiben lassen und mir den Typen triumphierend als »Zufallsbekanntschaft« präsentiert. Ich dagegen schnappe schnell meine beiden Brötchen, murmle etwas von »nicht nötig«, »schon in Ordnung«, »frohe Weihnachten« und verschwinde im Gedränge.

»Aber …« So groß kann er sich gar nicht machen, dass er mich noch lange sieht.

Mein Martyrium indes ist nicht zu Ende. Selbstredend befindet Nonna sich nicht da, wo ich sie zurückgelassen habe. Ich glotze auf den Punkt, wo sie sein müsste, schaue weg, starre wieder hin – nichts als das Gewusel fremder Gesichter, Mäntel, Mützen. Zu allem Elend beginnt es zu schneien. Schaumige, weiße Flocken senken sich auf die knusprigen Würstchen herab, und auf meinen Senfärmel.

»Nonna?« Die halbherzig Gerufene bleibt verschwunden. Aufs Geratewohl bewege ich mich ein Stück hinein in eine der Gassen zwischen den Ständen, passiere linker Hand Rauschgoldengel, Legospielzeug und Töpferware, rechter Hand Bonbons, Lebkuchen und Zwetschgenmännchen.

Die Lebkuchen erinnern mich an Mauras »Bestellung«. Dafür habe ich jetzt keinen Nerv. Weil ich nicht weiß, was ich tun soll, beiße ich in eine der beiden Semmeln. Sie ist nur noch lauwarm, aber sie schmeckt gut. Während ich kaue, halte ich weiter die Augen offen. Dort drüben: eine Pelzkappe. Nonna? Nein, eine mir unbekannte ältere Dame. Wütend stampfe ich mit dem Fuß auf. Klar, dass es so enden würde. Endet es nicht stets so mit Nonna auf dem Weihnachtsmarkt? Beim letzten Mal hat sie unbedingt eine mannshohe Weihnachtspyramide aus dem Erzgebirge haben müssen, die ich durch die menschenverstopften Gänge schleppen durfte. Eine Weihnachtspyramide! Als ob bei uns daheim nicht genügend traditioneller Tand herumstehen würde. Diesmal ist sie weggegangen, obwohl ich sie darauf eingeschworen hatte, auf mich zu warten.

»Nonna«, flüstere ich kläglich. Immer dichter fallen die Flocken, mir ist kalt, ich will heim. Inzwischen ist eines der beiden Brötchen in meinen Magen gewandert, wo es sich lauwarm zusammenpampt. Ich dränge mich in das Eck, das die Seitenwände zweier Buden dort bilden, wo ein Durchlass zur Parallelreihe entstehen soll. Die Bretter sind mit Tannenzweigen benagelt, denen es gelingt, selbst durch meinen befleckten Dufflecoat zu piken. Was tun? Am goldenen Ring des berühmten »Schönen Brunnen« drehen und wünschen, dass die Vermisste erscheint? Daheim anrufen, fragen, ob sie sich gemeldet hat? Nein. Wäre Nonna im Besitz von so etwas Modernem wie einem Handy, könnte sie mich selbst kontaktieren. Ist sie aber nicht. Meine Zehen sind steif, ich trete von einem Bein auf das andere. Verdammt, Nonna, verdammt. Erneut schießen mir Tränen in die Augen. Zum Trost beiße ich in die zweite Semmel. Die mit extra viel Senf. Gedankenverloren setze ich mich wieder in Bewegung, weniger konzentriert und in schnellerem Tempo vielleicht, als das in solchem Gedränge angeraten scheint. Und so remple diesmal ich nach wenigen Minuten an, oder besser, in etwas Weiches, Weißes. Schräg aus dem Augenwinkel nehme ich wahr, wie sich grüngelbe Paste auf ein ärmelartiges Stoffstück schmiert.

»Hups!«, macht eine raue, leicht verschnupft klingende Stimme. Mein Gehirn stellt scharf, ich bin wie vom Donner gerührt: Vor mir steht flockenumwirbelt und sternenbekrönt das Nürnberger Christkind. Mit Senf am linken Ärmel. Lange, goldene Korkenzieherlocken wallen über ein von innen dick aufgepolstertes Fältelkostüm, unter dessen Saum klobige Stiefel hervorblitzen. Ich bin in dieser Stadt geboren, das Christkind kenne ich nur aus dem Fernsehen. Mit seiner geröteten Schnupfennase wirkt es, aus der Nähe betrachtet, recht menschlich. Das

Herumlaufen in der Kälte scheint ihm ebenso wenig zu behagen wie mir selbst.

»Frohe Weihnachten!«, flötet es gütig. Und meiner verheulten, geröteten Augen gewahr werdend: »Kann man etwas für Sie tun?«

Soll ich auf den Senffleck hinweisen? Lieber nicht.

»N-n-nein, ich glaube, nicht«, stottere ich verstört. Ich kann schlecht um das Herbeizaubern meiner unsichtbaren Großmutter bitten. Das Christkind betrachtet mich nachdenklich und winkt seinen himmlischen Begleiter heran, einen Weihnachtsmann mit beeindruckendem Jutesack.

»Einen Elisenlebkuchen?!«

Der Weihnachtsmann kramt das Genannte aus seinem Sack. Elisenlebkuchen, Maura, *managgia*.

»Kann ich eventuell drei haben?«, frage ich.

»Warum nicht?«, feixt der Weihnachtsmann und übergibt mir zwei weitere.

»Sie haben nicht zufällig auch eine Tüte mit gebrannten Mandeln?«, erkundige ich mich verschämt.

Das Christkind nickt gütig, der Weihnachtsmann kramt und überreicht.

»Und eine Schokoladenbanane?«, sage ich kleinlaut.

»Bedaure«, reagiert der Himmelsbote prompt, »da muss ich passen.« Seine Hilflosigkeit entlockt mir ein Lächeln. Soll die dralle Maura zum Wohle ihrer Figur auf die Schokobanane verzichten!

»Na also, schon besser!«, ermuntert mich das Christkind mit denselben Worten wie vorhin der fremde Student, wünscht mir ein frohes Fest, wendet sich ab und ward von der Menge verschluckt.

Wenigstens ein Problem gelöst. Ich packe Lebkuchen und gebrannte Mandeln in meine vor dem Bauch baumelnde Handtasche. Die Tüten hat ja Nonna bei sich, und wo die sein mag, bleibt nach wie vor ein Rätsel. Ja, überhaupt, die schweren Tüten, wie kann sie sich mit denen so ohne Weiteres davongestohlen haben?

Darüber, wo und in welchem Zustand allergrößter Seelenruhe ich meine Großmutter finden sollte, würde ich am liebsten schweigen. Ausgehend von der unglückseligen Bratwurstbude, durchkämme ich systematisch den gesamten Weihnachtsmarkt, sogar ins *Provenza*, das italienische Restaurant an der Südseite des Platzes, sehe ich kurz hinein. Völlig mutlos lande ich schließlich auf dem kleinen Karree der Partnerstädte hinter dem Rathaus. Dort geht es im Allgemeinen etwas ruhiger zu, besonders kurz vor Weihnachten, weil manche Standbetreiber bereits abgebaut haben und in ihre Heimat zurückgekehrt sind. Ich beschließe, etwas Warmes zu mir zu nehmen, am besten einen Glühwein, nein, besser eine *lampadina*, einen heißen Birnensaft, wie er am Stand von Venedig angeboten wird. In meiner Handtasche wühlend, bekomme ich erst Elisenlebkuchen und gebrannte Mandeln zu fassen, dann den Geldbeutel.

»Eine *lampadina* bitte!«, murmle ich mit gesenktem Haupt, während meine klammen Finger das passende Kleingeld aus dem Münzfach des Geldbeutels fischen.

»*Prego!*«

Die Stimme lässt meinen Blick emporschnellen. Hinter der Theke befindet sich jemand, den ich sehr gut kenne. Auf dem Haupt der Dame sitzt eine Pelzmütze und in ihrem Gesicht ein mildes Lächeln.

»Nonna«, rufe ich fassungslos, »ich suche dich seit mehr als einer Stunde. Was *tust* du hier?«

»Ich helfe beim Ausschank!«

»Das sehe ich!« Lässig wird mir ein dampfender Becher überreicht. »Was soll das?«

»*Dio mio*, ich habe gewartet, mit den schweren Tüten, und du kamst und kamst nicht zurück.«

»Ich hatte Senf am Ärmel«, bemerke ich blöde.

»Und dann traf ich eben Lorenzo«, sagt Nonna, »du weißt schon, diesen Freund von Angelo.« Sie erklärt, dass besagter Lorenzo gerade am Stand aus *Venezia* eine seiner vorübergehend grippal infizierten Cousinen vertreten musste, was ihn nicht daran gehindert habe, ihr mit den schweren Tüten zu helfen, und so …

Ich bin fassungslos.

»Das darf nicht wahr sein. Was hast du dir dabei bloß gedacht?« Nonnas Schuldbewusstsein hält sich in Grenzen.

»*Du* hast mich stehen lassen«, verteidigt sie sich.

»Weil ich uns Bratwurstbrötchen besorgen wollte.«

»Bratwurstbrötchen? Habe ich etwas vergessen?«

»Nonna!«

»Aber ich wusste, dass du früher oder später hier vorbeikommst.« Sie weist auf das »Venedig«-Schild des Standes: »Italiener finden immer nach Italien, sogar im Ausland.«

Zumindest damit liegt sie richtig.

»Schon gut, Nonna«, gebe ich mich geschlagen, »und jetzt *vieni, avanti!*«

»Verzeihen Sie!« Jemand tippt mir von hinten auf die Schulter. »Könnten Sie Ihre Familienkonflikte eventuell später austragen? Ich hätte gerne auch so einen Saft.«

Höflich trete ich zur Seite, damit Nonna den Kunden bedienen kann. Weiß der Teufel, wann wir hier wegkommen. An einem Stehtisch kippe ich das pappsüße Gebräu in mich hinein und wärme mich wenigstens von innen. In meiner Hosentasche vibriert das Handy.

»Hast du die Lebkuchen?«, fragt Maura per SMS.

»Stell dir vor, ja«, tippe ich gereizt.

»Und den Rest?« Entnervt schiebe ich das Handy zurück an seinen Platz. Darauf werde ich nicht antworten.

Ein paar Meter weiter diskutiert Nonna mit einem Kunden

lautstark über den Preisunterschied zwischen *lampadina* und Glühwein. Resigniert stütze ich beide Ellbogen auf das wackelige Tischchen. Mir tut alles weh.

Was einmal mehr beweist, dass die Realität mitunter die durch Redensarten zuverlässig beschriebenen Bahnen verlässt. Obwohl nämlich mein eigener Kopf durchaus angefüllt ist mit sinnvollen Strukturen, Planungsvermögen und Voraussicht, musste ich heute bisher alles, wirklich alles in den Beinen haben, während sich die vergessliche Nonna hinter ihrer venezianischen Theke ausruhen durfte. Typisch.

Der Lauscher an der Wand ...

... hört seine eigene Schand. – *Chi origlia dalle porte, ascolta maldicenze su di sé*. Eine Erfahrung, die später an diesem Abend Maura in spezieller, sagen wir, zeitgemäßer Form machen wird.

Zunächst aber holen Nonna und ich direkt im Anschluss an das Glühweinabenteuer ermattet, mit schmerzenden Füßen, dröhnenden Schädeln und angegriffenem Nervenkostüm meinen Patensohn Ugolino ab. Wie bereits erwähnt, ist Ugolino der Sohn meines Cousins Angelo und seiner Frau Arianna. Mein Cousin macht seinem Namen optisch alle Ehre. Mit dem schmalzig gestylten halblangen Haar, den ebenmäßigen Gesichtszügen, stets gepflegt und rasierwasserumflort, hat er tatsächlich etwas von einem Engel. Im Kontrast dazu stellt seine Ehefrau eine rauere, fast burschikose Schönheit zur Schau: magisch dunkle Augen, eine auffällig nach unten gezogene Nase, krisseliges Haar, eine stämmige, hochgewachsene Figur.

Die beiden führen ein italienisches Restaurant im nicht weit von Gerasmühle entfernten Stadtteil Eibach. Das *Vesuvio* gehörte vormals Angelos Eltern, die jetzt in Regensburg leben, ganz in der Nähe meiner Großeltern mütterlicherseits. Was an sich bedeutungslos ist, denn die vier begegnen einander höchst selten, weil Oma Liselotte allem, was mit Italien zusammenhängt, ein ausgeprägtes Misstrauen entgegenbringt. Da fügt es sich gut, dass zwei ihrer drei Töchter einen Italiener geheiratet haben. Tante Regine, Mamas jüngere Schwester, lebt mit ihrem Mann Peppino in der Nähe von Neapel und wird nur selten gesehen. Tante Rosl, die Dritte im Bunde, ist ledig geblieben (besser als *noch* ein Italiener). Sie wird häufiger gesehen, weil sie regelmäßig zusammen mit Oma Liselotte und Opa Franz am ersten Weihnachtsfeiertag bei uns aufschlägt. Alle drei sind nicht unbedingt Stimmungskanonen, und keiner von uns ist traurig, wenn sie spätestens am 27. Dezember wieder das Weite suchen.

In Regensburg haben Zia Gina und Zio Franco ein neues *ristorante* eröffnet, das *Vesuvio Due*. Den Namen halten sie für perfekt, weil jeder, der das »zweite« *Vesuvio* besucht, indirekt auf das »erste« aufmerksam gemacht und dadurch mit der Nase darauf gestoßen wird, dass er es mit einer wohlhabenden, expandierenden Familie zu tun hat. Italienische Logik eben.

»Mit nix wir sind gekommen, jetzt wir besitzen schon die zweite Firma«, pflegt Zio Franco zu prahlen. Innerhalb eines guten Vierteljahrhunderts in Deutschland erfuhren seine Kenntnisse der Landessprache nur geringfügige Besserungen. Für extensive Ergüsse über den eigenen Unternehmergeist reichen sie ebenso wie für die Erziehung des Enkels zu allerlei Machogehabe. Bei jeder passenden Gelegenheit sieht sich Ugolino mit zwei erhobenen Fingern konfrontiert:

»Wenn du bist groß, du hast *due ristoranti*. Und wenn du bist klug, du machst ein *terzo*, *quarto*, *quinto* auf.« Schnapp, schnapp, schnapp, schießen Finger drei, vier und fünf in die Höhe. Derzeit interessiert sich der achtjährige Ugolino weniger für florierende Restaurants als für Dinosaurier und Plastikspinnen. Wie die meisten kleinen Italiener ist er ein hübscher Kerl. Mal niedlich, mal aufdringlich, mal lustig, mal nervig. Leider kann man sich nicht aussuchen, was davon wann.

Nonna Elsa und ich holen also diesen kleinen Italiener bei seinen Eltern ab. Wobei »abholen« eine nicht ganz zutreffende Beschreibung darstellt für das, was nun über uns hereinbricht: eine spontan anberaumte, zweistündige Fressorgie, in deren Zuge Nonna Elsa über die Cousine der Tochter einer Freundin aus ihrem Heimatdorf schwadroniert, die ein ererbtes Haus im friulischen Zoppola nur aufgrund eines unerwartet im Keller desselben aufgefundenen kostbaren Rotweindepots behalten konnte, dessen Verkauf Unsummen erzielte.

»Anna, was nimmst du zum Dessert?« Mein sympathischer Cousin zeigt sich stets um das Wohl seiner Gäste bemüht. Entsprechend brummt sein Restaurant. Auch heute Abend ist es brechend voll. Ohne Reservierung wäre nichts zu machen. Wir sitzen am Tisch der Familie, etwas abseits, neben der Essensausgabe. Verführerische Düfte ziehen in Schwaden vorüber.

»*Mi dispiace*, Angelo«, pruste ich schwerfällig, »aber ich kann nicht mehr. Und Ugolino sieht ziemlich müde aus.« Das trifft es nicht ganz, denn Ugolino ist inzwischen eingeschlafen.

»Oh, *amore*«, säuselt Arianna und streichelt ihrem Sohn die Wange.

»Dann ist es ja egal«, lacht Angelo, »*panna cotta, tiramisù* oder *tartufo*?« Die Wahl zwischen Pest und Cholera, zumindest in Bezug auf die Kalorien. Arianna scheint meine Gedanken zu erraten.

»O Anna, du bist superdünn.«

»Was man von dir nicht behaupten kann!« Ungalant pikt Angelo in die speckige Taille seiner Ehefrau, die eine beleidigte Miene aufsetzt. Anders als die selbstzufriedene Maura ist Arianna ein Daueropfer der Diätindustrie. Trennkost, Protein-Shakes, *Watch your weight* – nichts, was sie nicht ausprobiert hätte.

»Ich bin zehn Jahre älter als deine Cousine, und ich habe *due bambini* geboren!«, klagt sie.

»Meinetwegen könnten es ruhig noch ein paar mehr sein«, entgegnet Angelo.

»Ach ja? Wer von uns beiden hat die Arbeit? Du oder ich?«

»Arianna, *cara mia*, du übertreibst. Das bisschen Haushalt, die Kinder sind so pflegeleicht.«

»*Che sciocchezze!* Wo hört man so was? Unverantwortlicher

Idiot!« Hinter Ariannas dunklen Pupillen brodelt ein Vulkan, dessen Ausbruch man nicht unbedingt erleben möchte.

»Ich hätte jetzt bitte gerne ein Glas Valdo«, ordert Nonna Elsa trocken. Mein Cousin versteht nicht.

»Na, diesen norditalienischen Prosecco«, helfe ich ihm auf die Sprünge, »den du immer kistenweise bei uns anlieferst.«

»Der in den winzigen Fläschchen?«, lacht Angelo. Ich nicke. »Pikkolos, um genau zu sein.«

»Mal sehen. *Un attimo!*«

Un attimo, also circa zwei Minuten, später hat sich leider herausgestellt, dass es im *Vesuvio* keinen Prosecco Valdo mehr gibt, weder im Mini- noch im Magnumformat, und Nonna sich mit *panna cotta con salsa di lamponi* zufriedengeben muss. In meinen Augen sowieso die bessere Wahl.

»Den Getränkevorrat nicht organisieren können, aber noch ein Kind wollen«, nörgelt Arianna.

»Für mich *tartufo nero*«, rufe ich dazwischen. Um einen der furchteinflößenden Superkräche zwischen Arianna und Angelo zu vermeiden, würde ich glatt ein Pferd verspeisen. Arianna sieht aus, als hätte sie auf eine Zitrone gebissen. Die Portion *panna cotta*, die Angelo ihr widersinnigerweise zur Versöhnung hinschiebt, reicht sie kommentarlos an mich weiter. Mein Magen rebelliert, der Tag war zu lang, ich möchte nach Hause. Zumal die Stimmung zum Schneiden gespannt ist. Arianna schweigt oder wirft ihrem Ehemann böse Blicke zu. Der tut unschuldig und macht die Sache damit nicht besser. Nach einigem Hin und Her versuche ich kurzerhand, mir den schlummernden Ugolino über die Schulter zu wuchten, womit ich mir beinahe einen Leistenbruch zuziehe.

»Lass mich mal«, erbietet sich Angelo. Mein Patensohn träumt unverdrossen weiter. Er schläft auf dem Weg nach draußen, er schläft, während sein Vater ihn ins Auto zwängt und Arianna ihm einen Kuss auf die Stirn drückt, er schläft die ganze Fahrt

nach Gerasmühle, wo ihn Babbo von der Rückbank empor-
stemmt und direkt auf die Couch in meinem Zimmer verfrachtet. Dort schläft er weiter.

»Zähneputzen?«, flüstere ich. Babbo zeigt mir einen Vogel.

Eine Weile betrachte ich Ugolino andächtig. So niedlich,
so friedvoll, so unschuldig. Beneidenswert. Wie oft wälze ich
selbst mich des Nachts schlaflos in den Laken, wie oft höre ich
Nonno spätabends umhergeistern oder Mama in der Küche
werkeln. Wann verliert man die Gelassenheit, mit der man sich
einfach die Decke über den Kopf ziehen und ziellos in den
Schlummer treiben lassen kann?

Von draußen hereindringendes Gerumpel sagt mir, dass Babbo Nonnas schwere Tüten die Treppe hinaufschleppt. Meine
Handtasche erinnert mich an etwas. Vorsichtig schleiche ich
aus dem Raum, schließe die Tür und klopfe schräg gegenüber
bei Maura. Die sitzt am Computer, diesmal jedoch in erheblich
besserer Laune. Bedächtig lege ich Elisenlebkuchen und gebrannte Mandeln auf den kleinen Couchtisch, in Erwartung einer Beschwerde aufgrund der fehlenden Schokobanane. Meine
Schwester schenkt den Süßigkeiten lediglich ein knappes Lächeln.

»Gut, dass du kommst«, empfängt sie mich beinahe ungeduldig. »Ich habe Neuigkeiten.«

»So?« Welche Wunder mögen an diesem für mich so bizarren
Tag andernorts geschehen sein? Maura wedelt mit einem zer-
knitterten Zettel.

»Was ist das?«

»Sammys Facebook-Passwort.«

»Woher hast du *das* denn?«

Maura zwinkert unschuldig: »Hat er mir vor einem Jahr gegeben. Als Liebesbeweis. War mir, ehrlich gesagt, entfallen, bis
ich es vorhin wiedergefunden habe. In meiner Spardose.« Sie
grinst überlegen.

»Maura, du bist unmöglich! Und jetzt?«

»Jetzt loggen wir uns ein!«

Mich durchläuft es heiß und kalt. Auch meine Schwester scheint von einer gewissen Unsicherheit geplagt, zumindest will sie die Sache nicht allein durchziehen.

»Das hat er doch garantiert geändert«, wende ich ein.

»Glaube ich nicht.«

»Mensch, ihr habt euch getrennt, da findet er es bestimmt ziemlich uncool, wenn du in seinem Account herumsurfst.«

»Glaube ich nicht«, wiederholt Maura, »weil ich nicht glaube, dass er sich daran erinnert. Er war ziemlich betrunken damals. Ich ebenfalls.«

»Na fein! Und wenn er selbst gerade online ist?«

»Während der Ferien, um diese Uhrzeit? Da ist er längst im ›Cult‹.« Das »Cult« ist Sammy Lieblingsclub, und dass er dort weilt, scheint den Tatsachen zu entsprechen, denn wir flutschen problemlos hinein in seine Privatsphäre, die uns nicht für fünf Cent etwas angeht. Gebannt ob so viel eigener Dreistigkeit, starre ich auf den Bildschirm. Wie automatisch ziehe ich mir einen Stuhl heran.

»Jetzt brauchen wir nur ein bisschen Glück«, krächzt Maura. Sie klickt auf den Chat. Die Leiste enthält eine Unzahl Namen, neben manchen davon erscheint ein grüner Punkt, was bedeutet, dass die betreffende Person online ist. Maura scrollt nach unten.

»Da bin ich!«

Würde meine Schwester auf ihr Studium ähnlich viel Konzentration verschwenden wie auf das Durchforsten des Facebook-Accounts ihres Exfreundes, man könnte ihr eine glorreiche Zukunft prophezeien.

»... Rainer, Ralf, Rick, Rosalie ... Ha!«, stößt sie aus. Rosalie ist offline, doch Maura hat eine ganz andere Idee: »Mal sehen ...«

»Sag bloß, du willst lesen, was die sich geschrieben haben!«

»*Perché no?*«, entgegnet Maura trotzig. »Ich glaube, ich habe ein Recht, zu erfahren, wie mein Freund mich hintergangen hat.«

»Dann frag ihn selbst!«, unternehme ich einen letzten, matten Versuch.

Maura hat den betreffenden Button längst aktiviert. Und zieht sofort ein langes Gesicht, denn die Ausbeute ist mager. Viele Informationen haben die beiden per Chat nicht miteinander ausgetauscht.

»*Hey, Sammy, do you remember me?*«

Mit diesem Satz hat Rosalie die Korrespondenz vor etwa einem halben Jahr eröffnet. Die Frage danach, ob er sich an sie erinnert, klingt tatsächlich ein bisschen nach alter Schulfreundin, und Sammy antwortete prompt.

»*Yes, I do remember. Senior High … you were − very special.*«

»*Lol. I know.*«

Im Folgenden erinnern sich die beiden an ein bestimmtes Schuljahr, in dem es scheinbar rundging. Das muss gewesen sein, als sie etwa sechzehn waren, kurz bevor Sammy mit seiner Familie nach Deutschland kam. Danach ist von Maura die Rede, überaus liebevoll, und Rosalie berichtet von einem gewissen Giovanni, den sie verlassen habe. Ein Italiener? Was sonst!

»Siehst du, sie hat sich getrennt!«, jault Maura dramatisch.

»Das heißt gar nichts.«

»*Shit, I have to leave!*« Wenige Zeilen später fällt Rosalie ein, dass sie unbedingt wegmuss. Gern würde sie in Kontakt bleiben, man habe sich wohl einiges zu erzählen. Leider nicht jetzt. Schade. Ein andermal. Worauf ihr Sammy seine Mailadresse anvertraut. Mails würde er regelmäßig abrufen. Hundertprozentig, *for certain*. Oder sie könnten telefonieren. Nummer soundso. Danach: Schweigen. Zumindest auf Facebook. Bis zu jenen mysteriösen Pinnwand-Einträgen, die wir vor kurzem gelesen haben.

Vorsichtshalber kontrolliert Maura die privaten Nachrichten auf Facebook, nichts.

»Mist«, schimpft sie.

»Seinen E-Mail-Account willst du jetzt aber nicht auch noch knacken?«

»Was heißt da ›knacken‹, er hat mir das Passwort selbst gegeben.«

»Und hatte offenbar keinen Grund, etwas zu verbergen.«

»Auf Facebook nicht«, orakelt Maura düster.

»*Mamma mia*, bist du misstrauisch!«

»Lass Mamma aus dem Spiel!«

Maura klickt erneut auf die Chatleiste.

»Schau da!«, ruft sie aufgeregt. Neben Rosalies Namen erscheint jetzt ein grüner Punkt.

»*Hi, Rosalie*«, hat sie getippt, ehe ich irgendwie eingreifen kann, »*how do you do?*« Die Antwort lässt nicht lange auf sich warten.

»*Oh, Sammy, hello, quite fine.*« Jetzt ist guter Rat teuer: Weder Mauras Englisch noch das meine ist so überzeugend, dass man uns für Muttersprachlerinnen halten würde. Was tun, damit die Sache nicht sofort auffliegt? Das wird sie wohl sowieso, wenn der rechtmäßige Benutzer das nächste Mal seinen Account besucht.

»Du bist ganz schön blöd«, zische ich. »Dass du in seinem Namen in der Weltgeschichte rumpalaverst, verzeiht Sammy dir nie.« Maura bleibt gelassen.

»Ich lösche danach den Inhalt des Chat-Fensters; das merkt der gar nicht.«

»Du hältst Sammy für ziemlich unterbelichtet. Abgesehen davon – schon daran gedacht, dass *sie* ihn vielleicht darauf ansprechen wird?« In mir macht sich ein Gefühl der Unruhe breit. »Was soll das Ganze überhaupt, was, bitte, willst du ihr sagen?«

»Eigentlich nur eins –«

»*I have news*«, tippt sie, »*I love Maura.*«

»Bitte, Maura«, flüstere ich, »hör auf damit, das bringt doch nichts.« Die Antwort von Rosalie erscheint etwas zeitversetzt im Chat-Fenster.

»*News? But I know that. And I am happy about it.*« Daneben einer dieser doofen Smileys mit Sonnenbrille.

»Siehst du«, schimpfe ich, »sie ist noch nicht mal auf dem Laufenden, sie denkt, dass Sammy dich liebt, und sie freut sich sogar darüber. Also hör auf mit dem Schmarrn.«

Meine Schwester ist tatsächlich überrumpelt.

»*Shit*, und jetzt?«, fragt sie ausgerechnet mich, die ich dieses Spielchen von Anfang an daneben fand. Die Antwort gebe nicht ich, sondern der Computer, denn er tut etwas, das sonst kein Computer, nicht der von Maura und kein anderer auf der Welt, jemals im richtigen Moment tut: Er hängt sich auf. Keine Reaktion mehr auf Mausklicks und Tastatur. Froststarre, absolute Bewegungslosigkeit. Die einzige Möglichkeit: *Reset*.

Maura lässt die im Schreck erhobenen Hände sinken.

»Jetzt kapiere ich gar nichts mehr«, grummelt sie vor sich hin, halb beglückt, weil ihre Befürchtungen haltlos waren, halb unzufrieden, weil sie sich weiterhin keinen Reim auf Sammys Verhalten machen kann. Meine durchtriebene Schwester ist völlig planlos. So viel zu ihren »Managementqualitäten«.

»Tja«, erkläre ich versonnen. »»Geschieht dir recht‹, würde Mama sagen.«

Maura starrt abwesend vor sich hin.

»Babbo dagegen: ›Kommt Zeit, kommt Rat!‹«

Ein klein wenig Quälerei muss sein.

»Nonno Corrado würde überhaupt nichts sagen, und Nonna Elsa …«

Maura erwacht aus ihrer Apathie.

»Ja, ja«, pampt sie mich an, »Nonna Elsa würde lauthals verkünden, dass der Lauscher an der Wand seine eigene Schand hört, ich weiß.«

»Das hast jetzt du gesagt.«

Aufmunternd wuschle ich durch die heute superglatt geföhnte Bobfrisur. Dann verlasse ich mit einem süffisanten Lächeln auf den Lippen den Raum, während Maura, das fühle ich genau, mir im Rücken die Zunge rausstreckt.

La notte ...

... *porta consiglio*. Angeblich bringt die Nacht so was wie Rat und Erleuchtung. Die wohlwollende Empfehlung »Kommt Zeit, kommt Rat!« oder die Aufforderung »Schlaf drüber!« treffen es ebenfalls ganz gut.

Schlaf könnte ich in diesem Augenblick dringend gebrauchen. Nonna Elsa und ihr Traumschwiegerenkel Massimo, der vermaledeite Weihnachtsmarkt, die Spannungen zwischen Arianna und Angelo. Und als abschließende Krönung Mauras seltsame Facebook-Experimente. Das alles zusammen hat mich erschlagen. Schlaf wäre mir jetzt herzlich willkommen. Nur kriegt man bekannterweise selten das, was man ersehnt. Ich weiß nicht, ob ich jemals im Leben munterer war. In meinem Kopf kreist ein Wirrwarr aus englischen, deutschen und italienischen Phrasen. Nebenan auf der Couch erholt sich Ugolino tief atmend von der Erfüllung seiner kindlichen Begehrlichkeiten, die er mir in – ich kontrolliere die Leuchtzeiger meines Weckers – exakt sechs Stunden und 32 Minuten wieder ungehemmt entgegenschleudern wird.

Würde mir die Nacht bloß Schlaf bringen, könnte ich auf Rat, Hilfe oder Erleuchtung dankend verzichten.

Um 2.35 Uhr schwinge ich gerädert die Beine aus dem Bett. Eine Tasse Tee, meinetwegen sogar *camomilla*, ein bisschen *bruschetta*, vielleicht wird das helfen.

Beim Betreten der Küche bemerke ich sofort den durch die Wohnzimmertür fallenden Lichtschimmer. Ich bin mit meiner Schlaflosigkeit nicht allein. Am Couchtisch sitzt Nonno Corrado vor seinen in komplizierten Anordnungen hingebreiteten Tarot-Karten. Offensichtlich wollte er Nonna nicht stören und hat sich deswegen hierher verdrückt. Interessiert strecke ich den Kopf durch die Tür.

»Und, Nonno«, erkundige ich mich, »was sagt das Schicksal, wie wird das Weihnachtsfest?«

Mein Großvater ist über die Begegnung zu später Stunde keinesfalls erstaunt. Leutselig winkt er mich zu sich herüber. Die Nacht bringt selbst stumme Vögel zum Zwitschern.

»Das Weihnachtsfest? Lass sehen. Die Hohepriesterin und der Turm«, murmelt er ehrfürchtig, »dazu die Sieben der Stäbe, der Ritter der Schwerter und dort die Neun der Münzen …«

»Kirche, Ruten und Geldgeschenke?«, mutmaße ich respektlos. Nonno hebt sinnierend das Kinn.

»Anna, Anna, damit spaßt man nicht! – Nein, es wird Ärger geben, rauen Wind, aber auch freudige Überraschungen. Und Geheimnisse werden enthüllt. Irgendetwas Fundamentales kündigt sich an.«

»Keine sehr erstaunliche Prognose.«

»Wieso?«

»Uneinigkeit zwischen Nonna Elsa und Oma Liselotte, Krach zwischen Arianna und Angelo, nervige Vorbereitungen für Dinge, die am Ende doch nicht klappen, geheimnisvolle Geschenke mit überraschender Wirkung. Und fundamentales Chaos. Wie jedes Jahr also, man braucht keine Karten, um das zu erraten.« Nonno zeigt sich wenig überzeugt.

»Völlig falsch«, widerspricht er entschieden, »der Einfluss der Hohepriesterin ist zu stark, das deutet nicht auf so etwas Banales hin wie Geschenke.«

»Wer sagt, dass Geschenke banal sind?«

»Es geht um tiefere, endgültige Einsicht, um einen Blick in Abgründe!«

»Uuuh«, verlautbare ich mit dunkler Stimme, »Nonno, das

Orakel von Delphi. Aber mal im Ernst. Du glaubst nicht wirklich an dieses Zeug?«

Mein Großvater setzt eine geheimnisvolle Miene auf.

»*Come no!* Aber natürlich!«

»*Mah va! Ti prego!* Manches in diesem Haus oder dieser Familie mag ja rätselhaft sein, aber ob Karten und Horoskope da was bringen?«

Nonno Corrados braune Augen blitzen schelmisch.

»Wer weiß. Ich lege Karten. Andere sehen fern, spielen Computer oder Schlimmeres. Nimm zum Beispiel diesen Freund von mir, der sich ein Flugsimulationsprogamm zugelegt hat und sich seitdem für einen Piloten hält. Komplett abgehoben. Manchmal serviert ihm seine Frau sogar als Stewardess verkleidet das Essen.«

»Und dann?«

»Es schmeckt ihm.«

Ich klopfe meinem Großvater auf die Schulter.

»Erzähl das Nonna, es wird ihr gefallen. Was sagen die Karten noch?« Eine kurze Phase der Gesprächigkeit meines Großvaters muss man ausnutzen.

»Für dich? *Aspetta* …«

»Ach was, für mich, nein!«, aber Nonno hat bereits verschiedene Karten verdeckt aus dem Fächer gezogen und diese kreuzförmig vor sich auf dem Tisch verteilt. Nun dreht er eine nach der anderen um. Seine Konzentration erinnert mich an die von Massimo beim Aussuchen der *confetti*.

Plötzlich fühle ich mich intensiv gemustert.

»Du hast jemanden kennengelernt«, bekundet Nonno mit einem anerkennenden Pfiff durch die Zähne, »sieh einer an.«

»Was?«

»Ass der Münzen, Acht der Stäbe, die Liebenden. Da ist gewaltig was im Busch.«

»In der Praxis lerne ich täglich Leute kennen. Du hast keine

Vorstellung davon, wie weit Karies bereits unter Kindern verbreitet ist. Die Essgewohnheiten, der viele Zucker ...«

Nonno ignoriert diesen Einwand, schüttelt den Kopf und deckt eine weitere Karte auf. »Es muss unter seltsamen Umständen passiert sein, aber es war ganz sicher nicht die letzte Begegnung. Und Wasser, ich sehe es deutlich, in der Zukunft werdet ihr von Wasser umgeben sein.«

»Ein Date in der Spülmaschine, wie originell«, kommentiere ich bissig.

Unvermittelt schießt mir etwas durch den Kopf. Senf am Ärmel, Panik, der Wunsch abzuhauen. Eine weitere Begegnung dieser Art gäbe mir den Rest. Warum denke ich jetzt daran? *Basta*, ermahne ich mich selbst, was für ein Blödsinn.

»Wirklich sehr zukunftweisend«, prophezeie ich dramatisch, »in einem Jahr werden wir heiraten, leben glücklich bis an unser Ende. Und wenn wir nicht gestorben sind ...«

»Davon steht nichts in den Karten«, unterbricht mich Nonno unwirsch, »ich kann nur sagen, was ich sehe.« Er kratzt sich am Kopf. »Dass daran etwas Wahres ist, merkt man dir an der Nasenspitze an.«

Das Schicksal enthebt mich einer Antwort. Und zwar in Form von Babbo, der mit zerzaust gelocktem Resthaar ins Wohnzimmer schlurft. Sein gestreifter Pyjama, ein Weihnachtsgeschenk von Mama aus dem Vorjahr, spannt über dem Bauch.

»Was ist das?«, erkundigt er sich gähnend, »ein okkultes Treffen?«

»So ähnlich«, gebe ich mit einem Fingerzeig auf die Karten zu verstehen, »ich werde nächstes Jahr heiraten.«

»*Das* habe ich nicht gesagt«, protestiert Nonno.

»Setz ihr keine Flausen in den Kopf«, fordert Babbo streng, »obwohl, *coccinella*, schlecht wäre es nicht. Wenigstens *ein* Schwiegersohn. Von Maura ist in der Hinsicht wohl nicht viel zu erwarten.«

»Wie bitte?«, zeige ich mich zutiefst überrascht. »Maura ist doch diejenige von uns beiden, die einen Mann nach dem anderen erobert.«

»Eben. Einen Mann nach dem anderen. Aber nichts Ernstes.«

»Das mit Sammy war durchaus ernst.«

»Eben«, wiederholt Babbo, »es *war*. Vergangenheit. Ob sie um diese Zeit Sport im Fernsehen bringen, wenigstens eine Wiederholung?« Nonno hat sich erneut in die Karten vertieft und brummt etwas Unverständliches. Babbo greift zur Fernbedienung.

Wir sind im Besitz einer Satellitenschüssel, die italienische Programme empfängt. Sie wurde seinerzeit in einer halsbrecherischen Aktion von Babbo und Nonno auf dem Dach montiert. Ein Schauspiel, das in den unmittelbaren Anwohnern ein dankbares Publikum fand.

Babbo zappt sich durchs Programm. Fußball, Skispringen oder Biathlon – Fehlanzeige. Dafür bringt *Canale 5* die Wiederholung einer Uraltfolge von Nonna Elsas Lieblingssendung *Velone*. In diesem ehemaligen italienischen Sommerformat konkurrierten, hierzulande schwer vorstellbar, rüstige Rentnerinnen auf den Marktplätzen von Provinzkäffern um den Titel der »Superoma«. Nonna Elsa fand das großartig, weswegen Maura ernsthaft erwog, sie anzumelden.

Gerade als eine der Kandidatinnen, eine schmucke Siebzigjährige mit Wasserwellen, zu »I will survive« abrockt, betritt Mama den Raum. Müde reibt sie sich die Augen.

»Seid ihr des Wahnsinns? Wisst ihr, wie spät es ist?«

»*Le tre meno un quarto*, Viertel vor drei«, knurrt Nonno vom Sofa her.

»Genau, und ihr macht einen Krach, der die Toten weckt.«

»Du wirkst aber recht lebendig, Silke.«

Ein grantiger Blick von Mama genügt, und Babbo senkt kleinlaut die Lautstärke des Fernsehapparats.

Bei mir steigert die Übermüdung den Übermut.

»Mama«, verkünde ich stolz, »wusstest du, dass ich nächstes Jahr heira--«

»Anna, *lascia perdere*! Lass es gut sein«, fährt Nonno dazwischen, »ich habe dir schon einmal gesagt, dass man mit diesen Dingen nicht spaßt.«

»Mit welchen Dingen?«, fragt Mama interessiert, dann sieht sie die Karten und schlägt beide Handflächen gegen die Stirn. »Ich glaube, ich will es gar nicht wissen. Ich habe Hunger.«

»Silke, bringst du mir ein Bier?«, säuselt es aus dem Couchsessel, wo Babbo es sich gemütlich gemacht hat.

Mama stemmt beide Hände in die Hüften wie eine italienische Matrone: »Dino! Das ist nicht dein Ernst.«

»Gut«, seufzt Babbo, sich umständlich emporstemmend, »dann hole ich es mir selbst.«

Mama sagt nichts mehr, mein Vater stößt auf dem Weg zum Kühlschrank um ein Haar mit Nonna Elsa zusammen, die soeben den Kopf zur Tür hereinstreckt.

»Corrado«, beklagt sie sich bei ihrem kartenlegenden Ehemann, »du weißt doch, dass ich früher oder später aufwache, wenn du dich einfach davonstiehlst.« Dann fällt ihr Blick auf den halbblau vor sich hin plappernden Fernsehbildschirm.

»Oh, *Velone*!« Überraschend behände springt sie in den bis vor kurzem von Babbo okkupierten Sessel. »Ist das nicht die Folge in Norcia, die Rossana d'Alessio gewonnen hat?«

Wie kann sich Nonna *so etwas* merken, wenn sie sonst nicht mal ihre Brille findet?

»Wo ist das *telecomando*?« Die Fernbedienung liegt vor mir auf dem Tisch. »Anna, bist du so gut und stellst ein bisschen lauter?«

»Neiiin!!!«, brüllt Mama, die in solchen Situationen leicht die teutonisch empfindlichen Nerven verliert.

»Schrei nicht so, iss lieber«, rät Babbo, der sich mit einem

Bier und einem vollbeladenen Teller wieder zu uns gesellt. Fürsorglich drückt er seiner Frau einen kalten Hähnchenschlegel in die Hand. Automatisch beginnt Mama daran zu knabbern. Nonna indessen passt rücksichtslos die Lautstärke des Fernsehers ihrer Schwerhörigkeit an.

»Mammina, ich bitte dich, du weckst die Kinder!«, zischt Babbo und meint damit Ugolino und Maura. In Bezug auf Ersteren halte ich solche Sorge für unbegründet, Zweitere hingegen steht plötzlich mit perfekt frisiertem Prachthaar, rosigen Wangen und rosigem Teint auf der Schwelle zum Wohnzimmer. Eine echte Erscheinung.

»Hey, Leute«, vermeldet sie triumphierend und nicht im Geringsten müde, »wisst ihr, was? Ich habe es mir überlegt, falls es sich tatsächlich um eine alte Schulfreundin handeln sollte, was ja, wie Anna findet, immerhin sein könnte, werde ich mich, sollte er um Verzeihung bitten und sich angemessen bemühen, unter Umständen mit Sammy versöhnen.«

Ich stöhne, Babbo lacht, Nonna ist *Velone*-gefesselt, Mama sprachlos, Nonno schweigt. Da sind wir also, mitten in der Nacht: *tutta la famiglia. La notte porta consiglio?!* Die Nacht mag manchen Menschen manches bringen, der Famiglia Maiotti bringt sie vor allem eins: das übliche Chaos.

Morgenstund ...

... hat Gold im Mund. »*Il mattino ha l'oro in bocca*«, denkt sich wohl Ugolino, als er mich um kurz nach sieben unsanft aus dem Schlaf reißt.

»Anna, aufwachen! Es ist schon spät!«

Mit einem waghalsigen Hechtsprung taucht er zu mir ins Bett und lässt seinen Lieblingsdino, einen Plastik-Brontosaurier, über meinen Bauch hoppeln.

»Wie? Was? Kann nicht sein«, stöhne ich, indem ich mich im Halbschlaf schwerfällig auf die rechte Seite rolle. Die lange Nacht hat ihre Spuren hinterlassen. In meinem Magen herrscht ein flaues Gefühl, beide Schläfen pochen schmerzhaft. Alles, was ich begehre, ist Ruhe.

»Hopp, komm, *avanti*«, fordert Ugolino, »wir müssen los.« Ich recke mich gähnend.

»Wohin denn?« Schlapp lasse ich mich zurück in die Kissen sinken. »Könntest du nicht Tante Silke fragen?«

»Die schnippelt Kartoffeln.«

Um diese Uhrzeit, nach *der* Nacht? Alle Achtung.

»Wie wär's mit Nonna?«

»Macht den Pudding. Sie haben gesagt, ich soll zu dir.«

Der *budino di Natale* ist eine unserer schrulligen Familientraditionen. Er besteht aus drei Schichten. Unten Waldmeistercreme, in der Mitte *panna cotta al limone* oder wahlweise *tiramisù al limone* und obendrauf pürierte Waldbeeren, italienisch grünweiß-rot eben. In jede Schicht wird zusätzlich eine »Überraschung« eingearbeitet – in die grüne eine Pistazie, in die weiße eine Mandel, in die rote eine Chilischote. Wer auf eine dieser Zutaten beißt, hat Glück in der Liebe (Mandel), Glück im Spiel (Chilischote) oder Erfolg im Beruf (Pistazie). Das Rezept für den Pudding steht in unserem Familienkochbuch, niemand weiß genau, wer es erfunden hat, abgesehen davon stimmen die »Vorhersagen« so gut wie nie, aber darauf verzichten? Undenkbar. Nonna bereitet jede Schicht an einem von drei aufeinanderfolgenden Tagen zu, somit ist heute die mittlere dran.

»Und Maura?« Noch mag ich mich nicht geschlagen geben. Zu gemütlich ist das angewärmte Federbett, besonders angesichts der Kälteschauer hervorrufenden Winterlandschaft vor dem Fenster.

»Hat mich nicht reingelassen, ihre Tür ist abgesperrt.« Meine faszinierend kluge Schwester weiß sich wirklich immer zu helfen. Ich dagegen werde unsanft an der Schulter gerüttelt.

»Jetzt steh endlich auf!«

»Na gut«, seufze ich, ehe mir am Ende der Plastikdino in den Nacken beißt, »gib mir zehn Minuten.«

Nach Katzenwäsche samt verunglücktem Schminkversuch sowie neugierigem (und ergebnislosem) Lauschen an Mauras Zimmertür betrete ich die betriebsame Küche.

»Wow«, wundert sich Ugolino, der kauend am Tisch sitzt, »hat dir jemand in die Fresse gehauen?«

Mama blickt missbilligend von den Kartoffeln auf. Weniger wegen meiner unnatürlich blauen Augenlider als aufgrund der Ausdrucksweise meines Patensohns.

»Woher der Junge das wohl hat?«

»Von Arianna«, mutmaßt Nonna.

»Nö«, klärt Ugolino auf, »das habe ich mal Babbo zu Mamma sagen hören, als sie so ähnlich aussah wie Anna jetzt.«

»Toller Umgangston«, befindet Nonna.

»Kann man hier irgendwo frühstücken?« Zweifelnd schiele ich quer über die Küchenschlacht.

»Ich bin schon fertig«, sagt Ugolino, »und du mach schnell, wir wollen los. Ich hol gleich meine Sachen.« Zack, ist er zur Küche raus, holtcrdiepolter die Treppe hoch, wumms, knallt oben eine Tür.

»Nur die Ruhe«, ruft Mama ihm nach, »das Bad macht erst um neun Uhr auf.«

»Das Bad?«, erkundige ich mich überrascht. »Welches Bad?« Mama ist die Sache sichtlich unangenehm.

»Na ja«, druckst sie herum, »ich dachte, wo wir hier so viel zu tun haben und Ugolino dein Patensohn ist …«

Mir schwant Böses.

»… dass du sicherlich gerne mit ihm ins Palmy Beach gehst. Er hat so sehr gebettelt, und er hat es daheim wirklich nicht leicht, andauernd sind alle beschäftigt. Außerdem weiß ich nicht recht, wohin mit ihm. Und du gehst doch selbst so gern schwimmen.«

Daher also weht der Wind.

»Das stimmt schon«, erwidere ich eisig, »ich gehe gern schwimmen. Nur, mit Ugolino im Schlepptau wird das kaum möglich sein.«

Das Palmy Beach ist ein zehn Autominuten entferntes hypermodernes Freizeitbad mit einem großen Wellenbecken, vielen Whirlpools und gut einem Dutzend Wasserrutschen. Das Sportbecken ist meist spärlich besucht. Manchmal ziehe ich dort nach der Arbeit meine Bahnen. Aber: Ich hasse Wasserrutschen und Aquatainment jeglicher Art. Und mir missfällt zunehmend, wie selbstverständlich Mama über meine Zeit verfügt.

Schon ist Ugolino mit seiner roten Adidas-Sporttasche zurückgekehrt, die ihm Arianna in weiser Voraussicht mitgegeben hat.

»Wann gehen wir?« Unruhig tritt er von einem Bein auf das andere. »Wir gehen doch?«

»Lass mich erst mal frühstücken, dann denke ich drüber

nach.« Mit einem Cappuccino und einer Butterbrioche ziehe ich mich auf die Wohnzimmercouch zurück. Von Babbo oder Nonno keine Spur. Während der heiße Cappuccino meine Zunge verbrennt, betrachte ich versonnen die Ecke neben dem Fernseher. Dort prangt der Weihnachtsbaum, und zwar seit dem 8. Dezember, dem Fest der *Immacolata Concezione*. Von jeher bilden für Nonna Elsa unbefleckte Empfängnis und Weihnachtsbaum eine untrennbare Einheit. Die etwas krumm gewachsene Nordmanntanne wurde von Nonno und Babbo »organisiert«. Geschmückt haben wir das neoklassizistisch-biedermeierlichmoderne Gesamtkunstwerk dann gemeinsam. Aber das sind wieder zwei andere Geschichten.

An meinem Butterhörnchen kauend, erwäge ich die Alternativen, um festzustellen, dass ich keine habe. Auf der To-do-Liste steht unverrückbar das Palmy Beach mit Ugolino. Und das am 23. Dezember. Danke, lieber Weihnachtsmann.

Eine halbe Stunde später. Aus der Menschenansammlung vor dem Bad könnte man schließen, dass darin ein Rockkonzert stattfindet. Die belagerte Bratwurstbude auf dem Weihnachtsmarkt war nichts dagegen. Schlangestehen scheint derzeit mein Schicksal.

»Oh, *ragnetto*«, ächze ich, »lass uns umkehren, das ist Wahnsinn.« Die familiäre Angewohnheit, Ugolino liebevoll als »kleine Spinne« zu bezeichnen, rührt von seiner Vorliebe für eine eklige Plastikspinne mit wabbeligen, behaarten Beinen, die er fast immer in der Hosentasche mit sich herumträgt. Diese Spinne ist pink.

»No!«, weigert sich Ugolino. »Und nenn mich nicht *ragnetto*, ich bin schon groß.«

»Oh, *scusa, ragnetto*! Ehrlich, nichts zu machen?« Ich sehne mich nach dem heimischen Sofa. Liebend gern würde ich alles Mögliche tun – Nonna Elsa mit dem Pudding helfen, die Krippe dekorieren, Meinungsverschiedenheiten mit Maura austragen –, alles, nur nicht in dieser Schlange stehen. Und dann geschieht auch noch prompt, was meistens geschieht, wenn man es am wenigsten gebrauchen kann:

»Hallo? Anna? Bist du das?« Die spröde Stimme, der selbstbewusste Tonfall haben mich durch neun Jahre Gymnasium begleitet. Sie gehören zu Julie, meinem Schreckgespenst aus Schultagen. Unfreiwillig waren wir in der Mittelstufe zu Banknachbarinnen erklärt worden, ich die Stillste, sie die Tonangebende in der Klasse, die Reifste von uns allen, mit dem ersten Facebook-Account. Gerüchten zufolge hat sie während der Abiturfeier im Chemielabor den attraktiven Lateinreferendar vernascht. Auf dem Versuchstisch soll er sie hemmungslos durchgebumst haben. Dabei gewesen ist freilich keiner, zugetraut hat es ihr jeder. Julie hatte nie den blassesten Schimmer von Latein, selbst Caesar kannte sie bestenfalls als Hundefutter. Der arme Lateinreferendar hatte keine Chance. Wie ich später erfuhr, hat er sich kurz darauf nach München versetzen lassen.

Julie und ich mochten uns nie. Ich war ihr zu fade, sie mir zu schrill. Ein paar Mal haben sich unsere Wege in den letzten Jahren per Zufall gekreuzt. Sie ist wie ich in Nürnberg geblieben, studiert Betriebswirtschaft, Schwerpunkt Marketing, und musste sich ebenso wie mein Patensohn ausgerechnet heute auf das Palmy Beach kaprizieren.

»Ah, Julie, wie geht's?«

Sie hat sich nicht verändert. Aufgeplustertes Blondhaar, Schaufensterpuppengesichtchen, Prada-Figur, perfekt gepflegte und lackierte Nägel. Ich benötige wenig Phantasie, um mir vorzustellen, wie sie auf High Heels durch die Designer-Gänge eines Luxuskonzerns stöckelt.

»Gut, gut, sehr gut«, weht es mir huldvoll entgegen, »ist das deiner?« Ein indiskreter Kunstnagel deutet auf Ugolino.

»Ja, mein *Paten*sohn. Er ist acht«, informiere ich unterkühlt.

»Wäre ich seine Mutter, hätte ich in der zehnten Klasse hochschwanger sein müssen.«

»Oh, stimmt. Na ja, vielleicht besser so. Ich meine, du mit Nachwuchs, irgendwie seltsam.«

»Wieso?«, mischt Ugolino sich ein. »Anna ist super!«

Bravo! Die Familienphalanx funktioniert tadellos, Angriffe von außen werden instinktiv abgewehrt.

Julie mustert aufmerksam meinen sich plötzlich sehr gerade haltenden und kampfbereit wirkenden Begleiter. Möglicherweise überlegt sie, ob er bereits bei der Mafia angemeldet ist.

»Aha, so, so«, macht sie beschwichtigend.

Blöde Situation. Da wir nun einmal gemeinsam in dieser unsäglichen Schlange gestrandet sind, erfordert die Konvention, dass wir noch ein wenig plaudern.

»Lange nicht gesehen«, wechsle ich das Thema. Julie nimmt den Faden dankbar auf.

»Ich bin gerade im Praxisjahr bei einem Modeunternehmen in München. Wir kooperieren international, besonders mit – Italien.«

»*Ma guarda un po!* Sieh einer an! Gratuliere.«

Julies im French Style lackierte Nägel gleiten stolz durch ihr volles Haar.

»Tja, stell dir vor, ich bin so gut wie ständig in *Milano*. Wichtige Meetings und so. Echt topp!« In Managerpose streckt sie beide Daumen nach oben. Wie anders könnte es sein? Dass Julie im Eiltempo die gesamte Modebranche revolutionieren würde, versteht sich von selbst.

»Und du?«, fragt sie beinahe mitleidig. »Ich nehme an, du arbeitest weiterhin bei diesem Zahnarzt.«

»Ja«, bestätige ich, den provokativen Unterton ignorierend, »macht Spaß.«

Zahnarzthelferin beziehungsweise »Zahnmedizinische Fachangestellte« ist selbstredend kein Beruf, der für Julie jemals in

Betracht gekommen wäre, in ihrem Weltbild rangiert er als erbärmliche Hilfstätigkeit.

»Schön für dich. Jedem das Seine.« Die gönnerhafte Bemerkung entlockt Ugolino eine Grimasse. Er kann Julie nicht leiden, so viel ist sicher.

Angestrengt luge ich nach vorn. Inzwischen haben wir das Gebäude betreten, bis zur erlösenden Kasse sind es noch knappe vier Meter.

»Weißt du schon, was du als Erstes machen möchtest?«, zische ich Ugolino zu, in der Hoffnung, sein sonst so aktives Plappermaul in Gang zu bringen. »Wasserrutsche oder Wellenbecken?«

»Nö«, ertönt es gleichgültig. Keine weitere Hilfe von dieser Seite.

»Bist du allein hier?«, frage ich Julie.

»Ja, ich gehe schwimmen, muss mich in Form halten. Prada-Kostüme erfordern eiserne Disziplin. Ein bisschen Relaxen kann aber auch nicht schaden, Abstand vom weihnachtlichen Familientrubel und so« – ein gehässiger Augenaufschlag zielt in Richtung Ugolino –, »außerdem arbeitet mein Freund da drin.«

Wie praktisch. Wahrscheinlich gehört dem Typen der ganze Schuppen. Mit einem schnöden Bademeister hätte Julie sich kaum eingelassen.

»Ach, und da musst du trotzdem Schlange stehen?«, erkundige ich mich schnippisch. »Keine Freikarte?«

»Nein, wieso? Habe ich das nötig?« Sie zückt ein rotledernes Versace-Portemonnaie mit kitschigen silbernen Applikationen.

Die Kasse. Wir sind dran.

»Nehmen wir eine Tageskarte?« Ugolino hat die Sprache wiedergefunden. Ich überfliege die Preisliste und nicke.

»Meinetwegen.« Höflicherweise möchte ich mich von Julie verabschieden, kann sie aber in der nachdrängenden Menge nicht mehr ausmachen.

»Die Tante ist in dem Laden da drüben«, murrt Ugolino. Tatsächlich vermeine ich hinter dem Schaufenster der ins Foyer integrierten Bademodenboutique Julies Blondhaar zu erkennen. Mein Begleiter wird unruhig.

»Los, schnell, ich muss aufs Klo.«

In Windeseile ziehen wir uns um, quetschen unsere Kleider in den einen gemeinsamen Spind, der uns im Ferientrubel zugestanden wurde. Der Umkleidebereich ist vollgestopft mit menschlichen Leibern, die ihre Hüllen fallen lassen und teils mit roher Gewalt um den Zugang zu den Schränken kämpfen. Es stinkt nach Käsefüßen und Schweiß. Was für ein Irrsinn!

Während Ugolino in der Männertoilette sein dringliches Geschäft verrichtet, unterziehe ich mich einer intensiven Musterung in einer der allseits präsenten Spiegelwände. Wer glaubt eigentlich, dass der Durchschnittsmensch das zu Gesicht bekommen möchte, was ihm diese Foltergeräte entgegenwerfen? Ich trage einen roten, abgenutzten Sportbadeanzug mit dünnen, sich im Rücken kreuzenden Trägern, der meine etwas verschrobene Figur nicht unbedingt vorteilhaft zur Geltung bringt. Ich habe dünne Beine, ein breites Becken, wenig weibliche Rundungen. Von der Seite gesehen bin ich platt wie eine Pizza Margherita, kein Busen, kein Po, dafür eine leicht nach vorn gebeugte Haltung. Das vom Schwitzen feuchte Haar hängt mir glatt und strähnig über die Schultern. Ponyfransen bedecken halb meine dunkelbraunen Augen, denen man durchaus etwas abgewinnen könnte, säßen sie nicht eine Idee zu eng über der Himmelfahrtsnase. Sollten Pekinesen sich je als Schönheitsideal etablieren, wäre ich eine gemachte Frau. Nachdenklich fahre ich über meinen nicht vorhandenen Bauch und strecke dabei versuchsweise den Rücken durch.

»Was tust du da?«, informiert sich der vom Harndrang befreite Ugolino interessiert. Ich schrecke aus meinen Betrachtungen auf.

»Das verstehst du noch nicht.«

»Wann werde ich es verstehen?«

»Vergiss es! Wohin wollen wir zuerst?«

»Wellenbecken!« Ich nicke. Es ist Punkt 10 Uhr, Zeit für das zehnminütige Karibikimitationsprogramm in der künstlichen Lagune. Dort bleibt kein Quadratzentimeter ungenutzt. Im knietiefen Wasser treiben von glucksenden Eltern bewachte, schwimmbeflügelte Kleinkinder, im tieferen Beckenbereich schlagen sich die Halbstarken. Dazwischen wechseln scharf geschossene Bälle den Besitzer. Ugolino frohlockt und will mittun, aber die zwei engelsgleichen, drallen Bübchen wollen unter sich bleiben. Mein Patensohn schmollt, versucht stattdessen mit Ganzkörpereinsatz einen Arm der im tieferen Wasser schwimmenden aufblasbaren Riesenkrake zu erklimmen. Ebenfalls vergeblich, ein Vollidiot im Teenageralter schubst ihn zurück.

»*Stronzo!*«, wehrt Ugolino sich lauthals.

»Moment mal!«, schalte ich mich ein, der Vollidiot lacht und zeigt mir den Stinkefinger. Nonna würde jetzt über die heutige Jugend schimpfen. Kein Respekt vor dem Alter und so. Ich selbst bin viel zu verdattert, um überhaupt zu reagieren, und freue mich, als wir nach dem Verebben der Wellen die Rutschen anpeilen können. Dem ist, wie gesagt, voranzustellen, dass ich wilden Vergnügungen in Form von Loopings oder Freifallakrobatik von jeher skeptisch gegenüberstehe, ja, dass ich sie im wahrsten Sinne des Wortes zum Kotzen finde. Entsprechend übel wird mir allein beim Betreten des futuristischen Space-Rutschen-Centers. Schweigsam zittere ich mich hinter Ugolino das enorme Treppenhaus zu den Startplattformen hinauf.

»Muss das wirklich sein?«

»Klar! Du wirst sehen, das wird *stratosferico*! Galaktisch!«

»*Certo.*« Ganz überzeugt bin ich nicht.

Die »Explorer«, so nennt sich die erste Bahn, erweist sich tatsächlich als relativ verträglich: eine freundlich geschwungene blaue Röhre mit sanftem Gefälle und ein bisschen Weltraumschnickschnack am Ende. Ugolino jubiliert.

»Noch mal!« Damit könnte ich leben. Nur ist mit »noch mal« keinesfalls »noch mal die Explorer« gemeint, sondern irgendeines der restlichen 13 Höllengeräte.

Es folgen die schneckelig gewundene »Voyager«, die familienfreundliche »Galactica« sowie das »Black Hole«, in dem man, nomen est omen, die Hand vor den Augen kaum erkennt. Ugolino kreischt, jauchzt, frohlockt. Wir rutschen mit Reifen, ohne Reifen, hintereinander, nebeneinander, zusammen, getrennt. Vor lauter Stroboskopen, Wasserschwällen und Haarnadelkurven wird mir ganz schwindlig. Aber ich überlebe.

Irgendwann haben wir das gesamte Programm durch. Von »Stargate« über »Saturn« bis »Mars Mission«, alles erledigt. Außer der »Pegasus II«. Zwölf Meter freier Fall aus einer Glaskabine, Doppellooping, ziemlich einzigartig in Deutschland, vielleicht auch in Italien. Ugolino ist komplett angefixt.

»Nein«, bescheide ich resolut. »Die ist ab zwölf, und du bist acht.«

»Mir egal.«

»Und ab 1,30 Körpergröße. Du misst höchstens 1,28!«

Ugolino reckt sich auf die Zehenspitzen.

»Stimmt gar nicht.« Er hat nicht unrecht, kleine Italiener können imposant wirken. Hinter uns drängeln sich andere Rutschfetischisten.

»Hey, ihr Deppen, steht nicht dumm rum, macht Platz!«

Ja, ich finde, das sollten wir Deppen unbedingt tun. Am besten, indem wir uns rückwärts die Treppe hinabbequemen und es endlich gut sein lassen. Unglückseligerweise habe ich die Rechnung ohne den Wirt oder, besser gesagt, ohne den Wirtssohn gemacht.

»Will aber.« Ugolino stampft mit dem Fuß auf.

Neben der Rutsche sitzt eine Person, die jedem Neustarter einen »Space-Stempel« aufdrückt. Vor der Plexiglaskabine stehen sieben Leute an.

»Dir glaubt kein Mensch, dass du zwölf bist.«

»Pfff.«

Noch sechs.

»Ich trage die Verantwortung.«

»Viel Glück dabei!«

Fünf.

»Ugolino, ich warne dich.«

»Mann, bist du eine *guastafeste*! Spielverderberin! Nie willst du Spaß haben.«

Vier.

»Das ist unfair, wir haben die ganze Zeit Spaß gehabt!«

»Aber jetzt nicht mehr!«

Drei. Ugolino streckt seinen Arm zum Stempeln hin, der Mann sieht mich fragend an. Ich bin nicht ansprechbar, verdaue das eben Gesagte.

»Bisschen klein geraten, der Junge, für zwölf!«

»Italienische Jungs sind nicht so groß«, reagiert Ugolino prompt.

»Aha.« Zack, der Stempel sitzt.

Zwei. Mein Patensohn lugt respektvoll in Richtung der Glaskabine, wo gerade einer seiner Mitstreiter, ein gut Vierzehnjähriger in blauer Badehose, durch eine sich im Boden öffnende Falltüre senkrecht nach unten davonschießt.

»Ganz schön krass«, bemerke ich von der Seite. Ugolino schluckt. Dem Vierzehnjährigen folgt ein Mädchen in grünem Bikini.

»Äh …«

»Noch kannst du zurück.«

»Nööööööö!«

Sagt es, stellt sich in die Glaskabine, kreuzt die Arme über der Brust und ist gleich darauf wie von Geisterhand verschwunden.

»Neiiiin«, höre ich mich schreien. Mechanisch mache ich kehrt, presse mich mit furchtsamer Entschlossenheit gegen den Menschenstrom, hetze atemlos die Treppe hinab. Wo, bitte, muss ich hin, wo kommt diese blöde »Pegasus«-Rutsche am Ende raus? Schon höre ich Mama zetern, sehe Nonna die Hände über dem Kopf zusammenschlagen. Von Arianna ganz zu schweigen.

Die miese, kleine, nein, die Riesenspinne! *Ragnone!* Dieser Satansbraten! Dem werde ich kräftig Bescheid geben, ihm die Ohren lang ziehen, ihm zeigen, wo der Hammer hängt. Palmy Beach mit Ugolino, nie wieder! Kann er vergessen, ad acta legen, sich abschminken …

»Ugoliiino!«

Schwankend hinkt mein Patensohn um die Ecke. Natürlich ist er längst angekommen, so schnell kann ich zu Fuß gar nicht sein. Jaulend reibt er sein rechtes Knie. Und ich dumme Nuss? Nehme ihn in den Arm.

»*Poverino!* Lass dich trösten!«

»*Aiaiaia!*«

»Was ist passiert?«

»Angehauen«, schluchzt er, »alles ging so schnell.« Ich begutachte den Schaden. Auf der Stirn unter dem Haaransatz beginnt sich eine Beule abzuzeichnen, das rechte Knie ist blutig geschürft. Dazu zwei blaue Flecken am Oberschenkel.

»Auauaua, ich will zu Mamma!« Der große Italiener ist wieder ganz klein. Ein jähes Ende des galaktischen Rutschvergnügens.

»*Tranquillo!* Beruhige dich, gleich gehen wir heim!«

»*Ma no!*«, presst er hervor.

»Was denn nun?«

»Dableiben!« Der erste Schock scheint überwunden. Das

Schluchzen beginnt abzuebben, mich trifft ein halb unterwürfiger, halb schelmischer Augenaufschlag.

»Was gibt's?«

»Deine Schminke ist verlaufen.« Er kichert schniefend. »Du siehst ulkig aus.«

Relativ naheliegend nach einem Bad im Wellenbecken, circa zwanzig Rutschpartien sowie einem echauffierten Kampf gegen drängelnde Menschenmassen.

»Pass auf«, antworte ich ausweichend, »wir besorgen jetzt ein Pflaster für dein Knie, danach sehen wir weiter.«

Nickend wischt sich Ugolino mit dem Unterarm den Rotz von der Nase. Freundliche Badangestellte weisen uns den Weg zu einem winzigen Sanitätsraum, dessen Tür weit offen steht. In dem fensterlosen Kabuff macht sich ein Mann mit dem Rücken zu uns an einem Regal zu schaffen. Augenscheinlich sortiert er dort irgendetwas ein. Durch ein Räuspern mache ich mich bemerkbar.

»Moment bitte!«

Eine Weile werkelt der Angesprochene weiter, ohne sich umzudrehen. Als er es schließlich doch tut, verschlägt es mir die Sprache. Glutheiße Peinlichkeitswallungen färben erst mein nacktes Dekolleté, dann meine Wangen. Wahrscheinlich sind sie rötlich gelb wie die missglückte heutige Morgenstund mit ihrem angeblichen Gold im Mund, oder nein, passenderweise vielleicht doch besser grüngelb, senffarben, denn: Der Mann im Sanitätsraum ist niemand anders als mein Bratwurstsenf-Schmierfink-Student vom Weihnachtsmarkt.

Le acque chete ...

... rodono i ponti. Zu Deutsch: »Stille Wasser sind tief.«

Okay, genau genommen nagen sie in der italienischen Variante an den Brücken – mag sein, dass diese Redensart aus Venedig stammt. Ihren Wahrheitsgehalt jedenfalls werde ich im Verlauf der nächsten Stunden am eigenen Leib erfahren. Im unfreiwilligen Selbstversuch sozusagen.

Beim Bratwurst-Sanitäter-Studenten zeigt das Überraschungsmoment durchaus ebenfalls seine Wirkung. Er schaut baff drein, ist überrumpelt, peinlich berührt. Aber er reagiert souverän. In einer treuherzigen Geste der Unterwerfung streckt er mir beide Hände entgegen.

»Ich verspreche, dass es hier weit und breit keinen Senf gibt!«

Sein Verhalten ist sympathisch, witzig. Jeder normale Mensch hätte seinerseits etwas Sympathisches, Witziges auf Lager gehabt. Ich dagegen senke schamhaft die Wimpern, um meine völlig unspektakulären nackten Zehenspitzen zu examinieren. Mein Gegenüber lässt nicht nach. Weder in seinen Bemühungen noch in seiner Freundlichkeit.

»Was kann ich dir Gutes tun?«

»Mir? Gar nichts«, stottere ich, verlegen auf Ugolino und sein aufgeschürftes Knie deutend, »er braucht ein Pflaster.«

»Kein Problem.« Der kleine Patient wird einer liebevoll-belustigten Musterung unterzogen.

»Na, junger Mann, auch die ›Pegasus‹ unterschätzt?«

»Was heißt *auch*?«, kommt es von Ugolino, wie aus der Pistole geschossen.

»Denkst du etwa, du bist der Erste?« Der Senfmann dreht sich um, beginnt eifrig in einem kleinen Wandschränkchen zu wühlen. »Bist du nicht. Und du wirst gewiss nicht der Letzte sein. Seit Einweihung der neuen Rutsche habe ich schwer zu tun.« Keine Anspielung auf die Vorschriften, keine Frage nach dem Alter von Ugolino, der schon wieder Oberwasser bekommt.

»Ehrlich?«

»Kannste glauben. Das hier dürfte die richtige Größe haben.« Probehalber wird ein Pflaster vor die Wunde gehalten. Und mit einem Seitenblick in meine Richtung:

»Ich heiße übrigens Peter.«

»Ugolino!«

Es folgt ein förmliches Händeschütteln. Ich muss schmunzeln.

»Dann wollen wir mal.«

Der freundliche Peter zückt ein Desinfektionsspray.

»*Aia!*«

»Brennt, wie? Das hört gleich auf. Nimm es wie ein Mann.« Ugolino beißt die Zähne zusammen. Mir pocht vor Unsicherheit das Herz bis zum Hals.

»Du bist Sanitäter?«, presse ich ungelenk hervor.

»Eher eine Art Aushilfsrettungsschwimmer. Eigentlich studiere ich Medizin. Was sich, wie du siehst, hier als ganz nützlich erweist.«

Also doch ein Student.

»Kann ich damit wieder ins Wasser?«, vergewissert sich mein Patensohn aufgeregt.

»Ich wüsste nicht, was dagegenspricht. Nur das mit der ›Pegasus‹ lässt du bleiben, okay?«

»Okay! Kommst du?« Entschlossen will Ugolino mich davonzerren, meine Beine haben jedoch Wurzeln geschlagen. Ich starre Peter an, der seine attraktiv geformte Unterlippe kaut und auf die Armbanduhr sieht. Etwas scheint ihm durch den Kopf zu gehen.

»In genau zwei Minuten starten wieder die Wellen. Hast du darauf nicht Lust, Ugolino? Es gäbe da noch etwas zu besprechen mit deiner … Tante?« Ich werde rot.

»O je, kriegt Anna jetzt Ärger?«

»*Anna!* Aha.« Ich werde noch röter. Wie er das ausspricht, in so einem Singsang, beinahe italienisch.

»Warum sollte Anna denn Ärger kriegen?«

»Weil die Rutsche ab zwölf ist und ich erst acht bin.«

»Ach, deshalb«, konstatiert Peter mit gespielter Strenge, »na, wenn es nicht wieder vorkommt!«

»Wahrscheinlich nicht«, beteuert Ugolino. »Anna, darf ich gehen?« In seinen Zügen schimmert der Glücksfunke einer unerwarteten Freiheit. Ich bin weiterhin handlungsunfähig, festgenagelt wie das berühmte hypnotisierte Kaninchen vor der Schlange.

»In Ordnung«, höre ich mich wider alle Vernunft erlauben. Arianna würde mich lynchen. Ugolino zögert keine Sekunde und stürmt davon.

»Vorsichtig!«, rufe ich ihm nach. »*Attenzione!*«

»Sei unbesorgt«, bemerkt Peter, »immerhin hat er versprochen, dass er *wahrscheinlich* nicht wieder rutschen wird.«

»Du bist gut«, entfährt es mir, »der kann nicht mal richtig schwimmen!«

»Das Wellenbecken ist gleich da drüben, es gibt dort allzeit bereite, tapfere Einsatzkräfte wie mich.« Diese unkomplizierte Art zu scherzen versetzt mein Zwerchfell in kribbelnden Aufruhr. Dazu die Augen! Azurblaue Iris mit kleinen silbernen Sprenkeln. Eine vage Erinnerung kriecht in mir empor, an die kitschigen Märchenbücher meiner Kindheit. Der Prinz, der Aschenputtel aus seiner Zwangslage befreite, besaß ähnliche Zauberaugen, nicht minder der, dem Schneewittchen die

Erlösung vom tückischen Apfelbutzen verdankte. Und der aus
›Dornröschen‹ erst! Tief Luft holend, zwinge ich mich in die
Realität zurück.

»Was wolltest du mit mir besprechen?«, frage ich steif.

Peter überlegt.

»Wie geht es deiner Jacke?«, erkundigt er sich.

»Meiner Jacke?«

»Dem, wie hieß das gleich, Dufflecoat?«

»Danke, es geht ihm gut!«, antworte ich mit absurdem Ernst,
als sprächen wir von einer Person. »Nonna hat den Fleck ver-
nichtet. Mit einem total ätzenden Spezialwaschmittel. Der
Ärmel ist so gut wie neu.«

»Nonna?«

»Meine Großmutter.«

»Ah!«

»Unsere Familie stammt aus Italien. Zumindest zur Hälfte.«

»Aus Italien? Toll!«

Ich kenne das seit dem Windelalter, wundere mich aber
dennoch stets aufs Neue darüber: Von einigen wahnwitzigen
Ausnahmen wie meinen Großeltern mütterlicherseits oder
den Fans während der Fußball-WM einmal abgesehen, finden
die Deutschen Italien einfach »toll«! – »Mein Vater ist Italiener.« – »Toll!« – »Mein Cousin hat eine Pizzeria.« – »Toll!« –
»*Bunga bunga!*« – »To…« Nein, das nicht.

Tapfer mache ich mich gefasst auf eine Top Ten der Urlaube
am Gardasee, in Rimini, der Toskana, auf genießerische Ergüsse
über *dolce vita*, Nudeln, laue Sommernächte, kulturelle Events.

»Ich bin noch nie da gewesen«, gesteht Peter stattdessen.

»Oh. Ich früher ständig. Jedes Jahr. Zu oft!« Nicht, dass ich
meinem väterlichen Urquell gegenüber feindlich gesinnt wäre,
nein, ich hege lediglich gewisse Vorbehalte gegen lärmende
Mofas und brüllende Menschen um drei Uhr nachts, halb-
fertige Häuser mit Dauerwasserrohrbrüchen sowie Ämter, zu

deren Öffnungszeiten man am besten Nonnos Tarot-Karten befragt.

Peter hat Italien offenbar von seiner besten Seite kennengelernt – durch einen ausgewanderten Originaleinwohner. »Unser früherer Nachbar stammte aus Bologna!«, schwärmt er mit funkensprühenden Pupillen. »Er wollte keine eigenen Kinder, aber mich mochte er. Bei ihm durfte ich tun und lassen, was ich wollte. Besonders das, was daheim verboten war. Er hat mir gezeigt, wie man eine Zigarette dreht, wie man Grappa veredelt, und mir nebenbei den Umgang mit der Heckenschere beigebracht. Der konnte echt alles …«

»Außer der Kehrwoche, vermutlich.«

»Was meinst du?«

»Nichts.« Ich beiße mir auf die Zunge. Der Funkenregen in den Augen meines Gegenübers erlischt. Die Sprenkel zucken melancholisch.

»Entschuldige bitte, ich wollte dich nicht langweilen.«

»*Ma no!*«, wehre ich ab. »Nein!« Insgeheim schimpfe ich mich selbst einen *idiota*, sozial inkompetent, kommunikationsunfähig, doof!

Es kommt noch schlimmer. Ohne Vorwarnung formen meine Lippen plötzlich die folgenden unfassbaren Worte: »Wollen wir einen Kaffee trinken?«

Ich habe diesen Satz oft gelesen, in Büchern, Frauenzeitschriften, Internetforen. Oder in Beziehungsratgebern. Er bedeutet die Verkörperung junger, selbstbewusster Mädchen und Frauen, denen die Männerwelt zu Füßen liegt. Frauen wie meine Schwester Maura, nicht ich! Der Nachhall meiner blechern fremden Stimme erzeugt in mir Unwohlsein.

Wollen wir einen Kaffee trinken? Wie blöd kann man eigentlich sein? Gleich wird der sympathische Peter mir einen Vogel zeigen und mich fragen, ob *la dolce vita* mir das Hirn verzuckert hat.

»Ja, gerne!«

»Was?«

»Ja, gerne! Du hast Glück, ich habe jetzt Pause.« Kann solches Strahlen unecht sein? Oder macht er gute Miene zum bösen Spiel, weil er befürchtet, ich könne sonst die Mafia einschalten?

»Am besten, wir gehen in die Bar da drüben.« Peters Zeigefinger weist in eine unbestimmte Richtung. »Zuerst würde ich dir allerdings raten, dich abzuschminken, du siehst furchterregend aus.«

Aus seinem unerschöpflichen Regalreservoir fördert er eine Kleenexschachtel und einen Handspiegel zutage, den er mir unter die Nase hält. Was die Mafia-These bestätigt, denn mein kriegerisch verschmiertes Mascara vermittelt nicht den Anschein, als würde ich mich rachelos abweisen lassen. Ungeschickt rubbelnd versetze ich mich in einen einigermaßen zivilen Zustand.

Das düstere Kabuff gehört zum Südseetrakt des Erlebnisbades, unmittelbar davor beginnt die Karibik. Plastikpalmenreihen, luxuriös überdachte Lounge-Liegen und über allem schwebend eine Künstlergalerie mit Haiti-Szenen. In der Brandung des tosenden Wellenbeckens leuchtet weithin Ugolinos rote Badehose, fast hätte ich ihn vergessen! Rasch springe ich zu dem Liegestuhl am Beckenrand, wo wir zuvor unsere Sachen deponiert haben. Aus der Seitentasche meines Sportbeutels krame ich einen Zehn-Euro-Schein hervor; gleichzeitig halte ich Ausschau nach meinem Patensohn. Der hat sich mit einem Gleichaltrigen alliiert. Ein aufblasbarer Fußball wechselt die Seiten. Hin und her, her und hin.

Die fabulöse Kaffee-Trink-Frage ist gemeinhin natürlich nicht mehr als eine Kontaktaufnahme-Floskel, Peter bestellt sich ein Bier.

»Alkoholfrei, weil ich im Dienst bin, und du?« In Anbetracht der Armada von unaufhaltsam näher rückenden Weihnachtsschmäusen verhalte ich mich pragmatisch.

»Eine Cola light.«

Wir haben uns an einem der atmosphärischen Tischchen direkt am Wasser niedergelassen und überblicken das vorweihnachtliche Geplantsche. Von fern leuchtet die rote Badehose.

»Ganz schön voll hier.« Etwas Schmissigeres fällt mir zum Verrecken nicht ein.

»Ist es am Wochenende meistens.« Peter mustert mich fragend. »Und du willst wirklich eine Cola light? Müsste ich nicht arbeiten, ich würde ... zum Beispiel der Cocktail hier: *Santa Claus*. Gin mit Granatapfel, Cocos und einem Hauch Zimt. Sehr empfehlenswert.«

»Oh, là, là«, stottere ich, »klingt super!«

»Eben. Sandy?« Es erscheint ein pferdebeschwänzter Teenager mit riesigen blaugrauen Augen. Dass er Peter anhimmelt, ist geradezu lachhaft offensichtlich.

»Bringst du einen *Santa Claus* für meine Begleitung?«

Schlechte Idee, ich vertrage keinen Alkohol, nicht den kleinsten Tropfen. In manchen Situationen ist einem total bewusst, dass man etwas Bestimmtes vermeiden sollte, und lässt es dennoch geschehen. Weil man unsicher oder verschüchtert ist oder weil man sich keine Blöße geben möchte. Bei mir ist es eine Mischung aus allem.

»Kommt sofort.«

Sandy sieht über mich hinweg. Den Pferdeschwanz stolz in den Nacken werfend, wendet sie auf ihren High Heels und wippt in Richtung Bambusbar davon.

»Komische Tussi«, denke ich laut.

»Findest du?«, vergewissert Peter sich interessiert. Ich ziehe eine Grimasse – noch nicht mal am Cocktail genippt und schon beschwipst.

»Na ja, sorry.« Meine unkontrollierte Äußerung kann ich

nicht zurücknehmen. Peter zieht amüsiert die rechte Augenbraue nach oben.

»Schon okay. Geht mir genauso.« Verschwörerisch grinsen wir uns an. Wenig später landet zuerst ein Bierdeckel mit Salvator-Werbung vor mir auf dem Tisch, dann, schwappend, ein rötlich schimmerndes Getränk mit grün-gelb gestreiftem Strohhalm und dickem Zuckerrand.

»Los, probier!« Ich gehorche. Das Zeug weckt nostalgische Erinnerungen an neonfarbene italienische Plastiklimonaden. Es schmeckt süßsauer, hat eine bittere Note und scheint glücklicherweise nur schwach alkoholisiert.

»Und?«

»*Buono.* Du machst das hier nebenbei?«

»Ein Bekannter hat mir den Job vermittelt.«

»Wo studierst du?«

»Seit kurzem in Erlangen, vorher in Regensburg.«

In Regensburg, ausgerechnet!

»Kennst du das *Vesuvio Due*?«

»Die Pizzeria, wo die Leute auf den Tischen tanzen?«

»Ach, tun sie das? *Diamine!* Warst du oft dort?«

»Früher ja. In letzter Zeit weniger, wegen der Prüfungen. Warum?«

»Der Inhaber ist mein Onkel Franco! Pizzerien liegen bei uns in der Familie. Von *Norimberga* bis *Londra*, alles dabei. Es soll sogar eine in Sydney geben, aber das könnte ein Märchen sein.« Peter pfeift anerkennend durch die Zähne.

»Deine Familie scheint weit verzweigt.«

»Durchaus. Vor uns ist man selbst in China nicht sicher!«

Ich werde besser! Es muss *Santa Claus* sein, der mich zu solcherart flotten Bemerkungen inspiriert. Der gute alte Weihnachtsmann eröffnet mir völlig neue Horizonte. Entspannt, umgänglich, ja sogar ansatzweise schlagfertig – Adjektive, die ich zu meiner Person bis dato lediglich als Fremdwörter in

Beziehung gesetzt hätte, manifestieren sich in seltsamster Weise und machen aus mir die Queen der sprichwörtlichen »stillen Wasser«. Die tiefste Stelle des Wellenbeckens ist gegen mich flach wie eine Lagune.

Ich recke mich nach Ugolino. Die Frequenz der Ballwechsel hat sich gesteigert, die beiden Jungen plantschen und quietschen inzwischen etwas weiter hinten im Becken, in der Nähe der Krake. Peter dreht sich nach meinem Patensohn um.

»Der ist lustig.« Er seufzt. »Unsere Familie ist so klein, leider. Meine Mutter, mein Vater und ich.«

»Was ist mit Tanten und Onkeln, Cousins und Cousinen?«

»Existieren nicht. Meine Eltern sind Einzelkinder, beide.«

»Ernsthaft?« Betroffen schlage ich die Hände vor den Mund. »Das ist *triste*!«

»Traurig, du sagst es. Trotzdem ging es bei uns meist gesellig zu. Mein Vater ist Mitglied in der freiwilligen Feuerwehr, weißt du.« Ich weiß. Nonno hatte auch so eine Phase, und wir waren froh, als sie vorüber war. Jedes zweite Wochenende ein gutes Dutzend feiernder Kameraden im Wohnzimmer, die nichts anderes löschten als ihren Durst, das war selbst Nonna Elsa zu viel.

»Und dann hattet ihr ja noch den italienischen Nachbarn, der wird die Einsamkeit schon vertrieben haben, *eh*?«

»Er gehörte auch zur Feuerwehr, echt schade, dass er weggezogen ist.«

Peter wirkt drollig bedrückt. Sich lässig zurücklehnend, streicht er mit der rechten Hand durchs dunkelblonde Haar. Er ist gut frisiert, kein Zweifel. Und überaus nett. Ob er wohl eine Freundin hat? Spekulationen über den Beziehungsstatus meines Gegenübers ersticke ich mit einem kräftigen Schluck *Santa Claus* im Keim. Wie kann ich hässliches Entlein mit Gänsebrust es wagen? Der Strohhalm saugt ins Leere.

»Magst du noch einen?«, fragt Peter, sichtlich erfreut, weil es mir so gut geschmeckt hat. »Ich lade dich ein.«

Mechanisch nickend, starre ich auf das leere Glas. Wie konnte das derart schnell gehen? Wohin, bitte, ist das ganze Zeug verschwunden?

»Du musst das nicht tun.«

»Ich mache es gern. Ich bin dir schließlich etwas schuldig.« Er tippt auf einen nicht vorhandenen Jackenärmel und winkt nach Sandy. Die wippt herbei, wippt davon, wippt zurück, serviert. Sehnsuchtsvoll betrachtet Peter meinen neuen *Santa Claus*. Ich sauge, er neidet. Der Arme!

»Du, Anna ...«, setzt er an.

»Ja?« Angestrengt konzentriere ich mich auf den diesmal blau-rot gestreiften Strohhalm. Kann es sein, dass es mir wesentlich schwerer fällt, ihn mit den Lippen zu erhaschen? Darüber hinaus scheint dieser Weihnachtsmann um einiges beschwipster als sein Vorgänger. Peter rutscht nervös auf seinem Plastikstuhl herum.

»Du wohnst doch hier in der Nähe, oder? Meinst du, wir könnten gegebenenfalls, eventuell ...«, druckst er herum.

»Was denn?«

»... nur so, vielleicht ...«

»Spuck's aus«, verlautbare ich ruppiger als beabsichtigt. *Cavolo!* Verflixt und zugenäht: Um mich dreht und kreiselt sich alles, nicht stark, eher sanft, beschwingt, wie auf den Karussells meiner Kindheit. Aber mit jedem Schluck mehr.

»Na ja, ich denke ...«

Jetzt habe ich ihn zwischen den Lippen, den Widerspenstling, und werde den Teufel tun, ihn loszulassen.

»Mmmh?«, presse ich mit um den Strohhalm geschlossenen Mund und weit aufgerissenen Augen hervor. Peter kippelt mit seinem Stuhl.

»Ach, nichts.« Er sieht mich forschend an. »Wie feiert ihr eigentlich Weihnachten?«

Wie soll man, wenn man ich ist, etwas auf diese scheinbar so banale Frage erwidern, ohne sich in einem Reigen komplex ineinander verflochtener Anekdoten, Gebräuche, Befindlichkeiten zu verlieren? Wie könnte man einem Außenstehenden nur ansatzweise begreiflich machen, was es bedeutet, wenn die versammelte Famiglia Maiotti sich andächtig darauf konzentriert, die Famiglia Maiotti zu sein?

»Wie wir feiern?«, nuschle ich. Der Strohhalm ploppt aus dem Mund. »Mit Weihnachtsgans und Panettone. Und mit einer Wagenladung Pikkolos für Nonna. Prosecco Spumante Valdobbiadene. Nicht ganz billig, aber andererseits, was ist schon billig?«

In diesem Augenblick entsteht im mittlerweile wieder ungewellten Wellenbecken ein Tumult. Das heißt zusätzlich zu dem, der ohnehin schon vorhanden ist. Von weit hinten im tiefen Bereich des Pools ruft jemand um Hilfe! Am Beckenrand laufen die Leute zusammen. Ein an seiner Montur erkennbarer Bademeister schreit etwas in Richtung eines Kollegen und wirft sich synchron dazu in die Fluten. Peter, der mit dem Rücken zum Becken sitzt, fährt herum und springt auf.

»Entschuldige, ich muss sehen, was da los ist, bin gleich wieder da!« Sagt es und ist verschwunden. Ich bleibe zurück, wie in Watte gepackt, mit zunehmend drehendem Schädel, und kann es nicht verhehlen: *Santa Claus* hat mich reingelegt, ich bin kräftig beschickert. In Zeitlupentempo überlege ich, was zu tun ist. Mangels anderer Möglichkeiten hatte ich mir die zehn Euro ins Dekolleté des Badeanzugs geschoben. Umständlich nestle ich sie hervor und werfe sie auf den Tisch. Ob das reichen wird? Soll doch der Weihnachtsmann den Rest begleichen, letztlich hat er mich in diese Lage gebracht.

In der künstlichen Lagune herrscht weiterhin Bewegung. Peter ist um das Becken herumgelaufen und gesellt sich zu der Menge an Schaulustigen, die sich dort zusammengefunden hat, wo das Wasser wie im Meer flach ausläuft. Der trainierte

Bademeisterrettungsschwimmer hat zwischenzeitlich ein zappelndes Kind aus den Tiefen des Ozeans gefischt, das er ans Ufer transportiert.

Durch den wabernden Alkoholvorhang beobachte ich gelassen die Szenerie – diese Show ist besser als *Baywatch* und Reality-TV zusammen! Der mutige Retter geht nun an Land, unter dem nassen T-Shirt zeichnen sich harte Muskeln ab, in seinen Armen schimmert eine rote Badehose ... eine ROTE BADEHOSE? *Porca puttana!* Der zappelnde Junge ist ...

»Ugoliiino!«

Schlagartig ernüchtert, springe ich auf, stolpere über den Stuhl, setze mich wankend, aber zielgerichtet in Bewegung. Am Ort des Geschehens angekommen, teile ich mit beiden Armen resolut die Schar der Schaulustigen.

»Das ist mein Patensohn«, rufe ich sinnlos in die Menge. Besagter Patensohn sitzt mehr verdutzt als verzweifelt auf dem Boden, umringt von seinem Retter, Peter und zwei Jungen. Einer ist sein Ballspielpartner, der andere der Kraken-*Stronzo* vom Vormittag, der offenbar seine hinterhältige Unternehmung wiederholt und Ugolino gewaltsam ins Wasser befördert hat. Was dem im tiefen Beckenbereich nicht gut bekam.

»Wie sollte ich denn ahnen, dass der Idiot nicht schwimmen kann?«

»Ich kann schwimmen«, widerspricht Ugolino beleidigt, »nur eben nicht immer.«

»Er ist plötzlich untergegangen«, mischt sich der Balljunge ein, »dann kam er nicht mehr hoch. Und ich hab gerufen.«

»Gut gemacht!«, kommentiert Peter.

»Ihr seid vielleicht Helden«, sagt sein tropfnasser Kollege.

Ich bin weiterhin etwas wirr im Kopf, schweißüberströmt, erleichtert und zugleich irgendwie – wütend.

»Ugolino«, mache ich mir Luft, »für heute reicht es, *finito, basta*, wir gehen heim.«

»Das ist ungerecht, ich kann nichts dafür.«

»Trotzdem, hopp, auf!« Meine Nerven flattern, mir ist schlecht. Im Nachhinein wird mir der Ernst der Lage bewusst. Ich saufe Cocktails, mein Patensohn säuft ab, und das einen Tag vor Weihnachten! Grandios! Ein lebenslanger Bannfluch von *la famiglia* wäre mir sicher gewesen. Oder ein mafiöser Tod durch Erwürgen. Vor meinem inneren Auge sehe ich die Szene: Angelo und Zio Franco, die mich festhalten, während Arianna mir eine feine Drahtschlinge um den Hals legt und sie langsam zuzieht, bis ich nach Luft schnappe.

Meine extreme Anspannung überträgt sich auf Ugolino, er beginnt zu heulen. Mir ist ähnlich zumute, *bella figura* ist anders, doch ich muss den Schein wahren.

»Nimm dich zusammen!«, zische ich. »Und steh endlich auf, *avanti*!« Die Runde der Gaffer ist bereits sichtlich geschrumpft, der Kraken-*Stronzo* hat sich verdrückt, peinlich bleibt das Ganze trotzdem. Auf solche Situationen hat mich das Leben nicht vorbereitet.

Auf dem Tiefpunkt meiner seelischen Desorientierung streicht eine Hand über mein Schulterblatt. Einfühlsam sacht, fast zärtlich. Die Berührung versetzt mir einen kleinen elektrischen Schlag.

»Anna, beruhige dich, es ist ja nichts passiert.«

Peters Stimme klingt warm, seine Miene ist schwer zu deuten. In den Sprenkelaugen liegt eine Mischung aus Spott und Besorgnis.

»Und du, junger Mann«, fährt er fort, »solltest es für heute vielleicht wirklich gut sein lassen und mit deiner Tante nach Hause fahren. Das heißt«, er überlegt kurz, »ich glaube, vorher lade ich euch beide auf eine Cola ein. Oder auf einen *Santa Claus*.« Während ich abwehrend den Kopf schüttle, nickt der immer noch auf dem Boden kauernde Ugolino begeistert. »Was ist mit einer Currywurst?«

»Ugolino«, fahre ich dazwischen, »das ist unverschämt.«

»Wieso? Ich habe Hunger.«

»Verständlicherweise«, sagt Peter. »Also, komm!«

Willig ergreift Ugolino die ihm dargereichte Hand und hopst gelenkig auf die Beine. Viel getan haben kann er sich nicht. Peter hält auf die Bar zu.

»Musst du nicht arbeiten?«

»Ich übernehme das«, springt Ugolinos Retter großherzig in die Bresche. Meine gute Kinderstube durchdringt den Alkohol.

»Vielen Dank für die Hilfe«, sage ich steif.

»Keine Ursache, das ist mein Job!«

»*Grazie*, dass du mich gerettet hast«, schließt Ugolino sich an. Und im Tonfall von Nonna Elsa beim Auspacken eines unerwarteten Weihnachtsgeschenks: »Wäre doch nicht nötig gewesen.«

Wir lachen.

Leider ist die allseitige Freude und Dankbarkeit von kurzer Dauer. Fast im selben Moment nämlich schießt aus dem Hintergrund (oder aus der Hölle) ein blondes Supermodel im Superbikini hervor und fällt Peter euphorisch um den Hals. Es ist Julie.

»Hallloooo, mein Lieber!« Ein dicker Schmatz auf die rechte Wange, gefolgt von einem auf die linke. Dass sie ihm keinen Zungenkuss verabreicht, ist alles. Mein Magen fühlt sich spontan an wie nach drei Runden »Pegasus«. Hätte ich es nicht wissen, zumindest ahnen können? Ein hoffnungsvoller Medizinstudent, Rettungsschwimmer in Teilzeit, gutaussehend, charmant, das ist Julies Kragenweite. Erwähnte sie nicht, dass ihr Freund hier arbeitet? *Santa Claus* im Doppelpack vermag nicht darüber hinwegzutäuschen, dass es da keiner weiteren Erklärung bedarf.

»Danke für die Einladung«, sage ich kühl, »aber ich glaube, wir müssen jetzt gehen. Ugolino?«

»Ach, ihr kennt euch?«, erkundigt Julie sich scheinheilig, Peter schweigt. Feigling.

»Ugolino?«, wiederhole ich. »Wir gehen!«

»Warum denn?«

»Darum.«

»Ich will meine Currywurst.«

»Kriegst du daheim.«

»Gar nicht wahr, so was gibt es bei uns nicht, das weißt du genau!«

»Keine weitere Diskussion!«

Peter tritt nervös von einem Bein auf das andere, die Situation scheint ihm unangenehm. Als ob er sich rechtfertigen müsste – wäre ich er, würde ich mein Herz ebenfalls an Julie verlieren. Nur bin ich nicht er, sondern ich, und deswegen setze ich mich flugs in Bewegung. Bloß weg hier.

»Anna«, ruft Peter mir hinterher, mit seltsam belegter Stimme, »warte!«

»Anna, warte«, echot Ugolino, mühsam mit mir Schritt haltend, »ich will meine Currywurst!«

»Vergiss es!«

In uneleganten Schlangenlinien steuere ich den Ausgang an. Umdrehen tue ich mich nicht. Nicht nach Ugolino, nicht nach Julie und schon gar nicht nach Peter.

Zum Teufel mit allen Wassern, seien sie still, tief oder an den Brücken nagend! Zum Teufel.

Geteiltes Leid ...

... ist halbes Leid. Oder in Italien, wo man allgemein etwas positiver zu denken pflegt, halbe Freude: *Mal comune, mezzo gaudio.*

Ich handle streng nach diesem Prinzip, als ich mit einem ungewohnt stillen Ugolino auf der Rückbank (so zornig hat er mich wohl noch nie erlebt) nach dem Handy greife und Mauras Nummer wähle. Das dezent vor meinen Augen wabernde Lenkrad verdeutlicht mir unsanft, dass mich *Santa Claus* als Fahrzeugführerin schachmatt gesetzt hat.

»Maura?«

Aus der Leitung schwappt ein gedehntes Gähnen. »Wie spät ist es?«

»Zwei Uhr nachmittags. Jetzt sag nicht, dass du noch im Bett liegst.«

»Neineinein. Okay, vielleicht, ein bisschen.« Kaum zu glauben, wie hart meine Schwester an der Bestätigung gewisser Klischees arbeitet.

»Dann steh auf, nimm den nächstbesten fahrbaren Untersatz und komm her! Ich brauche dich. Sofort.« Ein weiteres Gähnen.

»*Che succede?* Was gibt's?«

»Ich stehe mit Ugolino vor dem Palmy Beach. Du musst uns abholen.«

»Sag bloß, dein Auto ist kaputt.«

»Nicht unbedingt.« Kurzes Schweigen.

»Kann das nicht Babbo übernehmen? Mir geht es nicht sonderlich.«

Klar. Dieses dralle Faultier von Maura, dem ich ein Geschwisterleben lang alles hinterhergetragen und nachgesehen habe! Längst hätte ich mich zur Wehr setzen, mal selbst den Ton angeben sollen. Wer ist die Ältere von uns beiden? Genau! Unterstützt durch den Rest *Santa Claus* im Blut, greife ich durch.

»Dir geht es nicht sonderlich? Soll ich dir etwas verraten? Mir auch nicht. *Mi dispiace, sorellina*, aber da musst du durch. Und Babbo kannst du gleich mitbringen, er wird ebenfalls gebraucht.« Für den Bruchteil einer Sekunde ist Maura sprachlos.

»Wozu das denn bitte, wenn ich fragen darf?«

»Darfst du nicht.« Mit einem zynischen »*a presto*« beende ich das Gespräch. Von hinten blinzelt Ugolino in den Rückspiegel.

»Warum bist du so böse?«, fragt er vorsichtig.

»Ich bin nicht böse. Höchstens schlecht gelaunt.«

»Warum bist du schlecht gelaunt?«

»Warum, warum. Darum.«

»Das hast du vorhin schon gesagt. ›Darum‹ ist keine Antwort.«

»So klein und schon so klug«, beschimpfe ich ausgerechnet den, der überhaupt nichts dafür kann.

»Es ist wegen Peter, oder?«

»Wegen dem? Sicher nicht.«

»Und warum bist du dann so komisch davongerannt? Du findest ihn nett.«

Das ist keine Frage, sondern eine Feststellung.

»Ich kann Julie nicht leiden.«

»Aber Peter«, beharrt Ugolino, »den magst du. Das merkt man. Und ich mag ihn auch.«

»Da wird er platzen vor Freude, der Supermann!«

»Du bist gemein!« Stimmt.

»Nimm es mir nicht übel, *ragnetto*, übermorgen bekommst du dafür einen Dinosaurier.«

»Du sollst mir nicht verraten, was ich zu Weihnachten kriege, das ist blöd!«

Wie man es macht, macht man es falsch.

»In Ordnung, du kriegst keinen Dinosaurier.«

Ugolino schnaubt. »Ihr Erwachsenen seid manchmal total verdreht. Erst gehst du mit ihm mit, dann rennst du weg, am Ende bist du beleidigt. Was soll das?«

Wenn ich das wüsste. Mein Patensohn wirft sich geräuschvoll in den Sitz, verschwindet aus dem Rückspiegel und schweigt.

Als, Wunder über Wunder, kurz darauf Maura mit Babbo im Schlepptau in unserem silbergrauen Familien-BMW angezockelt kommt, packt mich so etwas wie ein schlechtes Gewissen – sie sieht wirklich leidend aus. Tiefviolett um die Augen, fahl um die Nase. Kein Vamp, ein Vampir. Babbo streckt den Kopf zur geöffneten Fahrertür hinein und erfasst die Lage sofort.

»Ugolino«, plaudert er los, »du fährst doch so unheimlich gerne mit dem BMW, wie wär's mit einer Spritztour?«

Einer der Vorzüge von Babbo ist, dass er selten viele Fragen stellt. Nie werde ich ihm erklären müssen, weshalb ich einen Tag vor Weihnachten mit einem wildfremden Typen in einem Freizeitbad zwei Cocktails konsumiert habe, die mir nicht bekommen sind.

»Wir könnten eine Extra-Runde drehen und auf der Autobahn ein bisschen Rallye fahren. Daheim ist alles furchtbar hektisch.«

Man muss nicht Gedanken lesen können, um zu verstehen, was in Ugolino vorgeht: endlich ein vernünftiger Vorschlag. Zwar kaum nach Ariannas Maßstäben (»Rallye, *dio mio!*«), aber egal, Babbo wird es schon nicht übertreiben. Ich steige aus, kippe den Sitz nach vorn, mein Patensohn krabbelt von der Rückbank. Ehe er jedoch Babbo zum Auto folgt, bemerkt er in perfektem Bühnenflüstern: »Ich glaube übrigens, Peter findet Julie doof.«

»Peter«, fragt Maura prompt. »Wer ist Peter?«

»Niemand.«

»Dafür, dass er niemand ist, bist du ziemlich übel drauf!« Sie beugt sich näher zu mir: »Außerdem hast du eine Alkoholfahne.« Mauras Weltbild wird schockgefrostet. Alkoholfahnen gehören zu ihrem Portfolio, nicht zu meinem.

»Lass uns fahren«, entgegne ich ausweichend, »ich friere entsetzlich.« Mit halbnassem Haar, durchgeschwitzt und angeschickert, hat mich das Warten im wenig angeheizten Auto ausgekühlt. Apropos »angeheizt«, im Hintergrund vollführt Babbo einen Kavaliersstart. Ugolino winkt durch die Rückscheibe und streckt mir die Zunge raus. Ich tue es ihm nach.

Kaum habe ich mich auf den Beifahrersitz meines Fiat gezwängt, geht das Verhör weiter.

»Also«, insistiert Maura, »du willst mich ja wohl nicht länger auf die Folter spannen. Wer ist der Typ?«

Ich gebe mich geschlagen.

»Er hat mich auf dem Weihnachtsmarkt mit Senf bekleckert.«

»Und deswegen hast du dich mit ihm im Palmy Beach verabredet?«

»Dass wir uns getroffen haben, war Zufall.«

»Mit scheinbar seltsamen Folgen.« Ich erwidere nichts. Meine Schwester startet den Wagen und schlägt gleich darauf beide Handflächen aufs Lenkrad.

»Anna, so geht das nicht weiter!«

»*Stai attenta!*«, quietsche ich. »Aufpassen!«

»Du musst mal was tun, Initiative ergreifen! Ich zum Beispiel habe noch gestern Nacht Sammy angerufen.«

Um drei Uhr morgens? Typisch Maura.

»Und?«

»Wir haben bis fünf Uhr in der Früh gequatscht.«

Das allerdings erklärt die Augenringe und die Nasenblässe.

»Und?«, frage ich erneut.

»*Grande riconciliazione*, alles wieder gut! Er liebt mich und kann ohne mich nicht leben. Er meint, ich wäre die tollste, schönste und lustigste Frau der Welt.«

»Amen!« Gerade will ich nachfragen, wie es sich mit Rosalie verhält, da malträtiert Maura das Lenkrad mit einem weiteren heftigen Schlag, der in mir die Vision eines nahenden Straßengrabens erweckt.

»*Devi cogliere la palla al balzo!* Du musst die Gelegenheit beim Schopf packen.«

Klar, sie hat das getan, wie immer.

»Er liebt Julie.«

»Julie? Am Ende diese Schnepfe, die an eurer Abiturfeier den Englischlehrer gebumst hat?«

Meine Schwester zeigt sich bestens informiert.

»Den Lateinreferendar«, korrigiere ich schwach.

»Hast du seine Adresse?«, knurrt Maura verwegen.

»Die vom Lateinreferendar? Wieso das denn?«

Abrupt schert der Wagen nach links aus, meine Begleiterin schnappt wütend nach Luft.

»*Sei una stronza totale!*«, explodiert sie. »Die von Peter natürlich!«

»Hörst du mir eigentlich nicht zu, vor fünf Sekunden habe ich dir gesagt, dass er Julie liebt.«

»Na und? Dann musst du ihn eben von dir – *überzeugen*.«

»Ich gegen Julie? *Ridicolo!*«

Maura stöhnt auf.

»Lächerlich? Von wegen! Es wird Zeit, dass du mehr Selbstvertrauen entwickelst!« Die Vorstellung einer mütterlichen Unterweisung der naiven älteren Schwester bläst ein sanftes Rosa auf ihre aschfahlen Wangen. Gott sei Dank kann sie in dem Fall nicht viel aus- und damit wenig anrichten. Die Kontaktdaten des schönen Peter sind ein großes Mysterium, zumindest für mich. – Maura sieht das anders.

»Auf Facebook wird man ihn schon finden!«, verkündet sie optimistisch, während sie sich rasant in die Linkskurve nach Gerasmühle legt. Das Getriebe wimmert, ich ebenfalls. »Bitte nicht Facebook, diesmal nicht!«

Wir rauschen vorbei an einem winterlich verschneiten leeren Blumenkübel, vorbei an schlampig abgestellten Autos, vorbei an Frau Schäberle, die sich an irgendeinem Gartenutensil zu schaffen macht.

Vor unserem Haus parkt ein beeindruckendes Motorrad, daran lehnt ein attraktiver Kerl in lässiger Pose.

»Sammy!«, schreit Maura beglückt, betätigt die Bremse, reißt die Fahrertür auf, taumelt hinaus, schlägt die Tür wieder zu. Und hängt bereits am Hals ihres Ex-Ex-Freundes, als ich mich noch sehr langsam aus dem Sitz quäle. Ich kann nicht genau einordnen, weshalb ich in diesem Moment unglücklich bin. Wegen der Cocktails, wegen Julie und Peter, weil Maura mit schlafwandlerischer Sicherheit immer auf die Füße fällt oder ganz einfach, weil das Leben so fies ist.

»Frau Schäberle, ich weiß«, entschuldige ich mich in vorauseilendem Gehorsam, »wir waren zu schnell.«

»Das auch! Zuvorderst aber ist das Fahrzeug dort drüben nicht korrekt abgestellt. Kennen Sie es?« Wie unschwer am eingedrückten rechten Kotflügel ablesbar, handelt es sich um den dunkelgrünen Ford Escort von Zio Franco und Zia Gina. Was die wohl jetzt schon nach Nürnberg verschlagen hat? Normalerweise erscheinen sie nicht vor dem zweiten Feiertag, weil sie im *Vesuvio Due* so viel zu tun haben.

Um der mürrischen Nachbarin gleichsam als Weihnachtsgeschenk guten Willen zu demonstrieren, trete ich näher.

»R-FS-696«, buchstabiere ich stockend (das Nummernschild ist derart verdreckt, dass ich die Mühe nicht einmal heucheln muss), »keine Ahnung, wem der Wagen gehört.« Frau Schäberle glaubt mir nicht.

»Lügen Sie nicht so dreist, Fräulein Maiotti! Diese Rostlaube hat seit mindestens einem Jahr keine Waschanlage gesehen und gehört deshalb garantiert jemandem von Ihrer Sippe.«

Während ein paar Meter weiter eine aus meiner Sippe mit ihrem Recycling-Freund wilde Versöhnungsorgien feiert, kann ich, Fräulein Maiotti, mir absolut nicht vorstellen, dass der Begriff »Waschanlage« überhaupt in Zio Francos Wortschatz enthalten ist. Unter Mobilisierung der gesammelten Werte meiner guten Erziehung – Sittsamkeit, Sanftmut gegenüber offensichtlicher Ignoranz, Solidarität mit den Minderbemittelten – bringe ich ein verhaltenes Lächeln zustande. Umsonst. Frau Schäberle kennt kein Erbarmen.

»Und richten Sie Ihrer Schwester aus«, zetert sie weiter, »dass solche Szenen hier unerwünscht sind.«

Frau Schäberle kennt kein Erbarmen, also kenne ich auch keins.

»Danke«, schreie ich zurück, »das Ausrichten kann ich mir sparen, ich bin sicher, die beiden haben es schon verstanden.« Zur Bestätigung schickt Sammy eine Kusshand aus dem Off. »*Merry Christmas, Mrs. Neighbor!*«

»Frohe Weihnachten, Frau Schäberle!«, trällert Maura mit einer Stimme, süß wie Zuckerwatte.

Drinnen tobt das Chaos. Im Wohnzimmer wurde der wuchtige Esstisch aus Eichenholz zu imposanter Festtafelgröße ausgefahren. Schräg im Raum postiert, nimmt er fast den gesamten freien Platz vom Durchgang zur Küche bis zum Weihnachtsbaum ein. Alle Anwesenden sind darum herum versammelt: Mama, Nonna Elsa und Zia Gina auf der einen, Zio Franco, Angelo und Arianna mit Savia auf dem Schoß auf der anderen Seite. Letztere knabbert genussvoll an einem Nougatmützchen. Quer über die Tafel sind verschiedenste Leckereien aufgebaut: Linzer Schnitten, Heinerle, Rumkugeln, Elisenlebkuchen, Spekulatius, bunt bestreuselte Butterplätzchen. Dazu gibt es Glühwein (ich kann also direkt da weitermachen, wo ich aufgehört habe), und es wird temperamentvoll diskutiert. Nur Nonno sitzt am Couchtisch und starrt in den kreischenden Fernseher, vor sich ein wüstes Durcheinander aus unterschiedlichen Kartendecks.

»Anna!« Ein Teil der Familienbagage springt auf und stürzt auf mich zu. *Baci baci* von Zia Gina, Wangengetätschel von Zio Franco. Angelo legt lässig grüßend den Arm um Arianna. Augenscheinlich hat sich die Stimmung zwischen den beiden von gestern auf heute gebessert. Der Soap-Modus ist reaktiviert.

»Ihr seid schon da?«, frage ich Zio Franco erstaunt.

»*Sì*, in diese Jahr wir konnten einrichte, was du sagst?«

»Prima!«

»Wir sehen uns viel zu selten«, fügt Zia Gina mit liebevollem Blick auf ihren Sohn und ihre Enkeltochter hinzu. Zio Franco reibt sich die Hände.

»Außerdem diese Mal dann wir kriegen das richtige Gästezimmer!«, bekundet er schadenfroh. Das riecht nach Ärger. Abgesehen von meiner Schlafcouch, existiert in unserem Haus lediglich ein vernünftiges Zimmer für auswärtigen Besuch. Es liegt im ersten Stock, bei Maura und mir. Zusätzliche Gäste müssen entweder in den kleinen, kaum benutzten *salotto* von Nonno Corrado und Nonna Elsa im zweiten Stock ausweichen oder in den Hobbyraum im Keller. Ein Los, das bis dato stets Zio Franco und Zia Gina getroffen hat, weil sie einen Tag später anreisten als meine Großeltern mütterlicherseits, für die eine Übernachtung im Keller etwa so undenkbar gewesen wäre wie eine Beseitigung der verworrenen Zustände in der italienischen Politik. Und nun? Ich schiele zu Mama, die eine lebkuchenkauende Unschuldsmiene zur Schau stellt.

»*Dov'è* Maura?« Mein Onkel betrommelt beidhändig seinen prallen Bauch. Ihn und Maura verbindet nicht zuletzt ihre Gewichtigkeit.

»Sie kommen gleich.«

»Was heißt ›sie‹?«, flüstert Mama mir zu.

»Maura und Sammy«, flüstere ich zurück, »sie haben sich wieder vertragen.«

»Das freut mich!« Die Erleichterung meiner Mutter versetzt mir einen Stich. Ob sie bei mir ebenso mitfühlend wäre? Zio Franco hat andere Sorgen.

»*Eppure*«, donnert er los und greift damit offensichtlich das bei meinem Eintreten aktuelle Gesprächsthema auf, »trotzdem ich finde nicht gut von Fabiola, wenn sie im Alter sich lässt ziehen über Tisch. Man weiß *benissimo*, wie wird enden.«

»Wie denn?«, frage ich ins Blaue hinein und werde ignoriert (was in dieser Familie öfter vorkommt). Wie bereits angedeutet, ist Bisnonna Fabiola die Mutter von Nonna Elsa, also die Groß-mutter von Babbo und Zia Gina und damit gewissermaßen die Schwiegeroma von Zio Franco. Sie lebt in einer *casa di riposo*. Für das Altenheim hat sie sich entschieden, als ihre engsten An-verwandten nach Deutschland verschwanden. Allein im Haus meiner Großeltern konnte sie nicht bleiben, dazu war sie zu gebrechlich.

An Nonna Elsa nagt häufig das schlechte Gewissen, ich selbst habe nicht den Eindruck, dass meine Urgroßmutter mit der Si-tuation sehr unzufrieden ist. Vielleicht ist sie einfach froh, ihre Ruhe zu haben. Bisnonna mag mich sehr. Zuweilen schreiben wir uns Briefe oder Postkarten. Vor zwei Wochen habe ich ihr als Weihnachtsgeschenk den Panorama-Kalender »Impressio-nen aus Franken IV« geschickt, der sicher bereits an der Wand hängt. Bisnonna Fabiola öffnet – Weihnachten hin oder her – Pakete grundsätzlich sofort.

»Franco, lass gut sein«, entgegnet Mama frostig. »Letztlich ist es ihre Sache.«

»Das ich finde eben nicht«, erregt sich Zio Franco. »Gina, sag du doch mal.«

»*Boh*«, die Angesprochene kramt nach einer diplomatischen Antwort, »ein bisschen hat Silke schon recht.«

»*Donne*«, schimpft Zio Franco, »*naturalmente* ihr Frauen haltet zusammen. Angelo?«

»Lasst mich aus dem Spiel. Du und Bisnonna, ihr liegt euch dauernd in den Haaren, und wenn man Partei ergreift, ist man am Ende selbst der Dumme.«

»Verrater!«, zischt Zio Franco. »Keine *solidarietà*, nicht die geringste, auch nicht unter Männern!«

»Kein Verrat, reine Erfahrungswerte.« Mein Cousin gibt sich gelassen, ich werde ungeduldig.

»Worum genau geht es hier eigentlich?« Scheint sich um etwas extrem Spannendes zu handeln. Mein Onkel klärt mich gnädig auf:

»Deine Bisnonna, sie hat eine neue *amore*! In ihre Alter!«

»Ehrlich?« Ich grinse. Die Idee gefällt mir.

»Sag nicht, dass du das auch findest in Ordnung!«

»Warum nicht?«

»Weil es ist *uno scandalo*!« Für Zio Franco ist alles ein Skandal, was nicht unmittelbar sein süditalienisch konservatives Macho-Weltbild bestätigt. Gemäß seiner Vorstellung haben Männer ausnahmslos potent, selbstsicher und dominant, Frauen dagegen schön, bescheiden und zurückhaltend zu sein. Nach Ableben ihres gottgleichen Gatten hat seine Witwe sich in lebenslange Trauer zu hüllen und am besten direkt hinter Klostermauern zu verschwinden.

»Mensch, Babbo, lass ihr das Vergnügen«, ergreift Angelo nun doch Partei, »es ist ohnehin zeitlich begrenzt.«

Prompt trifft ihn der eisige Stahl süditalienischer Verachtung. »*Vai a farti fottere!*«, schreit Zio Franco, was zu unanständig ist, um es zu übersetzen. Mein Onkel ist jedoch noch nicht fertig.

»Ich nicht will hören, du *cap'e cazze*! Was für eine *famiglia*! Ihr alle nicht wisst, was ihr sagt, diese Mann, kennen wir ihn?

No! Ihr werdet sehen, am Ende alles Geld von Fabiola ist futsch, weg, futschicato. Sie ändert ihre Testament wegen *amore*, und für uns nichts bleibt übrig!«

Daher also weht der Wind. Man muss wissen, dass Bisnonna Fabiola gerüchteweise über Unsummen aus dem Erbe ihres früh verblichenen deutschen Ehemanns verfügt. Im Grunde genommen war nämlich sie diejenige, die in unserer Familie den binationalen Stein ins Rollen brachte.

»Testamentsänderung?«, mische ich mich ein. »Bisnonna geht stramm auf die neunzig zu und der Typ schätzungsweise ebenfalls.«

»Nein«, korrigiert Zia Gina, »der Mann ist 83.«

»*Settantuno, ottantatre o novanta!* Was es soll ändern? Ihr alle seid schrecklich phantasielos! Ihr noch werdet an mich denken, wenn es ist zu spät. Wie immer.«

Mein Onkel reckt pathetisch die geballten Fäuste gen Himmel.

»Franco, sei nicht so dramatisch«, beschwichtigt Nonna Elsa, »beruhige dich, am Ende bekommst du Verstopfung.«

Die meisten Leute bekommen bei Aufregung zwar eher das Gegenteil, aber ganz unrecht hat Nonna nicht. Was, bitte, geht ausgerechnet Zio Franco das Geld von Bisnonna Fabiola an?

»Du denkst bloß an deine dritte Pizzeria«, fährt Mama ihrem Schwager in die Parade, »wenn ich du wäre, würde ich mich erst einmal um die beiden anderen kümmern.«

Eine dritte Pizzeria? Ach!

»Was das soll heißen?«

»Dass du genug zu tun hast. Oder?«

»In Regensburg tanzen sie jedenfalls auf den Tischen«, greife ich der Sache elegant unter die Arme.

»Wie du weißt das, *nipotina*?«, fragt Zio Franco überrascht.

»Man hat seine Quellen.«

»Die Vögel, die Störche, die Lilien, das Kind!«, ruft es vom

Sofa herüber. »Wir bekommen Nachwuchs!« Nonno Corrado hat sich vom dröhnenden Fernseher ab- und seinen Karten zugewandt. Vor ihm liegt diesmal kein Tarot-, sondern ein Lenormand-Deck in sauberer Auffältelung. »Das ist eindeutig, *assolutamente chiaro*!« Mama scheint kurz vor der Explosion.

»Corrado, du willst nicht etwa behaupten, dass Fabiola nun auch noch schwanger ist. Das geht wirklich zu weit.«

»Fabiola, wer spricht von Fabiola?«, verteidigt sich Nonno. »Die Karten sagen nichts Genaues. Nur dass, nicht wer. Überlegen wir deshalb, was naheliegend ist. – Arianna!«

»*No!*«, quiekt die. »Nein, bestimmt nicht.«

»Bist du sicher?«, erkundigt sich Angelo. »Ich meine, du hast ziemlich zugenommen, da könnte es doch sein, dass …« Ein schneidender Blick bringt ihn zum Schweigen. Als wäre es nicht genug, meldet sich erneut Zio Franco zu Wort.

»Ich das würde für alle Fälle überprüfen«, rät er seiner Schwiegertochter, »mich nicht würde wundern, wo meine Sohn ist so wunderbar potent. Wie eine *toro*.« Stier Angelo wird rot wie eine Muleta.

»*Ciao, famiglia*, was gibt's?« Babbo und Ugolino sind von ihrer Spritztour zurück. Hinter ihnen betritt Maura mit Sammy den Raum.

»Ach, nichts Besonderes«, unkt Nonna Elsa, »Arianna ist schwanger, aber sie will es nicht zugeben.«

»Stellt euch vor, ich habe die ›Pegasus‹ ausprobiert! Mamma?«

»Nicht im Geringsten«, zischt Arianna, »es handelt sich nur um einen von Corrados blöden Kartentricks.«

»Es handelt sich nicht um Tricks, keinesfalls«, sagt Nonno mit Grabesstimme. »Die Karten lügen nie. Es könnten übrigens auch zwei Kinder sein.«

»Wie beruhigend.«

»Vielleicht solltest du einen Test machen, Arianna«, rät Babbo mit nüchternem Ingenieursverstand.

»Nein«, kreischt Arianna, »verdammt noch mal nein. Ich benötige keinen Test für etwas, das ich absolut sicher weiß.«

»Werd nicht hysterisch«, besänftigt Angelo, »wir meinen es gut.«

Savia weint.

»Armes Kind«, sagt Mama.

Babbo hebt beschwichtigend die Hände, Sammy winkt leger in die Runde, Maura ist erneut kreidebleich. Die Rosafarbigkeit der Versöhnung scheint von kurzer Dauer gewesen. Mama bietet ihr einen Glühwein an, sie lehnt ab.

»Danke, nein, mir ist schon schlecht.« Sammy nimmt einen Becher und gesellt sich gemeinsam mit meiner Schwester zu Angelo. Sogleich beginnt eine immerhin von Zio Franco ablenkende Diskussion darüber, was in Amerika schlecht, in Italien besser und in Deutschland gänzlich unerträglich ist. Oder andersherum. Ich bediene mich meinerseits am heißen Süßgetränk. Maura, die den Kopf an Sammys Schulter gebettet hat, runzelt die Stirn.

»Zu viel Alkohol kann süchtig machen«, bemerkt sie spöttisch.

»Genauso wie zu viel Schokolade.« Ich deute erst auf mein nicht vorhandenes, dann auf Mauras vorhandenes Hüftgold.

»*Grazie mille*, Anna«, keift Arianna, die das mitbekommen hat, »wie unfair, auf den Schwachstellen anderer herumzuhacken, und das einen Tag vor Weihnachten.«

»Du warst nicht gemeint«, murmle ich entschuldigend, »Maura hat mich provoziert.«

»Und du hör auf, sie zu provozieren«, zankt Arianna weiter.

»Streitet nicht, nehmt lieber ein Plätzchen«, vermittelt Nonna Elsa. »Corrado, da siehst du, was du angerichtet hast.«

»Jetzt bin wieder ich schuld«, brummt Nonno, indem er seine Karten zusammenrafft, »in Zukunft behalte ich meine Erkenntnisse für mich.«

»Das wäre vielleicht in der Tat das Beste«, vermeldet Mama spitz. Babbo kaut intensiv an einem Elisenlebkuchen und starrt in das dunkle Viereck des Fensters.

»Leise rieselt der Schnee«, seufzt er so verhalten, dass nur ich es wahrnehme, weil er sich neben mich gesetzt hat. Sacht lege ich meinen Arm um seinen Nacken, wie ich es als Kind getan habe, wenn ich den Wunsch nach Nähe verspürte. Babbo schnurrt wohlig. »Wird schon werden«, ermuntert er sich und mich.

Ob man all dieses geteilte Leid noch als halbe Freude bezeichnen kann, bleibe dahingestellt. Kein sehr weihnachtlicher Zustand, so viel steht fest. Da muss gehandelt werden.

»Ein Vorschlag zur Güte«, unterbreite ich denselben gleich fröhlich in die Runde, »lasst uns etwas kochen!« Nur eines rettet in dieser Familie ohne Ausnahme jede Situation: Essen. So auch jetzt. Das Gezanke verebbt sofort. Savia reagiert als Erste.

»Au ja, *spaghetti al pomodoro e rucola*, ich hab Hunger!«

Damit ist es entschieden.

Nichts wird so heiß gegessen ...

... wie gekocht. In unserer Familie gilt dies im direkten, im übertragenen und für den Fall, dass unsere herzallerliebste Savia zu den Filzstiften gegriffen hat, auch im italienischen Wortlaut der Aussage: *Il diavolo non è brutto quanto lo si dipinge*, der Teufel ist nicht so hässlich, wie man ihn mitunter malt.

Im Zuge gemeinschaftlich verzehrter *Spaghetti-al-pomodoro-e-rucola*-Berge haben sich am Vorabend die Gemüter rasch beruhigt. Nonna Elsa kochte, Zia Gina ging ihr zur Hand, Mama kostete schmatzend, Savia wuselte ihnen um die Beine. Ugolino spielte *scopa* mit Nonno, der ständig verlor, was ihn nicht störte. Anekdoten wurden ausgegraben (zum Beispiel über ein Lehrerehepaar aus Mamas Bekanntschaft, das Goethes italienische Reise abfahren wollte und bereits am Gardasee aufgab) und Pläne geschmiedet (eine dritte Pizzeria, schön und gut, aber wie wäre es zur Abwechslung mit einer *gelateria*?!). Es wurde gefrotzelt, es wurden Zoten gerissen, gelacht. Und irgendwann wein- und nudelselig zu Bett gegangen.

Während zwei Meter weiter auf der Couch sich der süß träumende Ugolino wohlig in die Federn kuschelt, könnte der Heiligabend, *la Vigilia di Natale*, ganz sorgenfrei und schwerelos heraufdämmern. Ich könnte den gleichmäßigen Atemzügen meines Patensohns lauschen und mich daran zurückerinnern, wie es sich anfühlte, als ich selbst noch ein Kind war, für das die Welt besonders an Weihnachten bis zum Bersten angefüllt schien mit jenem magischen Zauber, der mir zwischen Anästhesiespritzen, Bohrern und Speichelsaugern längst abhandengekommen ist. Eine Zeit der Elfen, Feen und Dinosaurier. Der aufgeschlagenen Knie, phantasievollen Spiele, der harmlosen Geschwisterkämpfe. Damals wäre ich aufgeregt lange vor der Morgendämmerung aus dem Bett gesprungen, hätte das letzte Türchen des Adventskalenders geplündert, den Mama für mich gebastelt hätte, und den darin enthaltenen Schokoengel sofort in den Mund gestopft. Vielleicht wäre ich auch in die Küche hinabgeschlichen, wo Nonna Elsa, die damals noch in Kampanien lebte und über die Feiertage zu Besuch kam, eifrig werkelnd Fleisch, Gemüse und Gewürze für die *minestra maritata* am Abend vorbereitete. Wahrscheinlich hätte ich mich an den Küchentisch gesetzt, heiße Schokolade getrunken und ein Stück vom Panettone genascht. Meine Großmutter hätte auf Italienisch herumgeplappert, uralte Geschichten erzählt, über sprechende Frösche, verwunschene Jungfrauen, eigenartige Fabelwesen, und geduldig all meine Warum-Fragen beantwortet. Danach hätte ich meine Stofftiere geküsst, in der Hoffnung, dass etwas geschieht, und mich schließlich damit zufriedengegeben, dick eingemummelt mit Nonno den *ceppo di Natale* aus dem Wald zu holen, das »Weihnachtsholzscheit«, das, einmal entzündet, bis ins neue Jahr brennen soll. Davon später mehr.

Könnte, hätte, wäre. Im Hier und Jetzt schrillt das Telefon. Der Wecker zeigt 7.30 Uhr. Wer ruft mitten in der Nacht an? Ich wälze mich auf die Seite, ziehe die Decke über die Ohren, presse den Kopf ins Kissen. Was kümmert es mich? Soll jemand anders in den sauren Apfel beißen. *Drring, drrring* hallt es gellend durch das schlafende Haus. Bleib liegen, Anna, lass dich bloß nicht erweichen! Das Telefon verstummt, ich dämmere hinweg, träume von der Krippe meiner Kindheit, davon, wie Maura dem Mohren mit Plakafarbe einen rosa Teint verpasste, weil er ihr leidtat. Er sollte glücklich sein, sich nicht ausgestoßen fühlen unter den Übrigen, die sich so ähnlich sahen. Noch heute stellt dieser rosa Mohr ein Unikum dar.

Das Telefon läutet erneut.

»Anna«, jammert Ugolino im Halbschlaf, »Telefon!«

Nach einem angespannten Lauschen in die stille Weite des Hauses raffe ich mich auf. Der Flur liegt in geheimnisvollem Halbdunkel. Aus den umliegenden Zimmern dringt kein Laut. Niemanden scheint das schrille Geräusch zu stören. Zu viel Glühwein, zu viele Nudeln oder einfach die geballte Faulheit der Famiglia Maiotti? Auf nackten Sohlen sprinte ich die Treppe hinab, tapp, tapp, das Telefon befindet sich ausnahmsweise da, wo es hingehört: auf der Ladestation im Flur. Ich packe den Hörer; ehe ich die Annahmetaste drücke, verziehe ich mich von den kalten Fliesen ins behaglich angewärmte Wohnzimmer.

»Hallo?«

»*Pronto!* Bist du es, *bella di Bisnonna*?« Die Stimme am anderen Ende der Leitung klingt fern und undeutlich.

»Bisnonna Fabiola!« Warum bin ich nicht gleich darauf gekommen? Seitdem sie das Telefonieren für sich entdeckt hat, meldet sich meine Urgroßmutter zu den unmöglichsten Zeiten. Frühmorgens, spätabends, nachts oder treffsicher am Sonntagnachmittag während Babbos *pisolino*, seines üblichen Nickerchens. Dabei lässt sie es gnadenlos so lange klingeln, bis jemand den Anruf entgegennimmt. In der *casa di riposo* lassen sie ihr diese Marotte; Bisnonna Fabiola kann sehr eigen sein.

»Und«, überfällt sie mich nun ohne Vorwarnung, »haben sie sich geärgert?«

»Wer?«

Es ist zu früh am Tag, um schnell zu denken.

»Gina und Franco, wie geht es ihnen?«

Im Schneckentempo beginnen meine Synapsen zu feuern. Bisnonnas neuer *lover*, oder besser *moroso*, Zio Francos Flüche, Nonnos Prophezeiungen, Ariannas Schwanger-, nein, Nichtschwangerschaft.

»Gut, nehme ich an. Die beiden sind gestern überraschenderweise zwei Tage früher als sonst hier aufgetaucht.«

»Das war zu erwarten!« Durch die Leitung überträgt sich ein kicherndes Triumphgefühl. »*Il caro* Franco ist viel durchschaubarer, als er denkt.«

»Was meinst du?«

»Vor ein paar Tagen bettelte er um ein Darlehen, jetzt hat er Angst um mein Geld und braucht Verbündete. Er befürchtet, dass ich durchbrenne.«

»Durchbrennen, du?«

»Mit Matteo. Ein Kompliment, wie ich finde.«

Mein Hirn arbeitet: Matteo, Darlehen, durchbrennen. Matteo???

»Matteo, ist das dein neuer – Freund?« Meine Unsicherheit über die Bezeichnung erzeugt bei Bisnonna ein trockenes Glucksen.

»Ich sehe, du bist informiert. Matteo ist sozusagen ein neuer alter Freund.«

»Ah!«

»Ein Bekannter deines Urgroßvaters, der vor wenigen Wochen zufällig hier eingezogen ist.«

»Zufällig. Ein Deutscher?«

»Aber nein, italienischer als Matteo kann man gar nicht sein.«

»Und da hast du dich also verliebt.«

»Warum nicht?« Sie zögert. »*Bene*, ich gebe zu, dass ich gegenüber Gina vielleicht ein klein wenig übertrieben habe. Bei Matteo handelt es sich eher um eine Art Weggefährten.«

»Ein schönes Wort.«

»Ja, für die verbleibende Strecke. Die kürzeste und letzte.«

»Bisnonna!« So ein trübseliges Gerede kann ich an diesem kalten Weihnachtsmorgen nicht verkraften. »Aber du wirst weder durchbrennen noch dein Testament ändern?«

»Was für ein Testament?«

»Na, dein Letzter Wille. *Lascia perdere*, saublödes Thema, nicht so wichtig. Sag, wie viel wollte Franco von dir borgen?«

»Hunderttausend«, entgegnet Bisonna trocken.

»Euro?«

»Was wohl sonst? Dass sie die Lira abgeschafft haben, ist selbst zu mir durchgedrungen.«

»Mmh. Wozu benötigt Zio Franco solche Unsummen?«

»Hat er mir nicht verraten.«

»Für seine neue Pizzeria vielleicht?«

»*Può darsi!* Mag sein, ich habe nicht gefragt.«

»Und du hast ihm das Geld versprochen?«

»Ich habe versprochen, darüber nachzudenken.«

»Bisnonna«, staune ich, indem ich versuche, meine eisigen Füße unter eines der Couchkissen zu schieben, »nicht dass es für mich persönlich von Bedeutung wäre, aber dein sagenhafter deutscher Ehemann muss geradezu unanständig reich gewesen sein.«

»Wer hat behauptet, dass ich so viel Geld habe?«

»Alle tun das, *tutta la famiglia*!«

»Ja, sicher, *ognuno la intende a modo suo*!«

Jeder betrachtet die Dinge auf seine Weise, besonders in der Famiglia Maiotti, da hat sie entschieden recht.

»Du bist also nicht stinkreich?«

»*Ricca sfondata? No*, nicht wirklich.«

Ich werfe mich prustend herum auf den Bauch.

»Du hast geblufft, *incredibile*. Du hast all die Jahre die wüstesten Phantasien verbreitet.«

»Das ist nicht richtig. Ich habe sie einfach reden lassen.«

Eine Weile herrscht Schweigen in der Leitung.

»Bisnonna, bist du noch da?«

»*Sì, amore*, ich denke nach. Es mag sein, dass mit der Stunde meines Todes die Stunde der Wahrheit näher rückt.«

»Ich bitte dich, hör auf damit!«

»Darum will ich dir ein Geheimnis anvertrauen.« – Nochmals beredte Stille. – »Mein reicher deutscher Ehemann, er ist eine *chimera*, eine Erfindung.«

»*Prego?* Waaaas?«

»Du hast schon richtig verstanden. Es gab nie einen reichen deutschen Ehemann.«

Das kann sie nicht machen. Sie kann nicht anrufen, in aller Herrgottsfrühe, an einem beliebigen Heiligabend, und mir so einfach eine Gewissheit entziehen, mit der ich aufgewachsen bin.

»Aber jeder denkt das, sogar Nonna.«

»Natürlich, und bis auf weiteres soll das ruhig so bleiben, behalte es also für dich.«

Warum ich? Warum vertraut sie sich mir an?

»Du besitzt gar kein Geld?«

»Doch, nur eventuell nicht so viel, wie alle denken.«

»Und woher kommt das Ganze, wenn nicht von deinem Ehemann?«

»Von meinem Vater.«

»Über deinen Vater hast du nie viel erzählt.«

»Mit gutem Grund. Er hat mir Deutsch beigebracht, das reicht.«

»Es hieß, dass du ihn gar nicht kanntest.«

»Das stimmt nicht.«

»Nonna sagt, sie habe weder ihren Babbo noch ihren Nonno je gesehen.«

»Das wiederum stimmt.«

»Und woher hatte dein Vater das ganze Geld?«

»*Bella di Bisnonna*, das ist nun wirklich keine Weihnachtsgeschichte. Ich erzähle sie dir ein anderes Mal. Wenn du mich besuchen kommst, vielleicht, du kommst mich doch besuchen?«

»Sicher.«

»*E presto?*«

»Sobald es geht.«

Bisnonna schnauft derart tief durch, dass es in der Muschel knistert. Die Füße unter dem Kissen haben sich aufgewärmt, dafür fröstelt mich an den Armen. Mein gestreifter Pyjama eignet sich nicht als Hausanzug.

»Und jetzt vergiss das dumme Gerede«, fährt Bisnonna fort, »erzähl mir von dir. Du bist verliebt?«

»*Come?*«

»Du musst verliebt sein, ich höre es dir an, seitdem du den Hörer abgehoben hast, deine Stimme klingt anders als sonst.«

»Ich bin heiser vom Alkohol.«

»Du hast gefeiert? Das ist gut. *Bisbocciare* war früher meine große Leidenschaft. Ordentlich gefeiert habe ich, und getrunken. Alles Mögliche: Marsala, Spumante, Chianti, Calvados. In meiner jetzigen Situation ist die Auswahl leider etwas eingeschränkt. Mehr als ein Pikkolo zum Panettone ist hier nicht drin. Wie ist er?«

»Nett!« – – Mist, reingefallen!

»Das Unterbewusste«, erklärt Bisnonna unschuldig, »funktioniert verlässlich. Ich konnte nie verbergen, wenn ich verliebt war, und du warst schon immer wie ich.«

Ich gebe mich geschlagen.

»Okay, ich habe jemanden getroffen. Er ist super, aber nicht frei. Mehr gibt es dazu nicht zu sagen.«

»Anna«, mahnt Bisnonna, »*devi cogliere …*«

»… *la palla al balzo!* Ich weiß. Ich bin *una vecchia zitella.*«

»Eine traurige alte Jungfer? *Ma no!* Wer sagt so etwas! Du unterschätzt dich, sieh Arianna an.«

»Du meinst Maura?«

»Nein, Arianna. Sie ist fein raus.«

»Mit Angelo? Die haben Dauerzoff.«

»Bei ihren Voraussetzungen war die Auswahl etwas begrenzt.

Trotzdem haben die beiden genau das bekommen, was sie brauchten.«

Die Ansichten meiner Urgroßmutter sind mitunter etwas speziell. Wer Angelos und Ariannas Partnerschaft für eine perfekte Lösung hält, ist meines Erachtens nicht ganz bei Trost. Bisnonna hat noch mehr auf Lager.

»Du hast ganz andere Möglichkeiten, hübsch, lustig, intelligent, wie du bist. Ich denke, dass dieser, wie war gleich sein Name …?«

»… Peter.« Hat sie also das auch noch geschafft.

»*Pietro!* Wirklich Pietro? Wie wundervoll.«

»Wundervoll? Es handelt sich um einen absolut gängigen Durchschnittsnamen.«

»Mag sein, es ist nur, dein Bisnonno hieß genauso.«

»Ich dachte, der hieß, ach nein, stimmt ja.« Mir wird langsam ganz schummrig, und das liegt weder an der frühen Stunde noch an meinem nüchternen Magen. Bisnonna hat ein Einsehen.

»Jedenfalls ahnt dieser Peter nicht, was ihm entgeht. Allein *la famiglia*!«

Ich muss lachen.

»Ob er da viel verpasst?« Auf der anderen Seite der Leitung werden Hintergrundgeräusche laut.

»*Bella di Bisnonna*, ich fürchte, wir müssen aufhören, sie kommen, um mir beim Anziehen zu helfen, grüß mir die anderen. Und denk daran, nichts wird so heiß gegessen wie gekocht.«

»Nonnas *minestra maritata* schon.«

»Die ist natürlich eine große Ausnahme! Ich umarme dich. *Baci, baci e buon Natale!*«

»*Buon Natale*, Bisnonna! Von ganzem Herzen, ein frohes Fest!«

Tutti i gusti …

… *sono gusti.* Als mir auf dem Weg zurück zur Telefon-Lade-station Zia Gina entgegenkommt, wird offenbar, dass sich über Geschmack wahrhaft nicht streiten lässt. Meine Tante trägt ein grün glänzendes Satin-Dirndl mit transparenter rosa Schürze und einem Ausschnitt, der nichts von ihren üppigen Reizen verbirgt. Die neckischen Puffärmel harmonieren perfekt mit dem funkelnden Paillettenreh unterhalb der Brust und dem zu einem jugendlichen Kranz gesteckten Haar. Zia Gina wirkt ein bisschen wie eine Karikatur ihrer selbst.

»Einen schönen guten Morgen, liebe Nichte. Hast du gut geschlafen?«

»Danke, bestens!«, lüge ich. »Außergewöhnlicher Look.«

»Nicht wahr? Das ist sozusagen meine Arbeitskleidung. Unsere Gäste sind davon begeistert.«

»Oh. Phantastisch.« In der Oberpfalz scheint man deutlich anders zu ticken als hier in Franken.

»Würde dir auch stehen.« Gott bewahre! Nicht einmal Karl Lagerfeld persönlich könnte mich in ein solches Dirndl quetschen.

»Obwohl«, überdenkt nun auch meine Tante ihre vorschnellen Worte, »du hast ja nicht gerade viel Holz vor der Hütte.«

Genießerisch knetet sie mit beiden Händen ihren üppigen Vorbau, als handele es sich um Panettoneteig.

»Alles echt. Mit wem hast du telefoniert?«

»Mit Bisnonna Fabiola.«

»Ach ja? Was sagt sie?«

»Nichts Besonderes. Sie wünscht ein frohes Fest.«

»Das sie uns beinahe gestern höchstpersönlich verdorben hätte.«

Völlig zwecklos, auf das unbedeutende Faktum hinzuweisen, dass es ganz sicher nicht Bisnonna, sondern, wenn überhaupt, eher Zio Franco war, der uns beinahe irgendetwas verdorben hätte.

»Wo bleibt Mama eigentlich«, wechsle ich das Thema, »es ist noch massig zu tun.«

»Heute Mittag koche ich«, verkündet Zia Gina. Wäre dies möglich, würde sie die Ärmel hochkrempeln. »Ribollita di mare.«

Ribollita di mare ist eine pikante Fischsuppe, die Zia Gina mit individueller Raffinesse brillant zuzubereiten weiß. Ob das aber ausgerechnet heute eine so geniale Idee ist? Hatten Mama und Nonna nicht von Sauren Zipfel im Zwiebelsud gesprochen? Egal, sollen die drei das unter sich ausmachen.

»Ich muss mich anziehen. Bis später.« Ich bin schon halb die Treppe hinauf, da rauscht Mama im Pyjama aus dem Elternschlafzimmer hervor, das im Erdgeschoss liegt.

»Anna, du bist schon wach?«, ruft sie mir nach. Brav tappe ich zurück nach unten.

»Gezwungenermaßen.«

»Das trifft sich gut, warte.« Sie schlurft in die Küche, sieht auf die Uhr und kehrt schlurfend zurück. »Kurz vor acht. Könntest du gleich die Karpfen holen?«

Ich seufze.

»Wo hast du sie bestellt?«

»Nicht ich, sondern Nonna.«

»Also, wo hat Nonna sie bestellt?«

»Bei Gianni.« Mir bleibt die Luft weg.

»Ernsthaft? Nonna bestellt deutsche Karpfen bei einem italienischen Feinkosthändler?«

Mama scheint wenig verwundert.

»Sie sagt, die haben da so eine Art Nebenschiene auf-gemacht.«

Nebenschiene, das passt zu Gianni, mir passt es nicht.

»Weißt du, was das bedeutet?«, frage ich wütend. »Der Laden liegt in der Innenstadt, auf das Verkehrschaos kann ich gut verzichten. Schon vergessen – heute ist Heiligabend!«

Hinter der Nässe, Kälte und Ungemütlichkeit des Dezembermorgens lauert überdies Massimo. Ich habe wirklich keine Lust. Mama nickt verständnisvoll und visiert dabei schnurstracks die Zielgerade ihrer Interessenverteidigung an.

»Vielleicht mag Gina dich begleiten?«

Meine Tante hat mittlerweile resolut beide Hände in die Hüften gestützt und sieht dabei aus wie eine oberbayerische Brauereimagd.

»Aber nein, Silke, das geht nicht, auf keinen Fall, andererseits, hat dieser Gianni auch Garnelen? Oder Muscheln?«

»Garnelen, Muscheln?« Mama versteht nicht.

»Für die *ribollita di mare*«, klärt Zia Gina sie auf.

»Was?«

»Natürlich, am 24. Dezember, der *Vigilia di Natale*, gibt es bei uns zum Mittagessen traditionellerweise *ribollita di mare*.« Diese an sich harmlose Information gefährdet massiv den Familienfrieden.

»Mag sein, dass es das bei euch gibt«, entgegnet Mama konsterniert, »wir sind aber bei uns. Wie siehst du überhaupt aus?« Erst jetzt ist ihr Zia Ginas Aufmachung ins Auge gestochen.

»Schick und gepflegt, würde ich sagen.«

»Wie eine Schießbudenfigur«, zischt Mama.

»Bitte, was?«

»Herzallerliebst«, ätzt Mama in einem Tonfall, bei dem sich der Haarflaum auf meinen Armen sträubt.

»Du weißt nicht, was schön ist«, gibt Zia Gina zurück, »du in deinem Pyjama.«

»Ich geh dann mal nach oben«, brabble ich vor mich hin und verschwinde, zwischen den beiden Streithennen hindurch, treppauf.

»Damit wir uns recht verstehen, zu Mittag gibt es Saure Zipfel im Zwiebelsud«, höre ich es hinter mir krakeelen. »*Basta!*«

»Von wegen *basta*, das werden wir ja sehen. Franco wird das nicht akzeptieren, und abgesehen davon: Dino hat Würstchen noch nie gemocht. Frag ihn selbst.«

»Das können wir gern tun. Diiiiino!«

Armer Babbo. Zwei Furien am heiligen Morgen.

In dieser Situation ist das Karpfenholen sicher die beste aller möglichen Alternativen. Ich bedecke Ugolino, der sich im Halbschlaf freigestrampelt hat, das nackte Beinchen und lasse ihn weiterträumen. Aus dem Bad kommt mir eine völlig ramponierte Maura entgegen. Hohlwangig starrt sie mich mit geröteten Augen an.

»Nimm es mir nicht übel, *sorellina*, aber du siehst scheußlich aus.«

Maura gähnt.

»Ich sehe exakt so aus, wie ich mich fühle. Sammy und ich haben verflucht schlecht geschlafen, das Bett ist zu schmal.«

Mein Mitgefühl hält sich in Grenzen.

»Soll vorkommen.«

»Dann dieser Krawall in aller Frühe. Was ist da unten bloß los?«

»Mama und Zia Gina streiten über das Mittagessen.«

»Jetzt schon?«

»Allerdings. Eine Einigung scheint nicht in Sicht, und das, obwohl Nonna Elsa noch gar nicht dabei ist.«

Maura zwingt sich zu einem Lächeln.

»Da möchte man echt abhauen!«

»Genau das habe ich vor, falls du mich ins Bad lässt«, erkläre ich maliziös.

»Nichts leichter als das, *signorina.*« Maura tut einen wackeren Schritt zur Seite. Um ein Haar wäre sie in Richtung ihres Zimmers abgedreht, am Ende ist die Neugier stärker. »Was hast du vor?«

»Die wunderbarste aller Betätigungen: Karpfen holen.«

»Ach!« Sicher nicht das, was Maura sich unter einem kreativen Ich-rette-mich-vor-der-Familie-Trip vorgestellt hat. Und dennoch: »Krapfen wären zwar besser, aber ich komme mit.«

Damit hätte ich am wenigsten gerechnet.

»Und Sammy?«, frage ich.

»Pennt.«

»*Ah sì? Va bene!*«, willige ich ein. Mauras Geleit bedeutet nicht zuletzt den unendlichen Vorteil eines emotionalen Stoßdämpfers in Sachen Massimo.

Due cappuccini e due brioche später tuckern wir durch den weihnachtlichen Vormittagsverkehr. Maura ist schweigsam, blass, unkonzentriert.

»Alles in Ordnung?«, erkundige ich mich in vollem Bewusstsein der Überflüssigkeit dieser Frage. Meine Schwester schüttelt den Kopf.

»Mir ist speiübel.«

Ich bin ratlos.

»Eigentlich müsste es dir doch gutgehen. Ich meine, jetzt, wo du und Sammy wieder ein Paar seid.«

»Mit Sammy hat das nichts zu tun, ich fühle mich einfach komisch. Wahrscheinlich ist mir der gestrige Abend auf den Magen geschlagen.«

»Der war allerdings heftig.«

»Wenn ich an das viele Essen denke, das uns heute noch erwartet, könnte ich kotzen.« Diese Äußerung demonstriert den Ernst der Lage. Maura ist bekannt für ihren von Mama ererbten Scheunendrescherappetit, der ihr bisher selbst in den schwierigsten Lebenslagen die Treue hielt. Nachdenklich runzle ich die Stirn.

»Weißt du, was, gleich kommen wir an Nonnas Stammapotheke vorbei, da gehst du rein und holst dir ein Mittel gegen Magenverstimmung.«

Die sonst widerspenstige Maura nickt still.

Gehorsam betritt sie die Apotheke, während ich im Auto warte. Da der Kundenparkplatz sich direkt vor dem Gebäude befindet, kann ich durch das Schaufenster verfolgen, wie sie heftig gestikulierend mit einem Mann im weißen Kittel kommuniziert. Nach einer geschätzten Viertelstunde kommt sie, bewaffnet mit einem Tütchen und fast um eine weitere Spur blasser, wieder heraus. Hektisch reißt sie die Beifahrertür auf, wirft sich in den Sitz und schweigt. Weiter geht's.

»Hat ja ganz schön lange gedauert«, bemerke ich, als meine Begleiterin keine Anstalten macht, sich in irgendeiner Form zu erklären.

Zur Antwort erhalte ich ein gedehntes »Jaaa«.

»Hast du bekommen, was du brauchst?«

»Jaaa.«

»Ist was?«

»Neiiiin.«

»Danke für das Gespräch.« Leicht eingeschnappt schnalze ich mit der Zunge.

Maura zuckt zusammen. »Was meinst du? *Scusa*, ich war gerade abwesend.«

»Kann ich voll bestätigen. Was haben sie dir gegeben?«

»Irgendwelche Tropfen.« Unter lautstarkem Rascheln fingert sie ein Fläschchen aus der Tüte und hält es mir von rechts unter die Nase. »Paspertin. Gegen Übelkeit.«

Eine Viertelstunde für ein Fläschchen Paspertin? Bemerkenswert. »Na dann.«

In *Giannis Alimentari* empfängt uns ein ziemlich nervöser

und fahriger Massimo. Maura inspiziert sogleich die Theke mit den *dolci*. Auch ohne die Einnahme der Tropfen scheint ihre Übelkeit plötzlich wie weggeblasen.

»*Struffoli!*«, ruft sie begeistert, auf einen Haufen bunt bezuckerter Teigbällchen zusteuernd. »Wie lecker! Darf ich?«

Das sich durch ihr Formtief zurückkämpfende Charisma meiner Schwester wirkt immer und überall. Selbst bei Massimo, der ihr freundlich den Weg hinter die Theke weist.

»Bitte, nimm dir.« Dieses Angebot bedarf keiner Wiederholung. Ohne weitere Umstände langt Maura zu und bedient sich in einem Ausmaß, das mir die Schamesröte ins Gesicht treibt.

»Wo ist Gianni?«, frage ich, die mampfende Schwester im Visier.

»Babbo ist nicht da, ich vertrete ihn.« Zufall oder ein weiterer Schachzug der *famiglia*? Genaues weiß man nicht – es gibt durchaus Situationen, in denen Nonna Elsa ebenso unkonventionell zum Telefonhörer greift wie Bisnonna Fabiola. Massimo jedenfalls vermittelt nicht den Eindruck, als fühlte er sich besonders wohl in seiner Haut.

»Du, Anna«, druckst er herum, »kannst du vielleicht kurz mit nach hinten kommen, ich hätte da ein Problem.«

Mein Magen reagiert mit einem spontanen Verlangen nach Mauras Paspertin. Ehrlich gesagt, wäre mir lieber, er behielte seine Probleme für sich. Unentschlossen nickend folge ich Nonna Elsas Traumschwiegerenkel durch einen klimpernden Glaskordelvorhang in den rückwärtigen, privaten Teil des Ladens. Auf einem Metalltisch an der Rückwand einer fensterlosen Kammer ruhen drei blaugraue, blicklose Fischleichen, daneben liegt ein abgenutzter Baseballschläger. Ein seltsames Stillleben.

»Diese hier sind tot«, erläutert Massimo mit treudoofer Miene.

»Das ist nicht zu übersehen.«

»Babbo hat sie vorhin erschlagen, ehe er wegmusste.«

Ich nicke ernst. Der gute Gianni, ein fieser Mörder, tsssss!

»Sehr traurig, aber ich schätze, irgendjemand musste es tun. Wie kann ich helfen?«

»Deine Nonna hat *vier* Karpfen bestellt.«

»Und?«

»Das sind nur drei.« Er deutet auf ein an der linken Wand neben dem Metalltisch installiertes Bassin. »Der vierte ist noch da drin.«

»Oh.« Mich beschleicht eine Ahnung.

»Wir müssen ihn mit dem Kescher rausholen und töten.«

»Wir?«

»Eigentlich du. Ich kann das nicht.«

»Ich auch nicht. Keinesfalls«, wehre ich mich vehement. »Ich denke, drei Karpfen reichen. Wir werden schon satt. Zur Not verzichte ich freiwillig.«

»Das geht nicht«, jammert Massimo. »Deine Nonna hat die Ware bestellt, Babbo besteht darauf, dass wir liefern. Schließlich seid ihr alte Kunden. Und *amici di famiglia*!«

Wenn mir nicht gleich etwas einfällt, beginnt er zu heulen.

»Drei Karpfen oder vier«, wiegle ich ab, »das muss man nicht so genau nehmen. Nonna sagt viel, wenn der Tag lang ist.«

Der penible Massimo wirkt wenig überzeugt. »Vielleicht. Aber Bestellung ist Bestellung.«

»Doch, doch, *credimi*! Beispielsweise denkt sie so etwas Seltsames wie, dass wir beide ein perfektes Paar wären.« Erschrocken beiße ich mir auf meine sich erneut bereits ohne Alkoholeinfluss verselbständigende Zunge: »*Scusa.*«

Massimo wird umgehend zum Kavalier:

»Es muss dir nicht leidtun, Babbo hat ähnliche Vorstellungen, nur weißt du, versteh mich jetzt bitte nicht falsch … ich bin mir nicht sicher … du bist sehr nett, ehrlich. Und hübsch, daran liegt es nicht … aber« – er räuspert sich umständlich –, »… ich ticke … irgendwie … anders.«

Der Felsbrocken, der mir vom Herzen plumpst, ist groß genug, um nicht allein den sich im Wasser tummelnden Karpfen, sondern das ganze Becken zu erschlagen. »*Ho capito*«, konstatiere ich, temperamentvoll den Kopf in den Nacken werfend, »ich bin nicht dein Typ.« Massimo blickt unsicher zu Boden.

»So könnte man es wohl formulieren.« Ich klopfe ihm kräftig auf die Schulter.

»Mach dir keine Gedanken, beruht auf Gegenseitigkeit.«

Massimo sieht auf, betrachtet mich intensiv, wohlwollend. Zum ersten Mal finde ich ihn anziehend.

»Für dich ist das nicht verletzend? Oder peinlich?«

»Kein Stück.«

»Da bin ich erleichtert.« Mit dem Handrücken fährt er sich über die glänzende Stirn. Es ist stickig in dem kleinen Raum.

Eine Angelegenheit wäre somit geklärt, dummerweise die falsche, der leidige Karpfen paddelt weiterhin munter im Becken umher. Massimo greift zum Kescher, senkt ihn halbherzig ins trübe Wasser, zuckt zurück.

»Ich hasse Tierquälerei. Und ich bin Vegetarier«, wimmert er kläglich. Mein Blick wandert zu dem Baseballschläger. Schauderhaft. Nach kurzer Überlegung versuche ich mich der Sache von einer anderen Seite zu nähern.

»Wann kommt Gianni wieder?«

»Gar nicht. Er hat mir unmissverständlich den Auftrag erteilt, die Sache zu erledigen.«

»Kann man ihn irgendwie erreichen?«

»Um Gottes willen, nein, *sei matta*? Bist du verrückt? Erst neulich hat Babbo mich wieder einen *rammollito* genannt!«

Sein Vater hält Massimo also für ein Weichei. Während ich mich selbst nicht als verrückt, sondern als völlig normal empfinde, kann ich Giannis Ansichten über seinen Sohn durchaus nachvollziehen. Feindselig starre ich ins Bassin. Gekocht, gebraten oder gesotten. Von dem Tier da drinnen kriege ich keinen Bissen runter.

»Da seid ihr! Was, bitte, geht hier vor?«

Im Türrahmen steht die von uns beiden vergessene Maura, braune Schlieren in den Mundwinkeln und Krümel am Kinn.

»Ich habe mir noch zwei *crostatine alla nutella* genommen«, beichtet sie treuherzig, indem sie sich den klebrigen Zeigefinger zwischen die gespitzten Lippen schiebt. »Und ein paar *confetti*. Die mit den Weihnachtsmännern, ich hoffe, das war okay?«

Massimo spart sich die Mühe einer Reaktion.

»Ihr seht nicht aus, als würdet ihr gerade Verlobung feiern«, kommentiert meine Schwester, »wo drückt der Schuh?«

»Der Schuh?«, fauche ich. »Der Fisch. Und er drückt nicht, er lebt.«

»Schön für ihn. Was ist dagegen einzuwenden?«

»Dass wir ihn heute Abend essen wollen.« Meine Schwester zieht eine Grimasse.

»Ach so! *Allora, caro* Massimo, walte deines Amtes, wir haben ein straffes Programm.« Der in dieser Weise Aufgeforderte bewegt sich keinen Zentimeter, stattdessen verfolgt er gebannt das Gezappel im Bassin. In seiner Verzweiflung ähnelt er noch viel mehr einem Mops.

»*Carlino* traut sich nicht«, flüstere ich beinahe lautlos wie ein Fisch.

»Er traut sich nicht?«, posaunt Maura. »Nicht zu fassen.«

Nach dem Zeige- unterzieht sie schnell noch den Mittelfinger einer speichelleckenden Säuberung, um dann energisch auf uns zuzustapfen.

»Macht mal Platz.« Ehe er sich's versieht, hat sie Massimo den Kescher aus der Hand gerissen und ihn tief ins Becken versenkt. Konzentriert fixiert sie das arme Opfer, wenige Sekunden später, zack, wuchtet sie das Netz samt Inhalt aus dem Wasser. Es wabbelt, zappelt, spritzt, direkt auf meine Nase.

»Iih!« Maura vollführt eine gekonnte 90-Grad-Drehung nach rechts.

»Zur Seite«, befiehlt sie ächzend. »Verflucht, ist der schwer.«

»Fast vier Kilo«, informiert Massimo.

Der Karpfen klatscht japsend auf den Metalltisch, Super-Maura packt zielsicher den Baseballschläger, holt aus, und bumms … mehr muss man dazu nicht sagen.

»Alle Achtung«, stammelt Massimo, der sich mit in den Hosentaschen vergrabenen Händen ins Eck zurückgezogen hat. »Brava! Congratulazioni.«

Zu diesen Worten zuckt der Karpfen theatralisch ein letztes Mal. Mir dreht sich der Magen um.

»Den müsst ihr ohne mich essen!«

Maura streift sich lässig die Finger am Pullover ab. »Über Geschmack lässt sich nicht streiten«, erklärt sie pragmatisch. Und zu Massimo gewandt: »Pack ihn ein.«

Diesem Befehl wird anstandslos Folge geleistet. Um sich vor dem Familienpatriarchen nicht als Feigling outen zu müssen, hätte der glücklose Nachwuchsmacho seine Seele verkauft. Er überreicht mir außerdem eine Tüte, in der sich gut fünf Kilo ebenfalls von Nonna georderter Venusmuscheln befinden. Die halb leer geräumte Süßwarentheke erwähnt er mit keiner Silbe.

Ich folge meiner genäschigen Schwester, die sich im Vorübergehen noch eine letzte Leckerei aus der Vitrine angelt.

»Als Wegzehrung«, wie sie uns, unverfroren schmatzend, wissen lässt.

Mit einer unspezifischen Geste des Bedauerns versuche ich ihr Benehmen zu entschuldigen.

»Ciao, Massimo, wir erwarten dich dann morgen. Dein Auftritt als Babbo Natale ist pünktlich um drei.«

»Sì sì, certo! Ihr könnt euch auf mich verlassen!«

»Frohe Weihnachten«, wünsche ich, schon auf der Türschwelle.

»*Buon Natale!*«, ruft Massimo uns nach. »*E salutatemi la famiglia*, besonders Angelo.«

Besuch ist wie Fisch ...

... nach drei Tagen fängt er an zu stinken. Eine Lebensweisheit von offensichtlich derart universeller Gültigkeit, dass man in Babbos Heimat dafür ziemlich genau dieselben Worte findet: *L'ospite è come il pesce, dopo tre giorni puzza.*

In unserem Fall scheint die Zahl »drei« beinahe hoch gegriffen. Eine erste negative Duftnote durchwehte ja bereits das Abendessen am Vortag. Über das heutige Mittagessen muss ich gar nicht viele Worte verlieren, denn natürlich kommt es letztlich, wie es kommen muss: Serviert werden Saure Zipfel im Zwiebelsud, begleitet von *ribollita di mare.* Wobei Letztere geschmacklich etwas unter der Beigabe des in letzter Minute aufgetauten Tiefkühlkabeljaus leidet, der frischen *gamberetti*, *cozze* oder *pesce spada* nicht das Wasser reichen kann. Babbo und Zio Franco tun tapfer ihre Männerpflicht, goutieren alles mit angemessenem Elan und denken sich den Rest. Nonno offenbart, dass es ganz gewiss nichts anderes als bodenloses Unglück bedeuten könne, am Heiligabend auf einen Brocken halb gefrorenen Fisches zu beißen. Nonna Elsa, die aufgrund potenzieller Blähungen Zwiebeln prinzipiell ablehnt, verfrachtet die ihrigen kurzerhand auf den Teller von Maura, wo sie, all der *struffoli* im schwesterlichen Magen zum Trotz, freudigste Aufnahme finden, während Sammy sich damit abmüht, den Fenchel aus der Suppe zu fischen. Angelo und Arianna verhalten sich zur Abwechslung unauffällig, bis auf die Tatsache, dass Letztere sich unter Verweis auf das ausstehende *cenone della vigilia*, das opulente Weihnachtsessen, nicht mehr als ein Miniaturportiönchen gönnt. Ugolino triezt Savia, indem er ihr mit seiner Gabel eines der von Arianna vorgeschnittenen Wurststücke vom Teller wegspießt. Seine Schwester weiß sich zu helfen, indem sie ihrerseits mit der Gabel dem Bruder in den Po pikst. Die beiden Köchinnen thronen stolz an den entgegengesetzten Tafelenden und übertrumpfen einander mit zynischen Kommentaren.

»Identifiziere ich da in der *ribollita* einen Hauch Zimt? Ungewöhnlich, sehr ungewöhnlich«, befindet Mama.

»Die Zwiebeln sind extrem *al dente*. Glücklicherweise haben wir gute Zähne«, erwidert Zia Gina.

»Verliebt scheinst du nicht, die Suppe schmeckt fade«, befindet Mama.

»Ganz im Gegensatz zu dir. Dein Sud ist salzig wie die Adria. Und sauer wie ein ganzer Hain Zitronen aus Sorrento«, erwidert Zia Gina.

Dazu muss man wissen, dass Mama den Sud nach einem Traditionsrezept von Oma Liselotte zubereitet hat, was für Zia Gina allein schon ein Grund wäre, ihn nicht zu mögen. Sie kann Oma Liselotte nicht ausstehen.

Nach dem Essen ziehen sich Babbo und Zio Franco zum Rauchen zurück. Unter dem Jahr machen beide einen Bogen um Zigaretten. Manchmal frage ich mich, ob dieser eigenartige, mit der Plötzlichkeit einer heimtückischen Krankheit auftretende Weihnachtsrauchbrauch vielleicht nichts anderes als ein Stresssymptom darstellt. Oder eine Art Vorwand zur Verschleierung der Tatsache, dass die beiden sich einerseits nicht viel zu sagen haben, andererseits für einen Moment dem Familientrubel entfliehen wollen.

Maura und Sammy, der den Weihnachtsabend bei Verwandten verbringen und morgen im Laufe des Tages zurückkehren wird, halten im ersten Stock ein Verdauungsschläfchen. Behaupten sie. Bei genauem Hinhören wird jedem klar, dass die beiden da oben so manches halten mögen, nur kein Verdauungsschläfchen.

Ansonsten läuft alles wie gehabt: Mama kämpft mit Zia Gina, Arianna und Nonna Elsa in der Küche um die Vorherrschaft am Herd, Nonno Corrado beschäftigt sich mit den großen Jahreshoroskopen, die Ende Dezember in allen Zeitschriften erscheinen. Da gilt es einiges zu überprüfen, schließlich interessieren neben den persönlichen Zukunftsaussichten auch die der restlichen Familienmitglieder.

»Nur so *just for fun*«, erkundigt sich Angelo spitzbübisch, »steht da was drin über Bisnonna Fabiolas finanzielle Lage im kommenden Jahr?«

»*Un momento*«, murmelt Nonno, »Fabiola ist Wassermann, nicht wahr?«

»Wenn du es nicht weißt …«

»Ja, doch, *acquario*, ganz sicher. Geruhsamer Start … berufliche Veränderungen im März … kleinere Einnahmen im August … keine Auffälligkeiten, *no*.«

»Scheint, als könnten wir aufatmen.«

»*Esatto!*«

»Nonno, bitte«, werfe ich ein. »Berufliche Veränderungen. Bei Bisnonna Fabiola! Und du, Angelo, kümmere dich lieber um deine eigene Zukunft.«

»Über die will ich gar nichts wissen, mir reicht die Gegenwart.«

»Geht mir ähnlich!«

Auf dem Boden kniend, widme ich mich gemeinsam mit Ugolino und Savia dem Aufbau, oder besser dem Arrangement, der Weihnachtskrippe. Die fünfjährige Savia ist heute besonders niedlich. Mit ihren dunkelblonden, halblangen Ringellocken, den meerblauen Äuglein, dem hellen Teint ist sie das ganze Gegenteil ihres Bruders, dem man den Italiener quasi von weitem ansieht. Oft habe ich mich gefragt, wie dasselbe

Elternpaar zwei so unterschiedliche Kinder zeugen konnte. Arianna erklärt das mit ihrer uns unbekannten Großmutter mütterlicherseits, die sich bei Savia durchgesetzt habe.

Ich mag die bunt bemalten hölzernen Krippenfiguren, Maria, Joseph, das Kind im Stroh, den laternentragenden Hirten, die Heiligen Drei Könige und das kleine Lamm mit dem abgebrochenen Bein, das immer etwas abseitssteht.

»Warum ist das Schaf so allein?«, möchte Savia wissen.

»Weil es hässlich ist«, antwortet Ugolino an meiner Stelle.

»Warum ist es hässlich?«

»Du Dumme, das sieht doch jeder, ihm fehlt ein Bein.«

»Verstehe ich nicht. Dem Vater meiner Freundin Susanna fehlt auch ein Bein, aber ihn hat noch nie jemand hässlich gefunden.«

Ich überlege kurz.

»Du hast recht, Savia. Zeit für eine Umgestaltung.«

Vorsichtig nehme ich das Lamm und stelle es direkt neben das Jesuskind, das ihm segnend die Hand entgegenstreckt. Savia ist zufrieden.

Dass bei uns die Bescherung traditionellerweise am ersten Weihnachtsfeiertag stattfindet, ist von Nachteil für Ugolino, der sich länger gedulden muss als seine Kameraden. Insgesamt ist es von Vorteil, denn so haben wir Zeit. Das heißt, theoretisch hätten wir Zeit. Doch da ist noch die Sache mit dem *ceppo di Natale*. Ein sehr alter Brauch, der sich seit dem 12. Jahrhundert überall in Europa ausbreitete und irgendwie auch zur Famiglia Maiotti gelangte, bei der er nie mehr erloschen ist. Im wahrsten Sinne des Wortes. Gemäß diesem, heute hauptsächlich in Ligurien und den Abruzzen praktiziertem Ritual entzündet der Familienälteste am Heiligen Abend, der *Vigilia di Natale*, begleitet von einem Trink- oder Segenswunsch, ein großes Holzscheit, das bis zum 6. Januar, *Epifania*, brennen soll. Die zurückbleibende Asche wurde früher aufbewahrt, weil man ihr magische Kräfte für Gesundheit, Ernte und Familienfrieden zuschrieb. Ein gefundenes Fressen für Nonno Corrado, der alle Jahre wieder viel Wert auf diese Zeremonie legt, mit sich selbst als Hauptdarsteller, denn wo es um Aberglauben geht … Manchmal habe ich den Eindruck, dass er dafür seine gesamten Redekapazitäten aufspart.

Wie erwähnt, begleitete ich in der Kindheit meinen Großvater am Morgen des Vierundzwanzigsten manchmal in eines der nahen Waldstücke, um dort – vermutlich illegal – mit der angerosteten Axt das Zauberscheit zu »organisieren«. Weil das geschlagene Holz entweder feucht oder gleich komplett gefroren war, ließ sich damit am Ende hauptsächlich effektvoller Qualm erzielen, was dem Ganzen einen ungewollt mystischen Touch verlieh. Ungewollt von Mama und Nonna, die hustend darauf hinwiesen, dass Hexenverbrennung out und die Inquisition Geschichte seien. Inzwischen wird das Schicksalsscheit bei dem Bauern in der Nähe besorgt, von dem wir unsere Kaminvorräte beziehen. Entzündet wird es noch immer von Nonno. Der wirft just in diesem Moment einen Blick auf die Wanduhr und löst sich schweren Herzens von seinen Horoskopen.

»Famiglia!«, brüllt er aus Leibeskräften. »Ceeee---ppo diiii Nataaale!« Diese Botschaft dürften selbst die Engel im Himmel vernommen haben. Savia hält sich erschrocken die Ohren zu und springt auf, Nonna schießt schwitzend aus der Küche hervor, Mama hinterher, vorsorglich mit einem wassergefüllten blauen Plastikeimer in der Hand. Arianna lässt sich Zeit, sie erscheint etwas später zusammen mit Babbo und Zio Franco.

Nun sind alle im Halbkreis um den Kamin versammelt. Alle bis auf Maura und Sammy. Das kann Nonno nicht dulden.

»Nipotiiiina!«, brüllt er erneut.

»Corrado, schrei nicht so«, beklagt sich Nonna, »wir sind nicht taub.«

»Offenbar schon«, grummelt mein Großvater mit störrischer Miene.

»Nonno«, bemerke ich ironisch, »du musst das verstehen, du warst auch mal jung.« Mama mustert mich strafend und versucht es mit Feingefühl.

»Lass sie doch, die beiden haben sich erst gestern versöhnt.«

»Und so wichtig ist das hier schließlich auch nicht«, brummt Babbo gutmütig in der zweiten Reihe. Ein irreparabler Fauxpas, denn Nonnos Hörorgane sind ziemlich intakt. Eine Ader auf seiner Stirn schwillt an und beginnt verdächtig zu pochen.

»Wie meinst du das?«, wendet er sich an seinen Sohn, der sogleich die Schultern hängen lässt wie ein gescholtener Schuljunge.

»Er meint gar nichts«, schreitet Nonna ein, »*calmati*, und fang an.«

»Ja, *avanti*«, bestätigt Arianna und fügt im Flüsterton hinzu, dass sich der Blumenkohl für den *insalata di rinforzo* nicht von selbst in die Schüssel schneidet.

»Ein Glück, dass der Kartoffelsalat schon seit gestern Abend fertig ist«, flüstert Mama zurück.

»Los!«, fordert Nonna Elsa.

Nonno, der den Anweisungen seiner Ehefrau meistens Folge leistet, verfrachtet das etwas große Scheit mit roher Gewalt in den Kamin. Dann kramt er hilflos in der Tasche seiner Strickweste herum.

»Wo sind die verdammten *fiammiferi*? Ich weiß ganz sicher, dass sie vorhin noch hier drin waren.«

»Die Streichhölzer liegen auf der Anrichte in der Küche«, springt Mama hilfsbereit bei, »ich gehe sie holen.«

»*Ecco un accendino*«, kommt ihr Zio Franco zuvor, indem er ein neongelbes Feuerzeug nach vorn reicht. Als das gute Stück Nonna Elsa passiert, wird die puterrot und rümpft die Nase.

»*Uomini!* Dass ihr euch nicht schämt!« Das Feuerzeug ziert eine aufreizende nackte Blondine mit riesigen Brüsten.

»Sonderangebot«, verteidigt sich Zio Franco, »*prendi due paghi uno.*«

»Dass du zwei davon zum Preis von einem bekommen hast, macht die Sache auch nicht besser«, zischt Nonna.

Nonno hat andere Probleme. Das erotische Feuerzeug will nämlich nicht, wie er will. Verzweifelt zieht er den Daumen über den Anzünder, wieder und wieder, außer einem trockenen Schnalzen passiert nichts. Zio Franco tritt wortlos nach vorn, ergreift den Gegenstand des Anstoßes und dreht den Gasregler nach oben. Mit dem nächsten Schnalzen entsteht eine Stichflamme. Der Eimer in Mamas Hand beginnt zu zucken.

»Papier!«, fordert Nonno.

»*Ecco*«, ruft Arianna, die sich zurück zu ihrem Gemüse sehnt. Sie durchquert den Raum und reicht ihm etwas Pappe aus einem geflochtenen Weidenkorb in der Zimmerecke.

»Und hier«, vermeldet Savia, die auch etwas tun möchte.

»Grazie, *cicciolina*«, bedankt sich Nonno gerührt und greift nach dem Brennmaterial seiner Urenkelin, während Arianna mit dem ihren blöde dasteht. Sie zuckt die Achseln, schmeißt die Pappe zurück an ihren Ursprungsort und verschwindet in der Küche, von wo wenig später intensive Hackgeräusche ertönen.

Unterdessen verdunkelt sich der Raum bedrohlich, aus dem Kamin quillt dichter Qualm hervor. Kaum kann ich noch den Tannenbaum erkennen.

»*La solita confusione!*«, seufzt Nonna, die das Spektakel bereits kennt.

»Corrado, was ist das?«, flucht Zia Gina, die das Spektakel nicht so gut kennt, weil sie normalerweise ja erst zwei Tage später anreist. »Willst du uns töten?« Ihre Stimme verhallt seltsam körperlos im Nebel.

»Statt Papier man hätte vielleicht nehmen sollen Holzspäne«, weiß der superschlaue Zio Franco.

»Da er hat nicht unrecht«, ergänzt Angelo, frech die schräge Syntax seines Vaters imitierend, womit er sich einen bitterbösen Blick seiner Mutter einfängt. Meine Mutter hingegen wippt weiterhin unentschlossen mit dem Eimer, Ugolino zieht unbemerkt fest an einer der blonden Korkenzieherlocken von Savia, die empört quiekt, Arianna hackt gedämpft aus dem Off. Babbo spielt tapfer die ihm in dieser Situation traditionell zukommende Rolle und tut das einzig Vernünftige: Er kämpft sich durch zur Terrassentür und reißt sie sperrangelweit auf.

»Was für ein Theater«, brummt er dabei, »man sollte wirklich meinen, dass dieser sentimentale Quatsch nach all den Jahren entweder klappt oder abgeschafft wird.«

Sofort ist mir klar, dass Nonno das gehört oder zumindest intuitiv erfasst hat. Er hält inne, richtet sich langsam auf. Dann dreht er sich ruckartig weg vom Ofen, hin zu seiner *famiglia*. Im sich lichtenden Qualm glänzt sein Antlitz rötlich feucht. Vor Hitze, vor Wut?

»*Porca puttana!*«, presst er hervor, was immerhin optimal zu der Feuerzeugverzierung passt, die schon ein wenig an die im Italienischen so gern beschimpfte Nutte erinnert.

»Corrado, *ti prego* …«, setzt Nonna an.

»*Ti prego* was?«

»… das ist vulgär«, fügt sie leise hinzu.

»Vulgär? Aha. Jahrein, jahraus schinde ich mich mit diesem Holzblock, wegen euch und euren schwachsinnigen Traditionen, renne in den Wald, zündle am Kamin herum, suche, obwohl ich wahrhaft nicht gerne rede, nach klugen Worten …« Nonnos Augen schillern feucht. »… und ihr …« Empört schleudert er das Feuerzeug quer durch den Raum. Es klackert, schliddert über den welligen Parkettboden aus Olivenholz und landet – plopp, plopp – in der Krippe, wo es einen der Könige zu Fall bringt. Flink wie ein Wiesel eilt Savia dem gestürzten Regenten zu Hilfe, der dummerweise rückwärts in den Rest eines Törtchens gekippt ist, das wir während unserer Arrangement-Arbeiten angeknabbert, aber nicht vollständig verzehrt haben.

»Er muss gewaschen werden – besonders hinter den Ohren«, stellt das Mädchen sehr ernsthaft fest und entführt den Monarchen kurzerhand zu Arianna in die Küche.

Nonnos Wut ist keineswegs verraucht. Grimmig starrt er in die Runde.

»Alles nicht so schlimm«, versucht Zio Franco zu beschwichtigen, »jetzt zuerst wir machen Feuer, und dann wir machen …«

»… *amore!*«, ergänzt Angelo kontraproduktiv, und das Schlitzohr Ugolino feixt, obwohl er die Anzüglichkeit sicher nicht verstanden hat.

»Ich mache hier gar nichts mehr«, stellt Nonno klar. »Euch fehlt der nötige Ernst!«

»Aber, Corrado, sie meinen das nicht so«, bemüht Mama sich um Vermittlung.

»Doch«, flüstert Babbo, diesmal in hinreichendem Piano, »im Grunde schon.«

»*Basta!* Lieber beschäftige ich mich mit sinnvolleren Dingen.« Etwas hilflos wandern Nonnos zornige Äuglein zum Couchtisch, wo allerdings gähnende Leere herrscht. Er tut einen Sprung.

»Wo zum Teufel sind meine Zeitungen? Die mit den Horoskopen!«

»Du wirst sie verlegt haben, wie üblich«, schnauft Nonna.

»Bestimmt nicht, vorhin hatte ich sie noch, während die Kinder die Krippe aufgebaut haben, habe ich darin gelesen. Das weiß ich genau.«

»Ich auch«, pflichte ich ihm bei.

»Stimmt«, bestätigt Angelo.

Nonna gibt sich unbeeindruckt.

»Ach was, ihr seid alle so zerstreut. Wenn er darin gelesen hätte, wären sie doch da!«

»Lasst mich überlegen«, denke ich laut. »Vorhin saß ich dort unten, zusammen mit Savia und Ugolino. Nonno war dort oben am Tisch. Dann bin ich aufgestanden ...«

»Anna, hör auf damit«, mischt sich Mama ein, »du hast früher noch nicht einmal diesen Kinderkrimi mit dem angebrannten Pudding kapiert. Zur Detektivin bist du nicht geboren.«

Mama mag meistens recht haben, diesmal irrt sie gewaltig. Im Gegensatz zu meinen mehr oder weniger dämlich umhergotzenden Anverwandten steigt in mir nämlich eine nebulöse Ahnung empor.

»Angebrannt?!« Mein Blick gleitet vom leeren Couchtisch zum gefüllten Weidenkorb in der Ecke, vom Korb zum Kamin, vom Kamin erneut zum Weidenkorb, vom Korb zurück zum leeren Couchtisch. »Abgebrannt trifft es vermutlich eher.« Mit wenigen Schritten bin ich beim Kamin, ergreife den Schürhaken. Ein kurzes Stochern fördert ein paar verkokelte Papierfetzen zutage.

»*Jungfrau*«, steht auf einem von ihnen. Und: »*Dieses Jahr kann ein gutes ...*« Den Rest hat die kurzfristig entfachte Glut verzehrt.

»Savia«, brüllt Nonno, dem es nun ebenfalls dämmert, »was hast du gemacht? Wenn man auf dieses Kind nicht ständig aufpasst!«

Unnötig, ihn darauf hinzuweisen, dass er höchstselbst Ariannas Hilfe ausgeschlagen und Savias angenommen hat. Dass die Kleine das Papier vom Tisch gerafft hatte, war in der Erregung keinem von uns aufgefallen.

»Aber dieses Jahr kann ein gutes werden«, versuche ich zu trösten, »zumindest für alle Jungfrauen.«

»Ich bin aber keine Jungfrau«, gibt Nonno verstimmt zurück.

»Ich auch nicht«, frotzelt Zia Gina, die die Szene gespannt

verfolgt, sich bisher aber nicht zu Wort gemeldet hat, um gleich darauf schnuppernd das Näschen in die Höhe zu recken.

»*Dio mio*«, ruft sie, »irgendwas stinkt hier ganz entsetzlich! Arianna?«

»Der Fisch«, ertönt es gedämpft aus der Küche, »es ist der Fisch, der so stinkt!«

»Mein Karpfen-Spezialrezept? Das ist ja wohl …« Mama kommt nicht weiter, denn soeben ist Maura wohlig gähnend in die Tür getreten, hinter sich einen unverbindlich lächelnden Sammy.

»Alles paletti?«, erkundigt sie sich unschuldig.

»Natürlich, *signorina*«, grunzt Nonno aggressiv, »gut geschlafen?«

»Geht so.«

»Das Beste verpasst, würde ich sagen.«

Meine Schwester ist schwer aus der Fassung zu bringen, sie blinkert gleichmütig: »Irgendwas stinkt hier gewaltig.«

»Es ist der Fisch«, erläutert Zia Gina bereitwillig, »ein Spezialrezept deiner Mutter.«

»Tja, Gina, dann habt ihr beide ja etwas gemeinsam«, zischt Mama.

»Wie? Wer?«

»Du und der Fisch. *L'o--spi--te è co--me il pe--sce*«, skandiert sie, wie stets, wenn sie sich aufregt, in übelst deutsch akzentuiertem Italienisch, »*do--po tre gior--ni puzza.*«

»Ha!«, macht Zia Gina, »wenn dem so ist. *Avanti*, Franco, wir gehen.« Mein Onkel ist sichtlich überfordert.

»Wohin? Ich habe Hunger! Und ich habe getrunken drei Gluhwein.«

»Glüüüüühwein!«, fährt ihm seine Frau wütend in die Parade. »Dein Deutsch ist genauso entsetzlich wie das Italienisch meiner Schwägerin.«

»Pah!«, ruft Mama.

»Gluuuuhwein, sage ich doch!«, wiederholt Zio Franco.

»Das hier ist nicht auszuhalten!«, schreit Zia Gina.

»Exakt, ich will meine Ruhe«, stöhnt Mama.

»Und ich einen Pikkolo«, seufzt Nonna.

»Vertragt euch«, empfiehlt Maura, »es ist Weihnachten. Die Plätzchen duften, die Krippe steht, der *ceppo* brennt …«

»Genau das tut er eben nicht!«, ereifert sich Nonno. »Das Einzige, was brennt, sind meine Horoskope.« Jetzt ist auch Maura überrascht.

»Ach, und was soll das bewirken?«

»Nichts«, schreit Nonno. »Gar nichts!«

»Warum brennen sie dann?«

»Vielleicht bringt es Glück«, meint Angelo.

»Könnte immerhin sein«, nickt Nonna.

»Und ihr hier habt viel weniger Altpapier«, bekräftigt Zio Franco, verzweifelt darum bemüht, das Thema einer vorzeitigen Abreise elegant zu beerdigen.

Die Ader auf Nonnos Stirn kommt erst gar nicht zum Abschwellen, sein Mund klappt auf, zu, auf, zu, auf, zu, in Zeitlupe, gute zehn Sekunden lang. Wie bei einem Fisch, der nach drei Tagen stinkt.

»Wisst ihr, was?«, lautet schließlich sein unerwartet kraftloses Resümee. »Ihr könnt mich mal! Und zwar *tutti quanti!*«

Ehe noch jemand von uns etwas hinzufügen kann, ist er verschwunden. Vorbei an Maura, vorbei an Sammy, ab durch die Mitte. Wir bleiben zurück, in untrauter Stille (von wegen »Stille Nacht, heilige Nacht«), selbst Ariannas Hackgeräusche sind verstummt. Stattdessen hört man sie sanft mit Savia sprechen. Die murmelt, gluckst, kichert, prustet los. Dann stürmt sie ins Zimmer, den von Mauras kindlicher Spezialmohren-Farbe befreiten heiligen Kaspar stolz in der erhobenen Rechten.

»Mensch, Sammy!«, verkündet sie kess. »Jetzt, wo ich ihn gewaschen habe, sieht er genau aus wie du!«

Il troppo e il troppo poco ...

... *rompon la festa e il gioco.* — Zu wenig und zu viel verderben Fest und Spiel.

»Verdorben« ist mit Sicherheit kein ganz falscher Ausdruck für die bei uns vorherrschende Atmosphäre. Nonno hat sich das *Ceppo*-Theater schwer zu Herzen genommen, worauf Mama, Maura, Arianna und ich uns abwechselnd daran versuchten, ihn zurück ins Wohnzimmer zu locken. Vergeblich. Nonna sieht keinen direkten Handlungsbedarf.

»Lasst ihn«, bemerkt sie gleichmütig, »der Hunger wird ihn runtertreiben.« Obgleich, abgesehen von dem Topf Glühwein, der zu zwei Drittel an Zio Franco ging, nach dem Mittagessen nichts Alkoholisches konsumiert wurde, herrscht eine Art Katerstimmung. Aber *cenone* ist *cenone*, gegessen werden muss trotzdem. Die Zubereitung unseres Weihnachtsmenüs folgt dem Prinzip der kulinarischen Aufgabenverteilung. *Ecco:*

Insalata di rinforzo (Arianna)
Minestra maritata (Nonna)
Spaghetti alle vongole (Zia Gina)
Karpfen mit Kartoffelsalat (Mama)
Budino di Natale (Nonna)
Caffè (ich)

Zu wenig, zu viel? Jedenfalls von allem etwas und politisch nicht ganz korrekt – nach neapolitanischem Brauch darf am 24. Dezember nämlich eigentlich kein Fleisch gegessen werden. Weil bei uns jedoch am ersten Feiertag die Weihnachtsgans ihren großen Auftritt hat, in dessen direktem Umfeld Oma Liselotte keinen »italienischen Traditionsfraß« billigt, muss die unverzichtbare *minestra maritata* aus logistischen Gründen vorgezogen werden. Mein Anteil an der Realisierung des Festmahls ist im Übrigen weniger gering, als es den Anschein haben mag – unserer alten, patinaüberzogenen *Bialetti* zehn Tassen trinkbaren Espresso zu entlocken ist durchaus eine Kunst für sich. Und auch Maura bringt sich auf ihre ganz persönliche Weise ein: Sie isst.

»War dir heute Morgen nicht furchtbar übel?«, flüstere ich ihr zu.

»Vorbei und vergessen«, winkt sie kauend ab. Ansonsten integriert sie sich mit ungewohnter Einsilbigkeit in die Runde.

Ariannas *insalata di rinforzo* aus Blumenkohl, eingelegten Paprika, Kapern und Sardellen schlingen wir überwiegend schweigsam hinunter, Nonnas unter normalen Umständen zu Begeisterungsstürmen hinreißende *minestra maritata* ebenso. Beides ist wirklich lecker, allein, der Genuss bleibt getrübt. Immerhin weckt der den Venusmuscheln beigemengte Weißwein gewisse Lebensgeister. So fühlt Zio Franco sich dazu veranlasst, eine familienbekannte Anekdote über einen Münchner Topmanager aus dem Hut zu zaubern, der sich beim Wandern im Aosta-Tal in eine Sennerin verliebte und seitdem gemeinsam mit ihr Käse produziert. Topmanager aller Art üben eine unfassbare Faszination auf Zio Franco aus, und das selbst dann noch, wenn sie auf einer Alm enden und Käse produzieren.

»Franco« – Mamas Finger trommeln beinahe ein Loch in die Tischplatte –, »die Geschichte kennen wir schon.«

»Ja, genau«, piepst Savia, »am Ende streichelt der Mann Kühe und macht Käse.«

»Okay, so, was daran ist schlimm?«, erkundigt sich Zio Franco pikiert. »Von lehrreichen Dingen man kann ruhig zweimal berichten, nicht?«

Hundertzwei Mal trifft es eher.

Zusammen mit dem Karpfen erscheint Nonno. Er ist blass, sein Magen knurrt.

»Non ho fame!«

»Du hast keinen Hunger, willst uns aber aus reiner Nächstenliebe beim Verzehr dieser Köstlichkeiten unterstützen«, begrüßt ihn Nonna, völlig ohne Ironie, und tätschelt ihm die Wange. Für einen Moment wirkt sie wie ein junges Mädchen.

»Setz dich, *Corradino*!« Einladend deutet sie auf den leeren Stuhl neben sich, um ihm eine beeindruckende Portion *Minestra-Vongole-Insalata*-Karpfen aufzutun. Nonno Corrado beginnt, Bissen für Bissen in sich hineinzuschaufeln – und schweigt.

»Der Karpfen schmeckt irgendwie zäh«, wispert mir Maura zu, darauf bedacht, dass Mama es nicht hört.

»Das muss daran liegen, dass du ihn eigenhändig getötet hast, so was verdirbt den Appetit«, wispere ich zurück.

»War aber cool von mir, oder?«, brüstet sich meine Schwester und präsentiert einen Popeye-Muskelarm. Ansonsten: konzentriertes Kauen, Mampfen, Genießen. Nur Zia Gina kann es nicht lassen.

»Der Fisch ist etwas kühl!« Eine Grimasse ihres abreisescheuen Ehemanns bringt sie ins Stottern: »Kühlgestellt, meine ich, äh, er war vorher sicherlich kühlgestellt, jetzt ist er warm, denn du hast ihn ja gebraten.«

»Gebacken«, berichtigt Mama matt.

»O ja, gebacken.« Zia Gina stützt reuevoll das Kinn in beide Hände.

»Schon gut!« Mamas Streitlust ist verebbt.

Da wir uns ausgerechnet an diesem Heiligen Abend wenig zu sagen haben, essen wir noch mehr als sonst, zumindest kommt mir das so vor.

Für eine gewisse Aufregung sorgt der Weihnachtspudding.

Also nicht der Pudding an sich – er schmeckt unvergleichlich –, sondern die ihm beigemischten Überraschungsgaben.

Die »Erfolg-im-Beruf-Pistazie« findet sich in der Portion von Babbo, der dies mit mürrischem Grunzen zur Kenntnis nimmt.

»Zwar halte ich meinen beruflichen Erfolg für durchaus ausreichend, aber was soll's. Ein paar Aufträge mehr können nicht schaden, es gibt ohnehin zu wenig Kläranlagen.«

»*Mah*, Dino, *che dici?*«, ereifert sich Zio Franco, dem Babbos unterkühlte Reaktion absolut nicht nachvollziehbar scheint. »Man kann nie haben genug Erfolg. Wenn ich hätte drei *ristoranti*, ich würde haben wollen *cinque*, *sei* oder *dieci*, ist doch klar!«

»Nicht jeder denkt so materialistisch wie du!«, kommentiert seine Ehefrau.

Angelo schnalzt vielsagend mit der Zunge.

»Nimm den Mund nicht so voll, Babbo!«

»Pah, ich damit will bloß sagen, dass ich mich hätte mehr gefreut als meine *cognato*!«

»Das Temperament deines Schwagers ist eben etwas gemäßigter als das deine.«

Ächzend löffeln wir weiter. Der Pudding ist von Nonna so aufgeteilt worden, dass jeder von allen drei Schichten etwas bekommen hat. »Chancengleichheit« nennt sie das.

»Bei wem wohl die Liebesmandel landet?«, fragt Arianna.

»Warum interessiert ausgerechnet dich das?«, entgegnet Maura sarkastisch. »Du bist verheiratet.«

»Eben drum.«

Angelo zeigt sich nicht im Geringsten verletzt, im Gegenteil. »*Nessun problema*«, beteuert er schmatzend, »wenn ich draufbeiße, reiche ich sie direkt an dich weiter.«

»Ihhh«, macht Maura, »bitte nicht, allein die Vorstellung!«

»Zum Kotzen?«, stichle ich.

»Mir vergeht auch gleich der Appetit«, bekennt Zia Gina, die bereits so viel verdrückt hat, dass ein vergehender Appetit in dieser Situation von Vorteil wäre.

Maura kann sich das Kotzen sparen und Zia Gina ihren Appetit behalten, denn die Liebesmandel hat sich in der Mitte geteilt und landet zur Hälfte bei Ugolino, zur Hälfte bei mir.

»Habe ich es doch gesagt, Anna, Glück in der Liebe, die Karten lügen nie«, triumphiert Nonno und spuckt im selben Moment die Chilischote auf den Teller. »*Porca Madonna*, ist die scharf.«

»Es handelt sich um eine besondere Sorte«, stellt Nonna klar, »also, lass die *Madonna* aus dem Spiel, die hat nichts damit zu tun.«

»Glück im Spiel«, sinniert Nonno, der sich zweifelsohne bereits darüber Gedanken macht, wie er diesem Wink des Schicksals begegnen soll.

»Und was soll ich mit Glück in der Liebe?«, nuschelt Ugolino. Während ich meinen Mandelsplitter gleich geschluckt habe, hat er den seinen nach einer kurzen Inspektion in der Handfläche wieder in den Mund gesteckt und wälzt ihn nun unschlüssig von der einen Backe in die andere. »Glück in der Liebe. Das ist ja wohl superöde.«

»In ein paar Jahren wirst du darüber anders denken«, tröstet ihn Babbo.

»Ich habe die Mandel aber jetzt und nicht in ein paar Jahren. Und noch dazu nur eine halbe«, mokiert sich Ugolino.

»Macht es doch so«, schlägt Angelo pragmatisch vor: »Du gibst Anna deinen Teil, dann hat sie das perfekte Liebesglück. Dafür soll sie sich anderweitig revanchieren.«

»Und wie?«

»Das müsst ihr aushandeln.«

Mein Patensohn überlegt fieberhaft. Ein paar Mal noch wechselt der halb verdaute Kern die Seite, um schließlich mit den Worten *»perché no«* aus geblähten Backen quer über den

Tisch gespuckt zu werden. In hohem Bogen und sehr treffsicher, wie man zugeben muss, denn das aufgeweichte Stück landet direkt auf meinem Teller, wo es sich in einen Puddingrest bohrt.

»Ist das ekelhaft«, würgt Maura.

»Ich will, dass du mir die kleine Kröte vom Hals hältst«, erklärt Ugolino mit verschränkten Armen, auf seine Schwester weisend, »und zwar, bis ich erwachsen bin.«

»Ich bin keine Kröte«, zetert Savia umgehend, »und ich will sowieso nichts mit dir zu tun haben, du Hundsfott.«

Woher sie dieses Wort hat? Nicht mal ich weiß genau, was es bedeutet. Ein schlechter Handel, auf alle Fälle, oder ein guter, sollte ich tatsächlich Glück in der Liebe haben.

Damit nicht genug: Neben Nonnos Chilischote finden sich in der obersten Schicht des *budino* ein winziger Plastikschneemann, eine rostige Büroklammer sowie ein Schräubchen.

»Kinder?«, tadelt Nonna streng. Beide schütteln eifrig den Kopf, zumindest, was das anbelangt, sind sie sich einig.

»Wie? Von nichts kommt nichts. Und ich wüsste nicht, wer sonst so etwas tun könnte.« Arianna blickt trübe auf ihre Sprösslinge.

»Ugolino, Savia, das ist nicht nett, so habe ich euch nicht erzogen. Es macht mich sehr traurig.« Ihre scheinbar echte Verzweiflung hat etwas Drolliges.

»Lasst sie doch«, greift Mama ein, »heute ist Weihnachten.« Erstaunlich, früher war sie in solchen Dingen nie derart gelassen.

»Na, dann war es wohl das Christkind«, konstatiert Nonna trocken und beginnt gemeinsam mit Tochter und Schwiegertochter die Teller abzuräumen. Die vier Gänge sind geschafft, unsere Mägen zum Bersten gefüllt. So gefüllt, dass nur noch eins hilft – beten. Was wir ohne Aufschub tun.

Eine halbe Stunde später sitzen wir in der Christmette: Nonna, Nonno, Mama, Babbo, Maura, Zia Gina, Zio Franco, Ugolino und ich. Arianna und Angelo sind mit Savia daheimgeblieben.

Die dichtbesetzte, nüchterne Kirche des benachbarten Vororts Reichelsdorf ist in schummriges Halbdunkel getaucht, begleitet von sanftem Orgelkontinuo, bläst eine Blockflöte von der Empore Weihnachtslieder auf uns herab. »Alle Jahre wieder«, »Süßer die Glocken nie klingen«, »Ihr Kinderlein kommet«. Eingezwängt zwischen Ugolino und Maura, die mit blässlichem Gesicht eine seltene Andacht zur Schau stellt, wird mir richtig feierlich ums Herz. Einen Wimpernschlag lang schiebt sich ein Paar leuchtend blauer Augen in mein Bewusstsein. Kraftvoll dränge ich es zurück. »Glück in der Liebe, *te lo sogni!* Pustekuchen!« Gleichwohl: In dieser weihevollen, heiligen Nacht scheint nichts unmöglich.

Dann werden die Lichter entzündet, durch den Mittelgang zieht der Pfarrer ein, mit zwanzig Ministranten im Gefolge. Er spricht von der frohen Botschaft für das Erdenrund, von Versöhnung und Frieden. Kerzen flackern, Tannen duften. Die Gemeinde singt »Zu Bethlehem geboren ist uns ein Kindelein«. Famiglia Maiotti ist nach Kräften dabei. Linker Hand brummen Nonno Corrado und Zio Franco irgendwas auf Italienisch, überlagert von Nonnas eigenartigem Altfrauen-Falsett, Ugolino trällert im Sopran, Mama und Zia Gina im Alt, Babbo summt verhalten. Lediglich von Maura kommt kein Mucks.

»Alles okay?« Ich stupse sie an und muss mich mit einem tonlosen Nicken zufriedengeben, ausgedehnte Unterhaltungen wären in diesem Ambiente unschicklich.

Bis zur Predigt verläuft alles normal, danach beginnt Ugolino unruhig hin und her zu rutschen. Während der Fürbitten beugt er sich zu mir.

»Anna, ich muss aufs Klo!«, flüstert er so laut, dass sich eine alte Dame im Pelzmantel zu uns umdreht.

»Beherrsch dich«, flüstere ich zurück, »es dauert nicht mehr lang.«

»Wie lange noch?« Wenn ich das wüsste! Bekanntermaßen neigen Messzeremonien an Weihnachten und Ostern zu Überlänge.

»Ungefähr zehn Minuten«, behaupte ich aufs Geratewohl und habe unrecht. Ungefähr zehn Minuten später sind wir gerade mal beim eucharistischen Hochgebet. Ugolino boxt mich in die Seite.

»Ich muss jetzt wirklich!«

»Halt es zurück!«

»Geht nicht!«

»Schschscht«, macht die Dame im Pelzmantel. Ihr Begleiter, ein runzelnübersäter Herr mit Hakennasenprofil, nickt zustimmend.

»Anna«, quengelt Ugolino, »tu doch was!«

»Was?« Ich fühle mich gestresst, hilflos, überfordert, genervt.

»Fahr mit ihm nach Hause«, schaltet sich Maura von der anderen Seite her ein, »das hier dauert noch ewig.«

»Ewig?«, jammert Ugolino beinahe in Kirchenlautstärke. Da wird mir klar, dass gehandelt werden muss (es sollen schon Leute wegen geringerer Vergehen exkommuniziert worden sein). Während die Gemeinde im *Sanctus* die Heiligkeit und Erhabenheit des Herrn lobpreist, packe ich meinen Patensohn am Arm.

»Aua.«

»Wir gehen!«

Vorbei an Mama, Babbo und vier weiteren unwilligen Mettenbesuchern, zerre ich Ugolino aus der Bank. Gott sei Dank verdecken Orgel und Gesang das Geklackere meiner hochhackigen Winterstiefel auf dem Marmorboden. Ist das peinlich!

Nun denn, ade, wunderbare heilige Nacht, leb wohl, stimmungsvolle Musik, *arrivederci* Bethlehem und Weihrauchschwaden, *ciao ciao*, Kerzenglanz.

»Das nächste Mal bleibst du daheim«, zische ich beim Starten des Wagens. »Darauf kannst du dich verlassen!«, bekräftige ich noch beim Öffnen der Haustür.

Ugolino verschwindet sofort im Laufschritt die Treppe hinauf, die Gästetoilette im Erdgeschoss ist seit zwei Tagen mindestens ebenso verstopft wie der Darm von Nonna, außerdem ist es darin im Winter erbärmlich kalt. Ich hänge meinen Mantel an die Garderobe und will mich ebenfalls nach oben zurückziehen, als ich den schmalen Lichtkegel wahrnehme, der durch einen Spalt der angelehnten Wohnzimmertür in den Flur fällt. Hat jemand vergessen, den Schalter zu betätigen? Offenbar nicht, denn ich vernehme gedämpftes Gemurmel. Wie magisch zieht es mich zur Schwelle, aber ich trete nicht ein. Warum nicht? Wegen der seltsamen Atmosphäre der letzten beiden Tage vielleicht, oder weil ich keine Lust auf Konversation habe, oder aufgrund eines verborgenen Instinkts? Ich nehme den Weg über die im Dunkeln liegende Küche, deren Verbindungstür zum Wohnzimmer – eine von Nonno zugeschnittene und mit einem Griff versehene bewegliche Spanplatte – halb offen steht. Ich stelle mich seitlich links, damit man mich nicht sieht, den Hintern an den Kühlschrank gepresst, und spähe hindurch.

Drinnen fläzt Angelo im Sessel, Arianna auf der Couch. Mehrere leere Weinflaschen und ein Cognacschwenker legen die Vermutung nahe, dass beide hinreichend beschickert sind.

»… unwürdiges Theater«, lallt Arianna gerade.

»Immerhin eins, von dem wir beide bisher ganz gut profitiert haben«, entgegnet Angelo, der einen wesentlich nüchterneren Eindruck macht als seine Ehefrau.

»Ich mag nicht mehr«, lallt die weiter, »Arianna, Angelo, Ugolino und Savia, die Vorzeigefamilie. Das ist alles so« – sie sucht nach dem richtigen Wort – *»falso.«*

»Wieso verlogen? Als Vorzeigefamilie würde uns kaum jemand bezeichnen. Jedenfalls niemand, der einigermaßen bei Verstand ist.«

Da muss ich meinem Cousin beipflichten.

»Du weißt genau, was ich meine!« Arianna greift nach ihrem Rotweinglas, setzt es aber sogleich wieder wackelig auf der Tischplatte ab, wo noch ein paar von Nonnos Tarot-Karten liegen. Gnade ihr Gott, wenn die baden gehen. Angelo holt tief Luft.

»Sag jetzt bloß nicht, ich solle an die Kinder denken«, fährt Arianna ihn an, »wir sind hier nicht bei *Un posto al sole.*«

Un posto al sole heißt in Deutschland wahlweise »Gute Zeiten, schlechte Zeiten«, »Verbotene Liebe« oder »Unter uns«, je nachdem, zu welcher Uhrzeit man welchen Sender einschaltet.

»Einen Platz an der Sonne würde ich unser Zuhause auch nicht nennen«, gibt Angelo zurück, »aber wie wär's, wenn du mal an die Kinder denkst.«

»*Stronzone*«, lallt Arianna.

»*Cara mia*, wir hatten das Thema schon so oft, es langweilt mich. Außerdem: Heute ist Weihnachten. *Salute!*« Ironisch prostet er ihr mit dem Cognacschwenker zu. Arianna packt ihr Rotweinglas, und für einen Moment befürchte ich, sie könnte es Angelo ins Gesicht schütten. Sie schüttet es jedoch in ihren Rachen.

»Scheiß auf Weihnachten.« Sie rülpst vernehmlich. »Weihnachten mit dieser Familie ist nichts als eine Riesen-Show. *Magnifico!* Gina und Franco machen einen auf dicke Hose, Dino und Silke verhalten sich weichgespült wie immer, bei der lieben Maura läuft's wohl grad nicht richtig rund oder zu sehr, wie man's nimmt, und Anna ist ja ganz süß, aber …«

Ja? Ich fände es jetzt schon sehr interessant, was ich, abgesehen von süß, »aber« bin. Überhaupt, wie kommt sie darauf, derart über *la famiglia* herzuziehen!

Für Angelo scheint Ariannas Ausbruch nichts Neues zu sein, denn er geht gähnend darüber hinweg.

»Was mich betrifft, ich bin müde. *Buona notte, fiorellino, sogni d'oro!*« Er stemmt beide Hände auf die Sessellehnen, um sich zu erheben. Mist, was mache ich jetzt? Schnell abhauen oder mich weiter in die Ecke quetschen, damit sie mich nicht bemerken? Arianna enthebt mich der Entscheidung.

»Und ich finde«, feuert sie los, »Ugolino hat endlich die Wahrheit verdient.« Angelo sinkt in den Sessel zurück.

»Nicht schon wieder!«

»Früher oder später wird er es ohnehin erfahren.«

»Nicht, wenn du es ihm nicht sagst.«

»Ich werde es ihm aber sagen.« Obwohl sie ziemlich betüttelt sein muss, wirkt Arianna jetzt beinahe nüchtern.

»Untersteh dich!«

»Und Savia auch!«

»*La piccolina?* Du spinnst wohl, sie ist erst fünf!«

»Älter wird sie von selbst.«

»Arianna!« Angelo scheint um Fassung zu ringen. »Wir haben diese Dinge so oft besprochen. Alles war gut geplant, und es funktioniert. Es ist eine gute Abmachung, für uns beide.«

»Für mich nicht mehr, ich will ein anderes Leben.«

»Wir haben es uns versprochen.«

»Dinge ändern sich, sogar bei Menschen, die sich lieben. Und wir lieben uns nicht.«

In der Sache scheint Einvernehmen zu herrschen, zumindest widerspricht Angelo nicht. Mir wird abwechselnd heiß und kalt. Bisher hielt ich die beiden für so etwas wie ein Abbild von Ornella Muti und Adriano Celentano in »Gib dem Affen Zucker«. Ständiges Kabbeln, Streiten, Herumspinnen. *Innamorato pazzo* eben, verrückt verliebt. Aber: Die Gemeinschaft der beiden: eine Vernunftehe? Warum? Und: Welcher normale Mensch würde sich aus Vernunft auf etwas derart Unvernünftiges einlassen?

»Was willst du? Was für eine Existenz schwebt dir vor?«

Das Wort »Existenz« belegt er mit einem spöttischen Unterton.

»*Non m'importa!* Egal!«

»Sehr intelligent.«

»Hauptsache leben! *Vivere*, verstehst du? Ich bin scheintot.« Ariannas Worte dröhnen in meinen Ohren. Angelo schlägt mit einem Stöhnen seinen Hinterkopf an die Sessellehne.

»Dann leb doch, niemand hindert dich daran, ich am wenigsten, solange du niemandem die Wahrheit sagst.«

Arianna schüttelt heftig den Kopf.

»Genau das will ich nicht. Ich kann das nicht mehr. Fabiola hatte mich gewarnt.«

Bisnonna Fabiola? Ich muss an das Telefonat am Morgen denken, was hatte sie da gleich über Angelo und Arianna gesagt? Dass den beiden keine Wahl blieb?

»Du und deine Fabiola. Nur weil sie selbst so eigenartig ist, ist sie noch lange kein unfehlbarer Ratgeber für dich und dein tolles Leben.«

»Was weißt du schon von meinem Leben, *pezzo di merda*.«

»Genug, *lucciola*, genug!«

Wäre es nicht so duster, würde man mich in meinem Eck erblassen sehen, man ist von den beiden manches gewohnt, aber Angelo – ein »Stück Scheiße«? Das als Antwort servierte »Glühwürmchen« erweist sich dabei als wenig freundlicher, handelt es sich doch um einen der zahllosen umgangssprachlichen Ausdrücke für Damen, die einem gewissen Gewerbe nachgehen. Die beiden da drinnen schenken sich wahrlich nichts. Wie zwei kampfbereite Hyänen sitzen sie einander gegenüber.

»Ich werde Carlo auftreiben, wenn es sein muss.«

»Carlo? Ich dachte, gerade vor dem hätte ich dich gerettet.«

»Vor seiner *famiglia* vielleicht, nicht vor ihm. Er wollte mich heiraten.«

»Dass ich nicht lache! Niemals!«

Arianna gerettet? Vor der Familie eines gewissen Carlo, ihres Ex-Ehemanns in spe? Einer *famiglia* wie der unsrigen? Oder doch nicht? Mir wird bewusst, wie wenig ich über die Frau meines Cousins weiß. Für mich war sie immer nur Arianna, Teil meines Lebens und der *famiglia*, seit ich denken kann. Angelo ist Ende zwanzig. Anders als Maura und ich wurde er noch in Italien geboren, ist aber größtenteils in Deutschland aufgewachsen. Ehe er das *Vesuvio* übernahm, arbeitete er ein Jahr lang bei Freunden seiner Eltern auf Sardinien und kehrte mit der bereits schwangeren Arianna zurück. Deren Mutter war früh gestorben, ihr Vater kam zur Hochzeit, danach besuchte er uns noch ein-, zweimal, später nicht mehr; es war ihm zu weit, zu beschwerlich, und es gefiel ihm nicht sonderlich in Deutschland. Arianna lernte in rasantem Tempo Deutsch, wurde zur Gastronomin, brachte Ugolino zur Welt, später Savia. Alles geschah Schlag auf Schlag, ansonsten eine ziemlich normale Geschichte.

»Dass ich nicht lache«, wiederholt Angelo und bricht entgegen dieser Ankündigung in hysterisches Gewieher aus. Ariannas Wangen färben sich violett, sie zieht die Stirn in Falten.

»Hör auf, du Idiot, hör auf damit.«

»Ich stelle mir nur gerade vor, wie erfreut der gute Carlo über deine Wiederkehr sein wird. Im Allgemeinen schätzen Männer es nicht besonders, wenn ihre Vergangenheit aufersteht.«

»Blödsinn, ich bin sicher, dass er Ugolino lieben würde. Und Ugolino ihn.«

»Wie du meinst.«

»Ich meine nicht, ich bin überzeugt davon. Im Gegensatz zu dir hatte sein richtiger Vater nämlich Stil!«

Ugolinos »richtiger Vater«? Soll das heißen, dass …? Ja, das heißt es wohl. Ich bin fasziniert, gebannt und durcheinander, als ein Geräusch hinter mir mich von den im Wohnzimmer ausgebreiteten Ungeheuerlichkeiten ablenkt. Ein leises, elektrisierendes Scharren. Mein Haaransatz kribbelt, ich schrecke herum und blicke in ein umschattetes Kindergesicht.

»Ugolino«, stammle ich verunsichert. »Ich hatte keine Ahnung, das alles ist …« Er reagiert nicht. Der Ausdruck in seinen vertrauten braunen Augen macht mir Angst. So stumpf, so leer. Wie lange steht er schon da, was hat er mitbekommen, was verstanden?

»Ugolino«, wiederhole ich, aber mein Patensohn hat bereits auf den Hacken kehrtgemacht und die Flucht ergriffen, treppauf, in unser Zimmer. Seine sich lautstark ankeifenden Eltern im Wohnzimmer bemerken davon nichts. Als ich Ugolino mit kurzer Verzögerung folge, hat er sich, komplett angezogen, in die Laken gewühlt. Den Kopf tief in die Daunen vergraben, signalisiert er trotzig Unansprechbarkeit. Als Zeichen seiner Missbilligung hat er neben sich auf das Kissen die eklige pinke Plastikspinne gesetzt. Igitt. Für einen Moment verweile ich an seiner Bettkante, streichle mit den Fingern über sein dichtes Haar, das paradoxerweise dem von Angelo so ähnlich ist. Er zuckt zurück, als wäre jede Zärtlichkeit eine lästige Lüge.

»Lass uns reden«, flüstere ich. Keine Reaktion. Nur die behaarten Spinnenbeine zittern. »Was immer du gehört hast, lass uns bitte reden«, flehe ich. Ugolinos Schweigen versetzt mir einen Peitschenhieb.

»Aber morgen, ja?« Die Worte verhallen in der wattigen Neutralität meines Mädchenzimmers. Draußen hat es begonnen zu schneien. Todmüde und zugleich hellwach setze ich mich auf mein eigenes Bett neben dem Fenster, während im Erdgeschoss die Geräusche der heimkehrenden *famiglia* laut werden. Ruppiges Abtreten von Schuhen, Gerumpel an der Garderobe. Zio Franco reißt einen Witz, Zia Gina quiekt, Maura poltert die Treppe hinauf und verschwindet im Bad. Wer von ihnen weiß etwas von dem, was ich soeben mitbekommen habe? Sie alle? Keiner?

Das Zimmer liegt in milchigem Halbdunkel. Gedankenverloren greife ich nach meiner Creme auf dem von einer Straßenlaterne erleuchteten Nachttisch und klatsche mir die kühle Paste ins Gesicht.

»Zu wenig und zu viel verderben Fest und Spiel«, bilanziert mein umnebeltes Hirn, als ich mich endlich niederlege und angestrengt versuche, mir einen klugen Reim auf die Sache zu machen.

»Zu viel! Zu wenig war das alles heute gewiss nicht, es war zu viel.«

Wer zu spät kommt ...

... den bestraft das Leben. Ein sprichwörtlicher Sachverhalt, über den im Verlauf des soeben angebrochenen ersten Weihnachtsfeiertags, *Natale,* noch elegisch geklagt werden wird. Und zwar von Oma Liselotte. Wäre sie Italienerin gewesen, hätte sie es anders ausgedrückt: *Chi tardi arriva male alloggia* – wer spät ankommt, erhält ein schlechtes Quartier. Was es im konkreten Fall perfekt getroffen hätte, denn wir sind bis unter das Dach belegt. Zia Gina und Zio Franco im Gästezimmer, Arianna und Angelo mit Savia in der Besucherritze auf der Schlafcouch im *salotto* von Nonna und Nonno, Ugolino bei mir. Lediglich der Hobbyraum im Keller mit dem ausrangierten Sofa ist frei. Dort ist es weder gemütlich noch bequem. – Doch langsam, *con calma.*

Beim Aufwachen quälen mich andere Sorgen. Ugolino. Was tun? Mit wem sprechen? Zuerst mit ihm oder mit Arianna und Angelo? Oder rausbekommen, was Mama weiß? Sie ins Vertrauen ziehen, falls sie nichts weiß? Wer ist dieser Carlo, und wieso musste mein Cousin Arianna vor dessen Familie retten? Weshalb haben Arianna und Angelo geheiratet? Mein Cousin, ein selbstloser, heldenhafter Glücksritter? Pah! Es muss einen anderen Grund geben.

Im Moment, da ich überlege, ob es sinnvoll wäre, Bisnonna Fabiola anzurufen, die, Ariannas Äußerungen zufolge, eingeweiht sein muss, öffnet sich die Tür einen winzigen Spalt, und Mama streckt ihre Nase herein.

»Anna«, haucht sie in den Raum, »Anna, bist du wach?«

»Jetzt schon«, hauche ich zurück, was gelogen ist, starre ich doch seit mindestens einer Dreiviertelstunde blöde auf die schummrige Silhouette meines in voller Montur schlummernden Patensohns. Dass Ugolino den Schlaf des Gerechten schläft, bleibt meiner Mutter nicht verborgen.

»Kannst du bitte aufstehen?«, haucht sie weiter.

»Es ist nicht mal halb acht.«

»Bitte!«

Lethargisch schiebe ich die Decke beiseite. Vielleicht ein Wink des Schicksals – wenn ich mit Mama allein bin, könnte ich sie immerhin ein wenig aushorchen. Meine Mutter hat jedoch ganz andere Interessen, als von mir über das skurrile Eheleben ihres Neffen ausgehorcht zu werden.

»Tut mir ehrlich leid«, platzt sie heraus, »aber um 8.25 Uhr kommen Oma Liselotte, Opa Franz und Tante Rosl am Hauptbahnhof an.«

»Das tut mir auch ehrlich leid«, stimme ich fröstelnd zu. Mein dünnes Nachtgewand bedeckt nur das Nötigste.

»Du müsstest sie abholen.« Mamas Miene schwankt zwischen Treuherzigkeit und Niedergeschlagenheit.

»Mama, ich war jetzt andauernd unterwegs, wir hatten doch ausgemacht, dass nächstes Mal jemand anders dran ist.«

»Schon richtig, aber …«

»Maura. Oder Babbo oder Zio Franco.«

»Schon richtig«, wiederholt Mama widerstrebend, »aber Maura fühlte sich gestern Abend nicht gut, sie hat sich übergeben.«

Das Gekotze meiner Schwester wird langsam legendär.

»Komisch, beim Essen wirkte sie ganz munter.« Mama überhört die Ironie.

»Dino hat bereits kurz vor sieben Uhr das Haus verlassen. Irgendeine Sache im Büro. Er will gegen elf zurück sein.«

»Am ersten Weihnachtsfeiertag?«

Mama verdreht die Augen. »Du weißt doch, wie das ist.«

Weiß ich das? Zio Franco oder sonst wen kann Mama erst gar nicht fragen, weil es ein offenes Geheimnis ist, dass besonders meine verehrte Großmutter Liselotte Pfaffenlehner den Weihnachtstag (normalerweise den zweiten) lediglich aus familiärem Zwang mit der von ihr kritisch observierten Gegenseite der Verwandtschaft verbringt, von der sie, wäre dies möglich, ihrerseits am liebsten dorthin befördert würde, wo der Pfeffer wächst. Nicht sehr freundlich, von beiden Seiten, dafür sehr konsequent.

Also ich. Mal wieder ich. Immer ich. Nach Katzenwäsche und einem kärglichen Frühstück, bei dem kein vernünftiges Gespräch zustande kommen kann, weil Mama ständig aufspringt, mache ich mich auf den Weg. Durchs hell erleuchtete Fenster der Nachbarn sehe ich Frau Schäberle in der Küche hantieren. Sie trägt einen Morgenmantel, dazu bunte Lockenwickler im Haar. Herr Schäberle ist unsichtbar. Wie die beiden wohl Heiligabend verbracht haben? Frau Schäberle, die ihrem Ehegatten einen Schlips von unmöglicher Farbgebung offeriert? »Da werdet dich de Kolläääge beneide!« Herr Schäberle, der mit dem Super-günstig-Putzset aufwartet, bestehend aus zwei Eimern, drei Bürsten, dem Ultra-Glanz-Klarlack sowie dem Wildschweinborsten-Naturbesen? »Da hasch. Jetzt kanscht no bessa buzza!«

Der Phantasie sind keine Grenzen gesetzt, außer die meiner Schwäbischkenntnisse.

Der Nachtfrost hat meinem Fiat vereiste Scheiben beschert; ich muss kratzen. Ein bisschen Abkühlung kann nicht schaden, ehe Oma Liselotte, Opa Franz und Tante Rosl über mich hereinbrechen. Oma Liselotte gehört zu den wenigen Personen im Umfeld von dreihundert Kilometern, die sich bestens mit Frau Schäberle verstehen müssten. Denn sie ist erstens weinerlich, zweitens allwissend, drittens putzfimmelig und − erstens bis drittens gleichsam subsumierend − rundherum humorlos. Opa Franz erträgt sein Eheweib mit der rührenden Opferbereitschaft des urbayerischen Gleichmuts. Solange er regelmäßig im Stammlokal seine Spezis auf Schweinshaxn mit Sauerkraut und Weizenbier treffen kann, verhält er sich ruhig. Er und Nonno Corrado schweigen gern in trauter Eintracht, was auch etwas für sich hat. Tante Rosl drückt sich meist farblos in eine Ecke, aus der heraus sie das familiäre Geschehen mit spärlichen Kommentaren bedenkt.

Beinahe erwartungsgemäß entwickelt sich die Abholaktion zu einer Art Albtraum. Es beginnt damit, dass ich keine Parklücke finde und es mit einem Hotelparkplatz versuche, von dem ich durch einen albern bekappten Pagen vertrieben werde, um nach zwei Umrundungen des Häuserblocks wieder auf demselben Parkplatz zu landen, von dem mich der albern bekappte Page nun nicht mehr vertreiben kann, da er offenbar anderes zu tun hat. Selbst zu dieser frühen Uhrzeit ist das Bahnhofsgebäude unsagbar überfüllt. Ein Gewimmel und Gewusel, dass einem schwindelig wird. Die überdimensionale Anzeigentafel, zu der ich mich im Zickzackkurs vorarbeite, sagt über den Regionalexpress aus Regensburg: Ankunft auf Gleis 5. Wieder Zickzackkampf, diesmal in Richtung Gleis 5, die Treppe nach oben – man, ist das anstrengend –, wo irritierenderweise nicht der Regionalexpress *aus* Regensburg, sondern der Intercity-Express *nach* Wien bereitsteht.

»Entschuldigen Sie bitte, wo ist der Zug aus Regensburg?«, frage ich einen Uniformierten.

»Entschuldigen Sie bitte, wie soll ich das wissen, ich bin kein Bahnbeamter, sondern Polizist.«

Die Polizei, dein Freund und Helfer.

Treppab zum Informationsschalter, wo vor mir geschätzte hundert Personen warten.

»Wo, bitte, kommt der Zug aus Regensburg an?«

»Welcher?«

»Der von Gleis 5.«

»Nein. Welche Uhrzeit?«

»8.25 Uhr.«

»Wurde umgeleitet auf Gleis 12.«

Hätte es nicht Gleis 1 sein können, ausnahmsweise? Nein. Auf Gleis 12 herrscht gähnende Leere. Kein Zug, keine Passagiere, nichts. Sogar die Digitalanzeige ist abgeschaltet.

Selbstverständlich, zumindest das haben sie mit Nonna Elsa gemeinsam, verfügen Oma Liselotte und Opa Franz nicht über ein Handy. Deswegen wähle ich die Nummer von zu Hause.

»Ähaäheaäh.«

»Wer ist da? Maura?«

»Hm.«

»Wo ist Mama?«

»Im Bad, glaube ich. Mir ist übel.«

»Ganz was Neues. Holst du sie?«

»Mmh.« Pause. Na, dann viel Erfolg beim Kotzen. Wäre ich Maura, würde ich mir über das Ausmaß meiner Magenprobleme mittlerweile Gedanken machen. Den schlechten Zustand ihres Verdauungstrakts muss sie von unserer Großmutter geerbt haben, deren Schüsselorgien einer der Gründe für die nicht funktionierende Gästetoilette im Erdgeschoss sein dürften. Stuhlgang oder nicht, Nonna benutzt grundsätzlich massenweise Papier und vergisst danach, zu spülen.

Der leere Bahnsteig macht mich nervös. Wo zum Teufel sind Oma und Opa?

»Kann Mama nicht finden. Worum geht's denn?«

»Darum, dass *ich* Oma Liselotte und Opa Franz nicht fin--.«

»Kind, wo bleibst du bloß?« Vom entgegengesetzten Ende des Bahnsteigs rollt eine über und über tütenbepackte Kampfkugel mit den Gesichtszügen meiner Großmutter auf mich zu. »Wir warten seit einer Viertelstunde.« Tatsächlich zeigt die Bahnhofsuhr dreiviertel neun, ich bin zu spät.

»Hat sich erledigt, Maura«, flöte ich ins Telefon und beende das Gespräch. Soll meine Schwester in Ruhe ihrem neuen Hobby frönen. Im Hintergrund humpelt Opa Franz heran, in jeder Hand ein riesiges, aus grauer Trolley-Vorzeit stammendes Kofferfossil.

»Wie lange wollt ihr denn bleiben?«, erkundige ich mich staunend.

»Keine sehr freundliche Begrüßung«, kontert Oma Liselotte spitz, »aber was will man erwarten von der Tochter eines – Italieners.«

»Ich bin die Tochter eines Italieners und einer Deutschen. Die zufällig deine Tochter ist«, erkläre ich liebenswürdig. Opa Franz hat es geschafft und ist bei uns angekommen, der Arme schnauft wie ein Walross.

»Kann man dir helfen?«, frage ich mitfühlend.

»Besser nicht, du hebst dir einen Bruch«, antwortet Oma an seiner Stelle. Dass ihr Ehemann sich einen Bruch heben könnte, scheint von untergeordneter Bedeutung.

Wortlos ergreife ich einen der Koffer.

»Hattet ihr einen schönen Heiligabend?«, informiert sich Oma Liselotte, während wir uns und die Gepäckberge zum Auto schleppen.

»Ja klar, war nett, sind alle schon da«, erwidere ich in munterem Plauderton.

»Wer, alle?«, fragt Oma Liselotte gedehnt. Man muss mir anmerken, dass etwas im Busch ist.

»Na, alle eben. Mama, Babbo, Maura …«

»Und?«

»Ariannangelosaviaugolinoziaginaziofranco«, schieße ich raus, um es flugs hinter mich zu bringen.

»Ach!«, macht Oma Liselotte pikiert. »Wie das?«

»Einfach so.« Am Wagen erwartet mich gottlob kein Strafzettel. »Hattet ihr eine gute Fahrt?«, wechsle ich das Thema. »Geht's, Opa?«

»Mmmmh«, brummelt der vor sich hin. Oma Liselotte hüllt sich in Schweigen. Ich habe also allen Grund zu der Annahme, dass die Fahrt zwar in Ordnung, meine Bemerkung von soeben indes nicht willkommen war. Erst jetzt fällt mir etwas Entscheidendes auf: »Wo ist eigentlich Tante Rosl?«

»Daheim«, antwortet Oma Liselotte knapp.

»Ach«, gebe ich mich ehrlich betroffen, »wird sie sich da nicht einsam fühlen?« Es ist bekannt, dass Tante Rosl zwar eine eigene Wohnung hat, die meiste Zeit jedoch in einer Art Schicksalsgemeinschaft mit meinen Großeltern verbringt.

»De Rosl bracht uns nimma, de hod oan neien Lova«, tut Opa Franz in keuchendem Bayerisch kund. »Zeit woar's! Werd a ned jünga, 's Madl.«

»'s Madl« ist eine übergewichtige Person von knapp 50 Jahren.

»Echt? Tante Rosl hat einen Freund?«

Schwer vorstellbar, in der Tat. Die schüchterne Tante Rosl mit ihrem permanent glänzenden Gesicht, dem Doppelkinn und der missglückten Wasserwelle.

»Do legst di nieda, hä?«, röhrt Opa Franz ganz folgerichtig. Oma Liselotte glotzt blasiert.

»Sprich Hochdeutsch, Franz«, stichelt sie, »wir sind nicht bei den Hottentotten.«

»Hochdeutsch« – das ist für meine Großmutter mütterlicherseits der Inbegriff von Bildung, Kultiviertheit, Stil, das Gegenteil von Rüpelhaftigkeit, Trottelei und Proletentum, kurz gesagt das Gegenteil von all dem, was in ihren Augen der italienische Teil der Verwandtschaft verkörpert.

Dementsprechend niedrig temperiert gestaltet sich daheim die allseitige Begrüßung. Im Wohnzimmer befinden sich Mama, Nonno Corrado und Zio Franco, außerdem Angelo und Savia. Zia Gina hantiert in der Küche, aus der sie Mama vertrieben hat. Nonna Elsa scheint noch in den Federn zu liegen, Maura, Arianna und Ugolino glänzen ebenfalls durch Abwesenheit.

»Guten Morgen, da ist der Striezel!« Oma Liselotte nickt huldvoll in die Runde, wirft eine dick geschwollene Plastiktüte in Mamas Arm und ergänzt, um unnötigen Fragen vorzubeugen: »Die Rosl ist daheimgeblieben.« Keiner bohrt nach.

»Gibt es jetzt Geschenke?«, erkundigt sich Savia hoffnungsvoll.

»Jetzt noch nicht, später«, vertröstet Mama.

»*Ciao, amici*, wie wunderbar, dass ihr seid da«, freut sich Zio Franco etwas unecht, mit herunterhängenden Armen.

»Servus«, brummt Opa Franz.

»*Salve*«, grunzt Angelo, der gerade seiner Tochter dabei behilflich ist, die Haare ihrer Lieblingsbarbie zu entwirren, »*come va?*«

»Was sagt er?«, fragt Oma Liselotte. »Mit uns muss man schon Deutsch sprechen.«

»Hochdeutsch«, ergänze ich bissig.

»Mia geht es supa«, springt Opa Franz in die Bresche, »und de Lisl a, glaub i.«

»Das würde ich doch noch ganz gerne selbst entscheiden, ob es mir gutgeht oder nicht«, erklärt Oma Liselotte säuerlich.

»Mutter, bitte«, sagt Mama beschwörend. Vergeblich. Oma Liselotte kommt soeben in Fahrt.

»Am besten, wir bringen zunächst die Koffer nach oben«, kommandiert sie im Feldwebelton. »Silke?«

»Betreten« wäre ein völlig verfehlter Begriff für Mamas Gesichtsausdruck, »leidend« trifft es gleichfalls nur ungenügend, »niedergeschlagen«, »verzweifelt« vielleicht schon eher.

»Das geht nicht«, piepst sie verhuscht, »leider.«

»Was soll das heißen?«

»Nicht nach oben«, schaltet sich Zio Franco zuvorkommend ein, »*giù*. Wir müssen eure Koffer bringen nach unten! *Di sopra siamo noi.*«

Diesmal versteht Oma Liselotte sofort.

»Ah, so. Dann werdet ihr umziehen müssen«, präsentiert sie in Windeseile die einzig mögliche Lösung.

Mit betrübter Miene heuchelt Zio Franco unermessliches Bedauern.

»*Ma cara Lisalotta*. Du musst einsehen, dass das wäre unpraktisch, wo wir sind schon einmal dort oben. Ist *comodo* da, nicht? Und sowieso für nicht lange.«

Zia Gina, die dem Dialog bisher stumm aus dem Off gelauscht hat, tritt in den Raum.

»Umziehen? Nix da. Wir waren zuerst da. *Chi tardi arriva male alloggia.*«

»Soll ich also bringen die Koffer in die *cantina*?«, erbietet sich Zio Franco.

»In was für eine Kantine denn?«, fragt Oma Liselotte.

»Er meint den Keller«, erläutere ich vorsichtig.

Mama reibt sich müde die Augen. Oma Liselotte explodiert.

»Den Keller? Wir sollen im Keller schlafen?« Und sich ihrerseits vom Hochdeutsch verabschiedend: »Ihr seids wohl ned gscheid!«

»Wieso«, wundert sich Zia Gina nicht ganz zu Unrecht, »wir übernachten dort seit Jahren.«

»Das ist etwas anderes.«

»Ich wüsste nicht, warum.«

»Wir sind nicht mehr so jung wie ihr, wir sind gebrechlich. Kein Respekt vor dem Alter, diese Italiener.«

»Mir kommen die Tränen.« Tatsächlich hat man selten rüstigere Rentner erlebt als Oma Liselotte und Opa Franz.

»Drodzem, des war unsa Zimma«, zetert Oma Liselotte weiterhin dialektalisch, »scho imma. Ned, Franz?«

»Ah, scho, aba ...« Opa Franz fühlt sich sichtlich unwohl in seiner Haut. Die Szene hat etwas Groteskes. Oma Liselotte und Zia Gina stehen einander gegenüber wie Torero und Stier in der Arena, dazwischen Zio Franco, etwas abseits Opa Franz. Wir anderen erfüllen die Rolle peinlich berührter Statisten. Wo mag Ugolino sein? Ich bin zunehmend besorgt, komme jedoch gar nicht dazu, etwas Sinnvolles zu tun, zum Beispiel mit Mama zu sprechen. Die ist vollkommen ausgelastet mit der Deeskalation der Familiensituation.

»Mutter, könnten wir das alles vielleicht später klären?«, bemüht sie sich erneut. »Es wird sich eine Lösung finden.«

Oma Liselotte überlegt kurz, atmet zweimal tief durch.

»In Ordnung, regeln wir das später. Aber damit du es gleich weißt: In den Keller geh ich nicht. Jetzt muss die Gans in den Ofen, sonst wird's zu spät. Franz, die Gans bitte!«

»De Gans? I hobs ned.«

»Ich glaube, ich verstehe nicht?!«

»Er will sagen, er nicht hat den Vogel«, vermittelt der unermüdliche Zio Franco.

»Du Depp, glaubst du, ich habe das nicht verstanden?«

»*Sì*, das du hast gerade gesagt: ›Ich verstehe nicht.‹« Zwei Atemzüge haben nicht ausgereicht, um Oma Liselotte tiefenzuentspannen. Sie rennt in den Flur, wo sie ihre Tüten abgestellt hat, wühlt geräuschvoll darin herum, kehrt ergebnislos zurück, heizt dem verwirrten Opa Franz und uns allen weiter ein.

»Anna, du hast uns abgeholt! Wo ist sie?«

»Oma, falls du dich erinnerst, haben wir uns beinahe verpasst. Die Gans war das Letzte, worauf ich geachtet hätte.«

»Klar, ein bisschen Mitdenken ist halt zu viel verlangt.«

Der Anklageton ruft Mamas Beschützerinstinkt auf den Plan:

»Mutter, tu mir den Gefallen und lass das Kind in Ruhe.« »Das Kind« bin diesmal ich.

»Lasse Anna«, pflichtet Zio Franco bei, »ich das finde ebenso ungerecht.«

»Himmelschreiend«, echot seine Ehefrau, stets zur Stelle, wenn es darum geht, ein bisschen Unfrieden zu stiften. Die

Bombe zünden tut allerdings Opa Franz mit den drei nachlässigen Worten: »A bissl scho.«

Zu viel für Oma Liselotte, die ohne Vorwarnung zu heulen beginnt wie eine Schiffssirene. Nonno Corrado hält sich auf der Couch die Ohren zu.

Just in dem Sekundenbruchteil, da unklar ist, ob Oma Liselotte zuerst Zio Franco meucheln, Zia Gina lynchen oder Opa Franz erdrosseln wird, erklingt vom Windfang her das Schnappen der Haustür. Babbos Talent für den richtigen Augenblick ist spektakulär.

»Das Pudding-Orakel hat recht gehabt«, tönt es freudig beschwingt durch den Flur, »sieht nach einem Sonderauftrag aus, Kanalsanierung im großen Stil.« Die Stimme kommt näher. »Sie haben da noch getagt, kurz vor Weihnachten, und die Entscheidung fiel zu unseren Gunsten … Was ist denn hier passiert?«

»Die Weihnachtsgans ist verschwunden«, verkündet Mama mit Grabesstimme.

»Es war eine extra große. Sechs Kilo«, schnieft Oma Liselotte. »Damit alle satt werden.«

»Du verkennst Mauras Appetit«, knurre ich.

»Acht Portionen. Ich konnte ja nicht wissen, dass wir so viele sein würden.«

»Ich kann Gans nicht ausstehen«, zischt Zia Gina.

»Nicht schlimm, du hörst, es nicht hätte gereicht für alle.« Zio Francos tollpatschige Schlichtungsversuche erweisen sich als effektvoll, aber wenig effektiv.

»Kreizsacklzement, ich will die Gans. Sofort.«

»I a«, vermeldet Opa Franz, »i hob an Sauhunga.«

»*Francesco, vieni qui*«, winkt Nonno Corrado, »wir trinken einen *amaro*, und anschließend legen wir dir die Karten. Das lenkt ab.«

»Is guat.«

Nach langwierigen Konfusionen, Diskussionen, Rekonstruktionen stellt sich heraus: Die pfaffenlehner'sche beziehungsweise maiottische Weihnachtsgans ruht gut verpackt und ungebraten im Gepäcknetz von RE 4250 aus Regensburg, wo sie – dieser Punkt wurde nicht abschließend geklärt – entweder von Oma Liselotte oder von Opa Franz zurückgelassen wurde. Und nun?

Babbo verständigt das Fundbüro am Hauptbahnhof, wo sie angesichts der zur Untermalung keifenden Oma Liselotte garantiert glauben, es mit einem Irrenhaus zu tun zu haben. Wir können also froh sein, wenn nicht in der nächsten halben Stunde Polizisten mit Zwangsjacken aufmarschieren. Meine Oma zischt durch die Gegend wie eine Kreuzung aus Giftnatter, Hobbit und Rumpelstilzchen. Eine Riesenshow! Die Weihnachtsgans freilich bringt sie nicht herbei.

»Ich könnte Massimo anrufen«, schlage ich vor.

»Nimmst du endlich Vernunft an?«, freut sich Nonna, die irgendwann zwischen unterkühlter Begrüßung und Gans-Desaster die Bühne betreten hat.

»Massimo? Den Sohn von Gianni?«, wundert sich Babbo. »Ich dachte, die haben so einen Italienladen.«

»Stimmt, aber die sind akklimatisiert, die besorgen alles. Karpfen, Weihnachtsgänse, Panettone, komplett egal.«

»Brillante Idee, Anna«, meint Angelo, »ich erledige das!« Er zückt sein *cellulare* und verschwindet damit nach draußen, wo man ihn sogleich eifrig verhandeln hört.

»Was immer er da organisiert«, jammert Oma Liselotte, »es wird nicht dasselbe sein.«

»Schluss jetzt, Mutter«, mahnt Mama, »sei froh, dass er sich kümmert.«

»Nimm a an *amaro*, des entspannt«, rät Opa Franz.

»Ich glaube, ich werde Lotto spielen«, murmelt Nonno Corrado, »oder ich besorge ein Superlos. Bei Dino hat das mit dem *budino* immerhin gestimmt.«

»Bei mir nicht«, grummle ich in mich hinein.

So nimmt alles seinen fast normalen Gang.

Nonna und Oma Liselotte blasen zum Küchenkampf, um prophylaktisch das im Gegensatz zur Gans anwesende Blaukraut zu häckseln und Kartoffeln für die rohen Klöße zu reiben. Parallel dazu peppen sie die Reste des *insalata di rinforzo* von Arianna mit neuen Zutaten (Rosenkohl, Auberginen, Silberzwiebeln) auf. Die dabei ausgetragenen Meinungsverschiedenheiten entsprechen derart dem Normalzustand, dass kaum jemand Notiz davon nimmt.

Mama sinkt erschöpft in den Sessel, Babbo betrachtet versonnen den Weihnachtsbaum, Savia hat ihre nunmehr mit einem Bikini bekleidete Barbie zu Maria, Joseph und Jesuskind in die Krippe gesetzt. Und in meiner Hosentasche startet der Vibrationsalarm.

La speranza è ...

... *l'ultima a morire*, sage ich mir, als eine vertraute Nummer auf dem Display des Handys erscheint. Die Hoffnung stirbt zuletzt.

Es könnte immerhin sein, dass er sich verwählt hat, dass er irgendetwas sucht oder mich nur rasch etwas Dringendes fragen möchte. In der Vergangenheit kam das schon vor, wenn er spontan die Idee hatte, sich der Buchhaltung zu widmen oder die Praxis aufzuräumen. Der Anrufer ist nämlich niemand anders als mein Chef Dottore Vincenzi.

»Anna? Anna! Ich brauche Sie. Sofort.« Da sinkt sie dahin, meine Hoffnung auf arbeitsfreie Weihnachtstage. Dottore Vincenzi scheint meinen Unmut zu spüren, denn er beginnt eine Überzeugungsarie.

»Ich wäre Ihnen sehr dankbar, bezahle Ihnen das extra, es wird nicht lange dauern, versprochen.«

»Aber die Praxis ist doch geschlossen«, höre ich mich murren.

»Der Sohn eines Freundes hat über Weihnachten Zahnschmerzen bekommen, man hat mich gebeten, Sie wissen ja, wie das ist.«

Zum zweiten Mal an diesem Morgen »weiß ich ja, wie das ist«. Kann dieser blöde Sohn des debilen Bekannten nicht wie jeder andere Mensch an einem Werktag Zahnschmerzen kriegen oder sich wenigstens zum Notdienst begeben? Zu solchem Zweck hat man in Deutschland ein ganz hervorragend funktionierendes Gesundheitssystem eingerichtet.

»Der Patient ist in einer Viertelstunde hier«, fährt Dottore

Vincenzi fort, »es wäre wunderbar, wenn Sie es ebenfalls einrichten könnten.«

Etwas Gutes freilich hat die Sache. Um das Gezanke von Oma Liselotte und Nonna Elsa zu ertragen, benötigt man Nerven wie Drahtseile, meine sind derzeit Bindfäden. Noch etwas fester gezurrt und – schwupps – ab.

»Was ist jetzt mit den Geschenken«, quengelt Savia.

»Später, bald, frag Tante Silke. Sorry, Mama, ich muss noch mal weg. Mein Chef, jemand hat Zahnschmerzen. Zum Essen bin ich zurück.« Mamas steifes Nicken kitzelt mein Gewissen. »Du kommst hier ohne mich klar, oder?« Eine sinnlose Frage; wenn sie jetzt verneinte, könnte ich es dennoch nicht ändern.

»Wo ist eigentlich Ugolino?«, erkundige ich mich rasch. Mama reagiert mit einer unspezifischen Geste. »Er wird mit Arianna unterwegs sein, die wollte sich die Beine vertreten.«

Nach dem Alkohol und der gestrigen Auseinandersetzung kein Wunder.

»Ah, okay, dann mache ich mich auf den Weg.« Etwas in mir widerstrebt, als hätte jemand in meinem Inneren einen Schalter umgelegt, aber ich zwinge mich vorwärts. Die gepflasterte Straße liegt verlassen da, zierliche Flocken rieseln herab. Der Wegabschnitt der Schäberles ist wie üblich picobello gekehrt, das Licht in ihrer Küche inzwischen erloschen. Ob die Nachbarn Familie haben, eine Tochter vielleicht, einen Sohn, Enkelkinder? Soweit ich beurteilen kann, bekommen sie selten Besuch, das muss indes nichts heißen, ich achte nicht besonders darauf. Meist bin ich froh, ihnen nicht zu begegnen. Diese überkorrekten Miesepeter, die eher ihre Mutter verkaufen als die heilige Bürgerpflicht des Schneeräumens vernachlässigen würden! Allerdings bin ich mir nicht ganz sicher, ob meine eigene Mutter die ihre an diesem Tag nicht sogar mit Handkuss verschenken würde. Oma Liselotte nämlich wird den Schicksalsschlag mit der Weihnachtsgans und fast noch mehr den Umstand, dass Zia Gina und Zio Franco sich »ihr« Zimmer unter den Nagel gerissen haben, nicht ohne weiteres verkraften können. Das Dauergezeter ist vorprogrammiert.

Dottore Vincenzi begrüßt mich mit einem beinahe zärtlich dahingesäuselten »*Che gelida manina*«! Und er hat recht damit, meine Händchen sind tatsächlich eiskalt.

»*Che tempaccio!* Sauwetter!« Zur Bekräftigung schüttle ich im Vorübergehen all meine Schneekugeln und lasse darin die Flocken wirbeln. Schiefer Turm von Pisa, Kolosseum und Vesuv versinken im Schneegestöber.

Dottore Vincenzi grinst: »So gefallen Sie mir schon besser. Kommen Sie. Der Patient wartet in *Sorrento*.«

»Sorrent« ist unser kleinstes Behandlungszimmer am Ende des Ganges neben dem Büro von Dottore Vincenzi. Angespornt durch ein sehnsuchtsvoll gepfiffenes »*Torna a Surriento*« meines Chefs, den Atem einer lauen Sommernacht, den Duft von Zitronenbäumchen im Nacken, trete ich beschwingt ein.

»*Buon giorno!*«, schmettere ich, in Erwartung einer geplagt dreinblickenden mediterranen Miene, in Erwartung des angekündigten »Sohns eines Freundes« eben. Was oder, besser, wen ich zu Gesicht bekomme, verschlägt mir den Atem der lauen Sommernacht und darüber hinaus den eigenen.

Auf dem Behandlungsstuhl ruhen über einer dicken Backe zwei kleinlaute, glasig blaugrau gesprenkelte Äuglein unter kurz geschnittener Fönfrisur. Mein Magen tut einen Satz und benimmt sich, als wäre unversehens eine meiner Schneekugeln darin verschwunden. Alles darin wirbelt im Kreis.

»Darf ich vorstellen?«, fragt mein Chef mit jovialem Gestus. »Peter Wagner, der Sohn meines ehemaligen Nachbarn.«

Dottore Vincenzi also ist der sagenhafte italienische Nachbar, bei dem mein Christkindlessensanitäter als Kind alles durfte. Oder besser: der von Julie.

»Anna«, haucht es mir entgegen.

»Ach, ihr kennt euch? Umso besser. Offen gestanden war Signorina Maiotti mir ein wenig gram wegen des gestörten Feiertags.«

»'tschuldigung«, murmelt es zerknirscht, »das wollte ich nicht.« Meine Empfindungen schwanken äußerst instabil zwischen Verärgerung, Schadenfreude, Unsicherheit und Mitleid. Dottore Vincenzi demonstriert größte Seelenruhe.

»Zähne kennen eben keine Feiertage«, erklärt er seinem Notfall verständnisvoll, »aber du kannst dich revanchieren, Signorina Maiotti liebt Cappuccino.«

»Und alkoholhaltige Süßgetränke«, ergänzt Peter mit schiefem Grinsen.

Okay, das Mitleid ist gestrichen. Auch eine Lokalanästhesie wird heute leider nicht möglich sein.

»Alkoholhaltige Süßgetränke, so, so«, wundert sich mein Chef, »man lernt nie aus. Jetzt bitte den Mund weit öffnen, wo tut es weh?«

Mit aufgesperrtem Rachen stellt Peter zwei perfekte Zahnreihen zur Schau, auf deren blitzblanken Zustand selbst Frau Schäberle stolz wäre. Er deutet auf einen Kandidaten im Oberkiefer – Nr. 27 nach dem FDI-Schema, der große Backenzahn im oberen linken Quadranten.

Bisher habe ich wenig darüber nachgedacht, ob ein Gebiss sexy sein kann. Das heißt nein: Ich war mir durchaus darüber im Klaren, dass absolut unerotische Gebisse existieren. Zum Beispiel die künstlichen Beißer von Nonna und Nonno, die sich daheim an den unmöglichsten Orten (in der Obstschale, auf dem Telefontischchen, unter dem Sofa) wiederfinden und bei Bedarf schon mal während des Essens neben dem Teller abgelegt werden. Peters einwandfreie Zähne versetzen mir einen subtilen Stich, ich hätte Julie einen Freund mit fauligen Stumpen gewünscht.

Um am fraglichen Zahn eine Vitalitätsprüfung durchzuführen, bringt Dottore Vincenzi ein fieses Kältespray zum Einsatz. Peter brüllt.

»*Benissimo*«, frohlockt mein Chef, »der Nerv ist in Ordnung.«

»Wie schön«, nuschelt der Patient.

Dann wird gespiegelt, geklopft, geröntgt. Am Ende ist das Übel identifiziert: eine angeknackste Kunststofffüllung.

Entgegen meinen missgünstigen Phantasien zückt Dottore Vincenzi das Anästhesiemittel.

»Einen Moment«, fordert Peter hektisch, »was ist das?«

»Nach was sieht es aus? Eine Betäubungsspritze.«

»O Gott!«

»Also ohne?« Mein Chef scheint keinen menschenfreundlichen Tag zu haben. Auf dem Behandlungsstuhl wird die Hektik zur Panik.

»Nein! Das halte ich nicht aus.«

Was für eine Memme!

»Ich fürchte, ich könnte allergisch reagieren.«

»Mmh.« Dottore Vincenzi wendet sich an mich.

»Würden Sie bitte aus meinem Büro die alte Akte von Herrn Wagner bringen, falls nötig, habe ich darin bestimmt etwas vermerkt. Tja, Peter, früher warst du öfter hier!«

»Früher habe ich mich noch getraut.«

»Jetzt nicht mehr?«

»Nein, seit einer Operation an den Weisheitszähnen bin ich schwer traumatisiert.«

»Da kann man dem Kollegen wohl gratulieren«, seufzt mein Chef.

»Ich habe ziemlich Schiss, ehrlich.«

Hervorragende Voraussetzungen für ein Medizinstudium, denke ich, während ich mich nach nebenan ins Allerheiligste begebe. Von uns Angestellten wird es nur selten betreten, die normalerweise benötigten Unterlagen verwahren wir in der Stahlregistratur direkt bei der Anmeldung.

»Kann sein, dass Sie ein bisschen suchen müssen«, ruft Dottore Vincenzi mir nach, »die Akten mit ›W‹ stehen im Regal am Fenster, ganz oben hinten. Am besten, Sie steigen auf den Schreibtisch.«

Eine feiertägliche Klettertour auf den Privatmöbeln meines Chefs, prima!

Dessen Büro wirkt, als hätte Maura darin gehaust – der Papierkorb randvoll, halb geöffnete Schubladen, jede verfügbare Fläche übersät mit Zeitschriften, Aktenordnern, Unterlagen, nicht das geringste freie Fleckchen. Ich versuche mich zu orientieren: Der imposante Schreibtisch am Fenster ist linksseitig in eine hohe Regalwand integriert. In deren Fächern Akten über Akten. Und tatsächlich, ganz oben die Buchstaben U –V –W.

Um dem Rat meines Chefs Folge leisten und auf die Tischplatte steigen zu können, muss ich zuvor das Chaos darauf lichten. Aus verschiedenen geöffneten Aktenordnern blitzen mir Zahlenkolonnen entgegen. Offenbar hat sich Dottore Vincenzi vor unserem Notfall buchhalterischen Fragen gewidmet. Pragmatisch greife ich nach einem am linken Rand des Tischs platzierten Ordner, will ihn schon beiseitelegen, als etwas in dem Buchstaben-Zahlen-Gewirr meine Aufmerksamkeit erregt. Ich schwöre, ich hätte nicht näher hingesehen, wäre da nicht diese spezielle Buchstabenfolge gewesen, auf die mein Gehirn mehr instinktiv als bewusst reagiert: Arianna Santaniello. Die Abrechnung einer Behandlung? Arianna ist Patientin bei uns, allerdings erinnere ich mich nicht, dass sie im letzten Jahr hier war. Zwar hatte sie mehrfach bekräftigt, ganz bestimmt bald zur Kontrolle kommen zu wollen. Wahr gemacht hat sie es nie, zu groß war der Andrang im *Vesuvio*. Und dennoch findet sich ihr Name in diesen Unterlagen.

»Vergiss es, es geht dich nichts an«, befehle ich mir, »schau weg!« Und tue prompt das Gegenteil. Wie gebannt starre ich auf das Blatt Papier. »Dauerauftrag«, steht da, darunter in Großbuchstaben »ARIANNA SANTANIELLO«. Die Summe beläuft sich auf glatte 470,00 Euro und wird offensichtlich monatlich überwiesen. Einen erläuternden Verwendungszweck gibt es nicht, lediglich eine achtstellige Ziffer, die etwas in mir vage anrührt, was ich jedoch nicht einzuordnen vermag: 20052010. Unter sportlichen Verrenkungen versuche ich einen Blick auf den Rücken des Ordners zu erhaschen. Ein Klebeetikett kennzeichnet ihn als Aufbewahrungsort der privaten Kontoauszüge meines Chefs. Warum in aller Welt überweist Dottore Vincenzi Arianna regelmäßig Geld? Eine Bestellung von *pasta, pizza & co.* beim *Vesuvio*? Monatlich und für diese Summe? Kaum. Außerdem wäre der Adressat dann wahrscheinlich Angelo gewesen.

Obgleich eine Sünde und garantiert abmahnungsreif, beginne ich zu blättern. Exakt ein Monat vorher dasselbe, davor ebenfalls, wie vermutet. Zwischen den Zahlungen an Arianna tauchen verschiedene andere Posten auf. Zahlungen an Banken, Bestellungen bei Amazon sowie der durch eine beigefügte Quittung belegte Kauf einer Hollywood-Schaukel Modell »Cindy«. Außerdem muss Dottore Vincenzi im September vor einem Jahr krank gewesen sein, denn direkt über der Buchung an Arianna taucht eine als »Rechnungsnummer 2083765; Vasektomie« spezifizierte Zahlung von 780,73 Euro an eine Münchner Privatklinik auf. Den Fachterminus kenne ich irgendwoher, vielleicht ist er mir im Rahmen meiner Ausbildung untergekommen, seine genaue Bedeutung habe ich vergessen. Etwas Schlimmes kann es nicht gewesen sein, denn in jenem September wurde das Computersystem der Praxis umgestellt und ein neues Röntgengerät angeschafft. Dottore Vincenzi war damals putzmunter.

Fast gewaltsam muss ich mich losreißen und den Ordner

samt seinem spannenden Inhalt beiseiteschieben. Über den Schreibtischstuhl erklimme ich den Tisch und setze meine Füße vorsichtig auf das kleine frei gewordene Rechteck. Mich nach oben streckend, finde ich glücklicherweise relativ rasch die Akte mit Peters Unterlagen und fische sie aus dem Regal.

»Da sind Sie ja! *Grazie*.« Dottore Vincenzi, der sich mit dem Patienten unterhalten hat, zeigt keinerlei Verwunderung bezüglich der Dauer meiner Abwesenheit. Möglicherweise war diese kürzer als gedacht. Er und Arianna, ausgerechnet! Was sollte die beiden verbinden? Ich habe sie nie besonders vertraut, andererseits auch nicht besonders distanziert erlebt. Arzt und Patientin, Mitglieder einer weitläufigen italienischen *famiglia* bestenfalls, die sich im Ausland verbunden fühlt.

Mein Chef vertieft sich in die Akte.

»Procain, Mepivacain, Lidocain«, murmelt er vor sich hin, »mmh, ja, so, das sollte klappen.« Er zieht eine Spritze auf.

»Aua«, höre ich den Patienten jammern.

»Er hat doch noch gar nichts gemacht.«

»Trotzdem.«

Beachtlich. Und ein bisschen albern. Im Palmy Beach hat dieser Ausbund von Wehleidigkeit Ugolino verarztet, ohne mit der Wimper zu zucken.

»Die ängstlichsten Patienten sind später die tapfersten Ärzte«, kommentiert Dottore Vincenzi schmunzelnd, »nicht wahr, Peter?«

»Mmmmh.«

»Geschafft. Jetzt lassen wir das Mittel wirken.« Peter nickt resigniert und gibt ein Kauderwelsch von sich, aus dem ich etwas wie »lange genug« herauszuhören meine.

»Gewiss«, beruhigt Dottore Vincenzi, »wir warten, bis wir schwarz sind. *No, scherzavo*, fünf Minuten, und du spürst nichts mehr.«

»Sicher?«

»Sicher.«

Hoffentlich kommt mein Chef nicht auf die Idee, sich zurückzuziehen und mich mit dem Patienten allein zu lassen,
bis dessen Backe betäubt ist. Nach der Story im Palmy Beach,
allein mit Julies Freund, wie unangenehm! Gott sei Dank tut
Dottore Vincenzi nichts dergleichen, sondern schaltet vielmehr
in den Ultraweichspülgang für wehleidige Patienten.

»Peter hat bereits als Kind auf meinem Schoß gesessen«, berichtet er in sanftem Singsang. »Und er hat mit mir zusammen
grappa gebrannt.« Der Erwähnte nickt abwesend.

»Sein Vater und ich waren jahrelang Kameraden bei der freiwilligen Feuerwehr. Eigentlich bin ich da nur aufgrund einer
verlorenen Wette eingetreten, dann hat es mir Spaß gemacht.
Noch heute helfe ich manchmal bei Einsätzen aus, obwohl
ich längst in einen anderen Stadtteil gezogen bin. Nicht wahr,
mein Lieber?« Erneutes teilnahmsloses Nicken.

»Wo haben Sie denn vorher gewohnt?«, frage ich meinen
Chef interessiert.

»Katzwang.«

Das Schicksal ist ein Arschloch! Das Kaff, in dem der schöne
Peter aufgewachsen ist, liegt nicht mal 7 Kilometer von dem
Kaff entfernt, in dem ich aufgewachsen bin. Und es dauer-
te schlappe 23 Jahre und 9 Monate, bis wir einander auf dem
Nürnberger Christkindlesmarkt begegneten, damit er meinen
Ärmel mit Senf beschmieren konnte.

Während ich Überlegungen zu schicksalhaften Wahrschein-
lichkeiten anstelle, schwelgt Dottore Vincenzi weiter in seinen
Erinnerungen.

»Sogar eines der hierzulande so beliebten Ehrenämter hat
man mir angetragen. Peters Vater Wolfgang war Kommandant
und ich Kassenwart, das heißt, Peters Vater ist noch heute Kommandant, während ich Zähne repariere. Wie geht es übrigens
Wolfgang?«

»Bestens«, nuschelt Peter mit dem Kontrollverlust der zusehends wirkenden Betäubung, »zuletzt haben sie ein paar Adventskränze gelöscht, als Nächstes sind wohl die Tannenbäume dran.«

»Was du nicht sagst! Ja, ja, das waren Zeiten«, sinniert Dottore Vincenzi, wobei nicht ganz deutlich wird, ob er diejenigen meint, als er selbst Tannenbäume löschte, oder die, in denen Peter noch auf seinem Schoß hockte.

Meine Gedanken schweifen ab zu Ugolino. Ob er an diesem Morgen wirklich, wie von Mama angenommen, mit Arianna an die frische Luft gegangen ist? Die gestrige nächtliche Vorstellung dürfte ihn kaum in die Arme der lügnerischen Mutter getrieben haben; abgesehen davon hält mein Patensohn sich zwar gern im Freien auf, spielt Fußball, *boccia* oder Krieg der Sterne mit seinen Freunden und baut Hütten im Unterholz, aber ein Spaziergang mit seiner verkaterten Mutter? Arianna. So absonderlich wie gestern habe ich sie noch nie erlebt. Beängstigend wütend und außer Kontrolle, als wüsste sie nicht, was sie tut. Immerhin scheint sie einiges zu tun, von dem ich nichts weiß. Zum Beispiel Geld von Dottore Vincenzi kassieren. Arianna und Dottore Vincenzi. Dottore Vincenzi und Arianna.

»Anna? Würden Sie uns die Gnade Ihrer Aufmerksamkeit schenken?«, mahnt Dottore Vincenzi von weither. »Wären Sie eventuell geneigt, die Instrumente vorzubereiten?«

Ich schrecke auf.

»*Scusatemi*, ich habe an zu Hause gedacht. Bei uns ist gerade die Bude voll«, entschuldige ich mich, während ich dienstfertig das Benötigte zusammensuche, »alle sind da, *tutta la famiglia!* Meine Tante Gina, mein Onkel Franco, die vier Großeltern. Und …« – ich mache eine Kunstpause – »Angelo und Arianna samt Kindern.«

»Wundervoll«, lallt Peter, der mich bereits im Palmy Beach um meine große Familie beneidet hat.

»Sehr nett«, bestätigt Dottore Vincenzi ungerührt. Dieser Mann überweist Arianna monatlich 470 Euro und findet das am Ende »sehr nett«? Echt hollywoodreif. Was mich wieder auf George Clooney bringt.

»Dottore Vincenzi, wie finden Sie eigentlich George Clooney?«, erkundige ich mich beiläufig.

»George Clooney? Wer ist das noch mal?«, fragt mein Chef irritiert und wendet sich an Peter. »Ist die Wange schon taub?«

»Nicht wirklich, befürchte ich, aber ich persönlich liebe George Clooney.«

»Ah, einer dieser Popsänger, wie? Es scheint, dass ihr jungen Leute da mehr Gemeinsamkeiten habt«, räumt Dottore Vincenzi achselzuckend ein. »Wollen wir beginnen?«

»Wenn es sein muss.«

»Es muss!«

»Dann *avanti*!«

Sollte er diesen Ausdruck bei einem seiner Besuche im *Vesuvio Due* aufgeschnappt haben?

»*Avanti*«, bekräftigt Dottore Vincenzi und startet den Bohrer. Ich kann nicht leugnen, dass sich bei dem fräsenden Geräusch selbst mir bisweilen die Nackenhaare sträuben. Peter zuckt schockiert zusammen.

»Gleich ist es vorbei«, beschwichtigt mein Chef, »du wirst nichts spüren, und falls es zu schlimm werden sollte, hält Anna dir bestimmt gern zur Beruhigung die Hand.«

»Das wäre wohl eher die Aufgabe von Julie«, stichle ich, den alarmierten Funkenregen aus den aufgerissenen Sprenkelaugen ignorierend.

Dottore Vincenzi ist zu konzentriert, um sich über die Erwähnung einer Julie Gedanken zu machen, die er ebenso wenig kennt wie George Clooney. Er entfernt die Füllung sorgfältig und säubert den Zahn. Peters Hände krampfen sich so fest um die Armstützen, dass die Sehnen hart hervortreten. Ich reflektiere indessen, ob Arianna gemeinsam mit meinem Chef irgendein seltsames Business gestartet haben mag, eines, an dem er sich mit 470 Euro pro Monat beteiligt. Ausgeschlossen wäre das nicht, Arianna hatte bereits mehrere waghalsige Geschäftsideen. Einen kulinarischen Hundesalon, eine Pasta-Bude in Las Vegas und ein Erlebnishotel speziell für die Eltern von Scheidungskindern. Ernst genommen hat das niemand, und realisiert hat sie natürlich nichts davon. Möglicherweise fängt sie jetzt damit an? Irgendetwas muss schließlich hinter diesen vermaledeiten 470 Euro stecken.

»Anna, würden Sie bitte den Speichelsauger richtig ansetzen«, beklagt sich Dottore Vincenzi, »so klappt das nicht.«

Erneut zwinge ich mich auf den Boden der Tatsachen zurück, lenke meine volle Konzentration auf Peters Backenzahn und befolge akkurat die Anweisungen meines Chefs.

»Karies ist Teufelszeug«, bekundet der nüchtern. »Jetzt noch eine Medikamenteneinlage, neue Füllung, ein bisschen polieren, fertig. So gut wie neu.«

Peters Lippen zucken zweifelnd. Dottore Vincenzi entledigt sich seiner Schutzhandschuhe.

»Du kannst aufhören, die Armstützen zu malträtieren, es ist vorbei. Bis die Betäubung nachlässt, kann es allerdings etwas dauern, du hattest eine Extradosis.«

»Uhh uhh«, grunzt Peter dankend.

»Anna, erledigen Sie bitte die nötigen Eintragungen in die Akte, es könnte ja sein, dass der Patient heute sein Trauma überwunden hat und sich wieder sehen lässt. Ach, und suchen Sie ihm ein paar Schmerztabletten heraus, für den Notfall.«

Folgsam nehme ich einen Blisterstreifen Dedolor akut aus dem Schrank und überreiche ihn wortlos.

»Um die Akte kümmere ich mich nach meinem Urlaub, in Ordnung? Ich kann mir das merken, versprochen, ich werde erwartet!« Das hier soll schnell und schmerzlos vorübergehen, ich möchte über nichts weiter nachdenken müssen. Weder über Arianna und Dottore Vincenzi noch über Peter und Julie. Vor allem möchte ich nicht …

»Machen Sie es bitte gleich«, fordert mein Chef streng, »nach den Feiertagen wird es letztlich doch vergessen.«

»Aber …«

»Kein Aber.«

Ziemlich verstimmt begebe ich mich zur Anmeldung und kritzle wütende Vermerke auf das Blatt. Niemand soll sie je entziffern können! Erst Überstunden und jetzt das, nichts bleibt mir erspart! Zu lebhaft steht vor meinem Auge, was gleich kommen wird. Und es kommt. Gleich und lebhaft.

»Warum warst du neulich denn so schnell verschwunden?« Aufgrund der anhaltenden Betäubung artikuliert Peter sich verwaschen. Hingebungsvoll betrachte ich mein Gekritzel.

»Du schienst anderweitig beschäftigt, und ich bin es jetzt«, antworte ich gleichmütig, ohne aufzusehen.

»Anderweitig beschäftigt?« Aus den Worten geht nicht hervor, ob Peter sich seinerzeit oder mich in diesem Moment meint. Die Dreistigkeit, mit der dieser wehleidige Womanizer den Betretenen spielt, reizt mich bis aufs Blut.

»Bei unserer letzten Begegnung hattest du 178 Zentimeter geballtes, blondgelocktes Selbstbewusstsein am Haken. Ich vermute, dir ist zwischenzeitlich bekannt, dass Julie und ich gemeinsam die Schulbank gedrückt haben, und zwar wortwörtlich, ich wurde dazu verdonnert, neben ihr zu sitzen. Wenn ich in dieser lehrreichen Zeit eins verinnerlicht habe, dann Folgendes: Wo sie ist, sollte man selbst nicht sein. Giftspritze und so.«

»Verstehe.«

»Leute sollen davon sogar Zahnschmerzen bekommen haben«, setze ich vielsagend hinzu.

»Und dann bleibt nur der Rückzug.«

»So in etwa.«

Peter fasst sich mit der Hand an die Backe und blickt sehr konzentriert drein; er vermittelt den Anschein, als würde er ungeheuer komplexe Dinge in seinem Hirn bewegen, so etwas wie den Ansatz der Formel gegen eine unheilbare Krankheit – mindestens.

»Könnte es sein«, meint er nachdenklich, »dass hier ein Missverständnis vorliegt?«

»Missverständnis? Diese Vokabel existiert nicht in Julies Welt.«

»Aber vielleicht in meiner.«

»Ah so, gewiss, Julie ist deine Cousine dritten Grades, die Tochter deiner Patentante oder deine lang verlorengeglaubte Zwillingsschwester.«

»Dafür würden wir uns recht wenig ähneln.«

»Ich wollte damit ausdrücken, dass ich in der Realität lebe und nicht in Geschichten à la *Twilight* oder *Harry Potter*.«

»Die sind ja mal gar nicht so schlecht.«

»Oder in denen meiner Nonna, die sich solches ebenfalls zusammenreimen könnte.«

»Deine Nonna scheint eine kluge Frau zu sein.«

Täusche ich mich, *o mi sta prendendo per il culo*, nimmt er mich gerade furchtbar auf den Arm? Oder meinetwegen auch wörtlicher: Verarscht er mich? Peter spürt meine Verunsicherung, seine Miene wird ernst.

»Julie ist weder meine Schwester noch meine Cousine, noch sonst wer. Julie ist Julie. Selbstverliebt, überheblich, nervtötend. Aber da erzähle ich dir ja nichts Neues.«

Ich werde hellhörig. So spricht man über niemanden, den man mag, geschweige denn über seine Liebste. Stumm starre ich auf die Akte. Dottore Vincenzi wird sie neu anlegen oder zumindest die Seite entfernen müssen, die ich bearbeitet habe. Neben das Datum und eine Kurzfassung des Befundes habe ich während des Wortwechsels mit Peter eine schiefe, kleine Spinne gekritzelt, die stark dem Plastikexemplar von Ugolino ähnelt. *Ragnetto*. Der Gedanke an meinen Patensohn treibt mir Sorgenfalten auf die Stirn, die Peter dazu animieren, auf den Punkt zu kommen.

»Ich bin mit Marc befreundet. Er führt die kleine Boutique im Eingangsbereich des Palmy Beach und ist seit einem halben Jahr mit Julie zusammen. Warum er unter derartiger Geschmacksverirrung leidet, weiß ich nicht, dafür, dass er mir den Aushilfsjob vermittelt hat, bin ich ihm sehr dankbar.«

Julies Freund, der Inhaber einer Boutique für Bademoden?

»Mit ihrer unangemessen leidenschaftlichen Begrüßung hat sie mich neulich total überrumpelt. Vermutlich wollte sie mich ärgern, weil ich sie nicht genug beachtet habe.«

»Und mich, weil sie mich noch nie leiden konnte.«

»So ähnlich. Würdest du dich mit mir treffen?«

»Wir treffen uns doch gerade.«

Peter errötet.

»Natürlich nicht jetzt, sondern grundsätzlich.«

Wenn man eine Familie wie die meine hat, entwickelt man eine Allergie gegen Grundsätzliches. Das alles passiert so rasant. Dieser Mensch hat mich zuerst mit Senf bekleckert, dann betrunken gemacht, dann war er Julies Freund, und nun will er – was genau eigentlich?

»*Boh!*«, fiepe ich unentschieden.

Peters Ohren beginnen zu glühen.

»Ich gebe dir meine Handy-Nummer, du kannst es dir ja überlegen.« Großmütig reiche ich ihm einen Kugelschreiber und einen Notizzettel über den Tresen.

»*Bene*, aber ich kann nichts versprechen. Du musst wissen, mein Leben ist derzeit ein wenig *complicato*.« Peter betrachtet mich melancholisch. Seine Backe ist geschwollen.

»Okay. Besser als nichts«, entgegnet er treuherzig, indem

er ein paar Zahlen auf das Papier malt, das ich, unverbindlich lächelnd, in die Gesäßtasche meiner Jeans schiebe.

»Ich werde drüber nachdenken. Na dann, *buona guarigione*. Gute Besserung!«

»Danke! *Ciao!*« Er dreht sich um, geht zur Tür. Ehe er sie hinter sich ins Schloss zieht, wendet er sich mir erneut zu: »Du weißt ja: Die Hoffnung stirbt zuletzt.«

Der Krug geht so lange zum Brunnen ...

... bis er bricht. *Tanto va la brocca all'acqua finché si rompe.* In meinem täglichen Leben kommen (Bier-)Krüge manchmal, Brunnen dagegen eher selten vor, dafür bin ich im Besitz dreier Schneekugeln einigermaßen fragilen Inhalts. Das Kolosseum ist eine ziemliche Ruine, beim Vesuv wissen selbst die Seismologen nie genau, wann er wieder ausbrechen wird, und der gute alte *torre pendente* ist auch nicht unbedingt taufrisch.

Nachdenklich schüttle ich die Schneekugel mit dem schiefen Turm von Pisa, der manchen Befürchtungen zum Trotz bisher ebenso wenig umgekippt wie Venedig in den Fluten versunken ist. Wie lange noch? Arianna und Angelo spielen ein seltsames Spiel, Arianna und Dottore Vincenzi ebenfalls, daheim wütet Oma Liselotte im Verein mit oder gegen Mama und Zia Gina, je nachdem.

Dottore Vincenzi bedankt sich sehr herzlich für meinen unbürokratischen Einsatz. Mit einem schrägen *Addio mia bella Napoli* und dem Versprechen, mich bis zum 2. Januar nur im allergrößten Notfall zu behelligen, komplimentiert er mich zur Tür hinaus. Mir soll es recht sein, zu Hause warten das Mittagessen und um Punkt 15.00 Uhr der Einsatz von Massimo als *Babbo Natale.* Zunächst aber erwartet mich etwas oder, besser gesagt, jemand ganz anderes. Als ich in meiner Umhängetasche nach dem Autoschlüssel krame, überfällt sie mich, völlig unvermittelt, gleichsam aus dem Hinterhalt.

»*Madonna!* Was soll ich bloß tun?«

»Wo kommst du denn her?«

»Von daheim.«

»Aber wie …?«

»Zu Fuß. Ist ja nicht weit.«

So viel ist richtig, doch was bewegt meine von Haus aus stinkfaule Schwester zu einem freiwilligen Spaziergang?

Die Antwort besteht in einem bekümmerten Wimpernschlag, gepaart mit einer provokanten Schnute.

»Wie ist die Stimmung?«, erkundige ich mich. »Was macht die Weihnachtsgans?«

»*Non c'ho la più pallida idea*, keinen blassen Schimmer, habe mich verdrückt. Musste mir nach dem Schock die Beine vertreten.«

Unsere Familie entwickelt derzeit ein ausgeprägtes Frischluftbedürfnis.

»Nach welchem Schock?«

Meine Schwester Maura war diejenige, die ich nicht oder bestenfalls nebensächlich auf der Rechnung der Merkwürdigkeiten hatte. Das aber lediglich deshalb, weil sie von Natur aus derart merkwürdig ist, dass jede Form von Normalität beinahe Anlass zur Besorgnis gäbe. Dementsprechend fackelt sie auch heute nicht lange.

»Ich bin schwanger.«

Meine Kinnlade fällt nach unten.

»Dann hat Nonno mit seiner Prophezeiung tatsächlich recht gehabt.«

»Bitte?«

»Nur ist es nicht Arianna, sondern du!«

»Ist das alles, was dir dazu einfällt?«

»Zugegebenermaßen ja.«

»Glaubst du etwa inzwischen auch an den Scheiß?«

»Langsam fange ich damit an.«

»Ich bin schwanger«, wiederholt Maura, »was soll ich tun?«

Mit offenem Mund wartet sie auf einen guten Rat.

»Bist du ganz sicher?«, erkundige ich mich stattdessen.

»Ich habe einen Test gemacht.«

»Was für einen Test?« Meine Frage scheint nicht ganz unberechtigt, schließlich ist heute Feiertag, und Schwangerschaftstests gehören nicht unbedingt zur Standardausstattung unserer Hausapotheke.

»Das Ding, das mir der Apotheker gestern angedreht hat, als wir die Karpfen holten.«

»Das Mittel gegen Magenverstimmung?«

»Es handelte sich nicht um eine Magenverstimmung, sondern um Schwangerschaftsübelkeit. Ich war ja skeptisch, aber der Typ bestand darauf, mir das Zeug zu verkaufen, viel fehlte nicht, und er hätte es mir geschenkt.«

Ich erinnere mich an die durch das Schaufenster beobachtete Diskussion.

»Warum hast du den Test nicht gleich gemacht?«

»Ich habe das Ganze verdrängt. Außerdem war Sammy da und der Rest der Familie, später das Theater mit Nonno. In der Messe habe ich so sehr darum gebetet, dass es nicht wahr ist. Trotzdem musste ich mich danach übergeben, und heute Morgen schon wieder, da habe ich die Zähne zusammengebissen und auf das Stäbchen gepinkelt, wie es in der Packungsbeilage stand. Keine zwei Minuten, und der Teststreifen färbte sich rosa.«

»Ein Mädchen?«

»Nein, *stronza*, nein, positiv.«

»Puh!«

Die Kotzattacken, die Fressgelüste, die Stimmungsschwankungen: Zweifelsohne, es passt zusammen.

»Und jetzt?«, frage ich vorsichtig.

»Das wollte ich eigentlich von dir wissen, du bist die Vernünftige.«

Ich denke nach.

»Vielleicht stimmt es nicht, solche Tests sollen unsicher sein.«

»Es stimmt, glaub mir, es stimmt, das fühle ich.«

Tja, wenn die liebe Maura schon einmal etwas »fühlt«.

»Wer weiß es?«

»Niemand außer dir.«

»Du solltest es Sammy sagen.«

»Ooooohhh, muss das sein?«

»Na ja, ich fände es durchaus naheliegend, einen werdenden Vater darüber zu informieren, dass er ein werdender Vater ist. Allein wegen der Gewöhnung an den Gedanken und so.«

»Ja, schon«, druckst Maura herum, »aber das ist irgendwie schwierig.«

»Hast du Angst vor seiner Reaktion oder wie?«

Meine Schwester schweigt.

»Komm, steig ein, es ist fast eins, sie warten bestimmt schon auf uns. Oma Liselotte und Opa Franz essen immer Punkt zwölf.«

»Die können mich mal. Ich will nicht heim.«

»Das musst du sowieso. Früher oder später, meine ich.« Widerwillig leistet Maura meiner Aufforderung Folge und schwingt sich auf den Beifahrersitz.

»Ich könnte schwören, man sieht es mir an«, winselt sie.

»In diesem Stadium? Lächerlich.«

»Die haben einen sechsten Sinn, glaub mir.«

Damit könnte sie recht haben.

»Momentan sind sie mit anderen Dingen beschäftigt«, versuche ich zu trösten, »mit Zimmerverteilungsschlachten zum Beispiel oder verschwundenen Weihnachtsgänsen.«

»Das wird nicht lange anhalten; wenn dieser Quatsch aus der Welt ist, geht es mir an den Kragen.«

»Italienische Familien gelten als ausgesprochen kinderlieb.«

»Wir sind nur halb italienisch.«

Eine Zeitlang tuckern wir schweigend dahin, jede hängt ihren Gedanken nach. Unkonzentriert lenke ich den Fiat durch den glücklicherweise spärlichen Feiertagsverkehr. Mauras Eröffnung erzeugt in mir widersprüchliche Gefühle. Einerseits kann ich mir meine kleine Schwester kaum als Mutter vorstellen. Ihre Beziehung zu Sammy ist denkbar unreif. Sie wird mit dem Studium pausieren und endlich erwachsen werden müssen. Andererseits: Kann das schaden?

»Wir sollten warten, bis die anderen fort sind«, schlage ich vor, »Zia Gina und Zio Franco müssen irgendwann zurück in ihr *ristorante*, Arianna und Angelo ebenfalls. Oma Liselotte und Opa Franz reisen spätestens am Achtundzwanzigsten ab. Länger haben sie es nie ausgehalten. Danach wird es leichter. Wir sprechen mit Mama und Babbo und natürlich mit Sammy.«

»*No!*« Der Einwand ist von schneidender Schärfe.

»*Scusa*, aber ich verstehe das einfach nicht. Würdest du mir vielleicht erklären, wieso du dich so schwer damit tust, es Sammy zu erzählen?«

Maura kräuselt die Oberlippe.

»Ich weiß nicht, wie ich es sagen soll«, antwortet sie widerstrebend.

»Dann versuch's. Ich bin ganz Ohr.«

Man kann sagen, was man will, in einer Hinsicht sind wir eine äußerst italienische Familie: Ständig klingelt irgendein Handy. Diesmal ist es das von Maura, die den Anruf beinahe dankbar entgegennimmt.

»*Pronto*. Mmmh. Ja … *sì* … *no* … echt? … ach so … ja ja, gleich da.« Sie drückt die Off-Taste, legt beide Hände auf den Bauch und betrachtet mich schwesterlich.

»Bingo, das war Mamma, sie warten auf uns. Wir sollen uns beeilen, in einer Viertelstunde steht das Essen auf dem Tisch.«

»Die Weihnachtsgans?«

Maura nestelt gedankenverloren an ihren Haarspitzen herum. »Jein. Gianni hat zwar noch eine aufgetrieben …«

»*Accipicchia!!!*« Mein Ausruf des Erstaunens ist vollkommen ehrlich. Im Fall der Fälle würde Gianni am Nordpol einen Kaktus besorgen.

»… aber Massimo bringt sie erst um drei Uhr zur Bescherung.« Trotz Mauras Notlage muss ich grinsen.

»*Babbo Natale* bringt die Weihnachtsgans, wie passend.«

»Oma wird sie heute Abend zubereiten. Ich hab jetzt schon Hunger.«

»Sowieso klar.« Über Mauras unfreiwillige Bulimie der letzten Tage schweige ich mich taktvoll aus.

Lange werden die anderen nicht warten müssen, wir sind fast da. Noch ein paar hundert Meter, vorbei am von Angelo hochgeschätzen Winzerhof, eine Biegung nach rechts, schon rückt die *Casa Maiotti* in Sichtweite.

»Was wolltest du eben sagen?«, frage ich schnell.

»Unwichtig«, winkt Maura ab, »später.«

Ich quetsche mein Auto neben Zio Francos Schrottlaube, als sich die Haustür öffnet und Savia uns mit wippenden Löckchen entgegenstürmt. In Mauras Gesicht zeichnet sich leises Entsetzen ab − ein paar Jahre weiter gedacht, und dieses widerspenstige kleine Gör könnte ihre eigene Tochter sein.

»Nimm's dir nicht so sehr zu Herzen.« Beruhigend tätschle ich den massiven linken Oberschenkel meiner Schwester, examiniere dabei verstohlen ihr Bäuchlein. Es sieht unverändert aus, wohlgenährt und speckig, wie immer.

»Da seid ihr ja«, quiekt Savia.

»Sie ist süß, oder?«, erkundigt sich Maura unsicher.

»Sehr süß!«, bestätige ich schadenfroh.

»Kommt rasch ins Haus«, schnattert die süße Savia, »damit wir essen können, ich will endlich die Geschenke.«

»Die Geschenke gibt es Punkt drei«, erkläre ich nüchtern, »denn um Punkt drei kommt der Weihnachtsmann.«

»Warum Punkt drei?«

»Weil ich ihn auf drei Uhr bestellt habe.«

Maura rammt mir den Ellenbogen in die Seite.

»Anna, das ist blöd.«

»*No, scherzavo*«, korrigiere ich mich schuldbewusst, »weil es eine Tradition ist. Der Weihnachtsmann ist sehr organisiert, er weiß genau: Famiglia Maiotti, Geschenke, jährlich um drei.«

»Ahhh«, macht Savia ungläubig und springt zurück ins Haus. Mauras Mimik spricht Bände.

»Das hat sie dir nicht abgenommen«, raunt sie mir tadelnd zu, ehe sie dem Mädchen folgt. Gerade den Schwangerschaftstest gemacht, und schon Expertin.

Ich blicke zum Himmel. Ein paar Sonnenstrahlen kitzeln meine Wange. Was für ein klarer, freundlicher Wintertag! Von den Schäberles nebenan weiterhin keine Spur, die ockerfarbene Sandsteinfassade ihres Hauses leuchtet friedlich, ein prächtiger Weihnachtsstern im Fenster streckt seine Blätter zufrieden ins Licht.

In unserem Haus herrscht eine unerwartet entspannte Atmosphäre. Angelo hat die Vorratskammer des *Vesuvio* geplündert, die Ausbeute wurde von Nonna, Zia Gina und Arianna in ein provisorisches Mahl verwandelt. Auf der inzwischen ausgezogenen Tafel prangen neben dem alten Bekannten des diesmal mit Artischocken gestreckten *insalata di rinforzo* Schüsseln voll *alici marinate* und *olive all'ascolana*. Auch ein *insalata caprese* steht da. Tomaten, Mozzarella und Basilikum komponieren die Farben Italiens, eingelegte Sardellen und panierte Oliven glänzen ölig. Aus der Küche duftet es köstlich nach Hähnchenschenkeln (seit wir klein waren, hat Mama immer welche in der Kühltruhe) und Rosmarinkartoffeln. Kein typisch weihnachtliches Festmahl, aber was soll's? Nonno Corrado und Opa Franz genießen ein kühles Salvator, Babbo verliert gegen den beim Kartenspiel notorisch bescheißenden Zio Franco, Angelo heizt – stets auf Sicherheitsabstand zu seiner Ehefrau – den

Kamin, wobei er aufmerksam von Savia beäugt wird, deren Barbie inzwischen aus einem hübschen Dirndl strahlt, das Arianna vor ein paar Wochen bei einem Internetversand bestellt hat.

»Zu Weihnachten bekommt sie ein Brautkleid«, verkündet die Kleine stolz. »Und danach ganz viele Kinder.« Maura zuckt zusammen.

»Vielleicht sollten wir ihr zuerst einen Mann besorgen«, gebe ich zu bedenken.

»Kann man den auch im Internet kaufen?«, fragt Savia interessiert.

Auf dem Sofa plaudert Mama mit Oma Liselotte, die sich etwas beruhigt und sich mit dem Verlust der pfaffenlehner'schen Weihnachtsgans offenbar abgefunden hat.

»Anna, wärst du eventuell bereit, für eine Nacht mit Ugolino im Keller zu schlafen?«, bemerkt Mama beiläufig. »Für den Jungen wäre das bestimmt ein Abenteuer, und morgen muss er sowieso mit Angelo und Arianna zurück ins *Vesuvio*, dann könntest du zu Maura auf die Couch, während Oma Liselotte und Opa Franz noch ein, zwei Tage in deinem Zimmer übernachten.«

Mein Rückgrat durchläuft ein kaltes Prickeln. Nicht wegen des Gedankens an den kühlen Keller oder wegen meiner bequemen Oma, die wieder mal nach Kräften ihren Willen durchsetzt, sondern wegen meines Patensohns.

»Super Sache«, entgegne ich schriller als beabsichtigt, »nur, wo ist Ugolino?«

Mama merkt auf.

»Hm. Giiiina.« Das Paillettenreh galoppiert über die Schwelle. »*Eh?*«

»Hast du Ugolino gesehen?«

Zia Gina zieht Arianna zu Rate. »Habt ihr nicht einen Spaziergang gemacht?«

»*No*«, tönt es aus der Küche, »er wollte mit Angelo zum *Vesuvio*.«

»Da war ich allein, habe ihn seit heute Morgen nicht zu Gesicht bekommen.« Angelo wirft ein Scheit ins hell auflodernde Feuer.

»Auch ich ihn nicht habe gesehen die ganze Tag«, versichert Zio Franco.

Nacheinander werden Nonna, Babbo, Mama, Oma Liselotte, Opa Franz und Savia befragt. Niemand kann helfen.

»Das sieht nicht gut aus«, orakelt Nonno.

Ich hetze die Treppe hinauf in mein Zimmer, spähe ins Gästezimmer, in Mauras Reich und ins Bad: kein Ugolino. Dann sprinte ich, zwei Stufen auf einmal nehmend, ein Stockwerk höher in die Wohnung von Nonna und Nonno: kein Ugolino.

Zurück nach unten. In der Zwischenzeit war Mama im Keller und Babbo im Garten: nichts.

»Wo ist er? Verdammt noch mal, wo ist er?«, schreie ich panisch, als Einzige im Raum die Tragweite der Angelegenheit vor Augen. Wer will wissen, wozu ein Kind imstande ist, das ein Gespräch wie das gestrige mitbekommen hat? Denn daran, dass Ugolino nicht nur etwas, sondern das Entscheidende mitbekommen hat, hege ich keinen Zweifel.

»Beruhig di, den findn ma scho«, grummelt Opa Franz.

»Das sagst du so einfach«, schleudere ich ihm aggressiv entgegen, »vielleicht ist er weg und kommt nicht wieder.«

Schweißgebadet lehne ich im Türrahmen, male mir, eine ahnungslose *famiglia* im Visier, die wüstesten Dinge aus. Ugolino ertrinkend in den tosenden Fluten der nachtschwarzen Rednitz. Ugolino frierend bei der Bahnhofsmission. Ugolino als geknechteter Abo-Verkäufer einer mafiösen Drückerkolonne. Hätte ich gestern Nacht bloß anders reagiert, mich nicht an der Bettkante abwimmeln lassen! Andererseits: Wie hätte ich ahnen können, dass außerplanmäßige Chauffeursdienste, eine verschwundene Weihnachtsgans, ein zahnmedizinischer Notfall sowie eine schwangere Schwester den festen Vorsatz, mich um meinen Patensohn zu kümmern, durchkreuzen würden? Jetzt hat er sich aus dem Staub gemacht, und ich bin schuld. Bin ich schuld?

Ein metallisches Klicken im Rücken erregt meine Aufmerksamkeit, doch als ich nervös herumfahre, liegt der Flur unverändert da, die Tür zum Windfang ist, wie vorher, halb geöffnet, das defekte Gästeklo verschlossen; ich muss mich getäuscht haben. Eine streichelnde Hand auf meinem Arm holt mich zurück in die Realität. Sie gehört Nonna.

»Kind«, redet sie besänftigend auf mich ein, »du bist ja ganz außer dir. Deine Sorge in allen Ehren, aber ich bin sicher, du übertreibst.«

Würde sie das auch sagen, wären ihr die wahren Verhältnisse in unserer Familie bekannt? *Sind* ihr die wahren Verhältnisse in unserer Familie bekannt?

Während Maura sich klammheimlich an der Tafel niedergelassen hat, um an ein paar Oliven zu knabbern, ist Ariannas Mutterinstinkt sofort geweckt. Sie schickt Angelo nach draußen, damit er die nähere Umgebung absucht, und zückt im selben Zug ihr *cellulare*, um – Feiertag hin, Feiertag her – die Mütter von Ugolinos Freunden durchzutelefonieren. Nachdem sich beide Maßnahmen als erfolglos erwiesen haben, wird sie nervös.

»*Ragnetto, ragnetto, dove sei?*«, flüstert sie vor sich hin. Und genau das fragen wir uns alle: Wo ist Ugolino?

Mittlerweile tigert auch Angelo hibbelig auf und ab.

»Ich habe Hunger«, quengelt Savia, die nicht recht kapiert, was los ist, »und ich will eeeeendlich Geschenke.«

Maura winkt sie zu sich. »Komm her und iss mit mir. Wäre zu schade, wenn es stehen bliebe.«

»Also gut«, sagt Mama in sehr deutschem Oberfeldwebelton,

»lasst uns systematisch überlegen, was passiert sein könnte und wo wir als Nächstes suchen sollten.«

»Du meinst, es ist etwas passiert?«, jammert Arianna. »Etwas Furchtbares?«

»Nein, ich versuche lediglich, das Ganze mit Vernunft anzugehen.«

»Ihr Schwarzmaler! Was, bitte, soll passiert sein?«, raunzt Angelo.

Mit einem Mal erfüllt ein seltsam kokelnder Duft den Raum. Zia Gina stürzt in die Küche und zieht fluchend das Blech mit den angebrannten Hähnchenschenkeln aus der Röhre.

»Die wir können vergessen«, kommentiert Zio Franco.

»Dann vergessen wir sie eben!«, schreit Arianna. »Als ob das jetzt wichtig wäre.«

»Ich recherchiere im Internet«, beschließt Babbo, ohne näher zu erläutern, was genau er damit meint.

»Eins muss man euch lassen«, frotzelt Oma Liselotte, »man kann dieses Haus betreten, wann man will, es herrscht immer Chaos.«

»Sei staad, Lisl«, zischt Opa Franz, »sei amoi staad.«

Nonno Corrado mischt die Tarot-Karten, fächert sie vor sich auf und zieht eine beliebige heraus. »Acht Stäbe!«, offenbart er freudig. »Etwas wird schneller passieren, als wir denken!«

Da klingelt es an der Tür.

»Ist das der Weihnachtsmann?«, fragt Savia.

»Kann nicht sein, zu früh.« Von einer widersinnigen Hoffnung ergriffen, fliege ich zum Eingang. Draußen steht Sammy mit einer riesigen Zimmerpalme. Oder besser: Draußen steht eine riesige Zimmerpalme mit Sammy.

»Die ist für Maura«, verkündet er stolz, »hat sie sich schon immer gewünscht.« Maura und eine Zimmerpalme? Bei meiner Schwester gehen selbst Kakteen ein. Etwas mehr Fürsorglichkeit stünde ihr in Zukunft allerdings gut zu Gesicht. An der Pflanze könnte sie schon mal üben. Mutterpflichten wollen gelernt sein.

»Hi, Sammy, wie war's bei deinen Verwandten?«, erkundige ich mich flüchtig.

»Ganz okay. Anna? Ist dir nicht gut?«, fragt Sammy besorgt. »Du hast überall hektische Flecken.«

»Alles bestens, danke«, presse ich hervor. Aus dem Wohnzimmer dringt anschwellendes Geschrei.

»Klingt aber nicht so«, meint Sammy, während er die Palme über die Schwelle bugsiert. »Was geht da ab?«

»Nur das Übliche: Es gibt Streit wegen der Zimmerverteilung, die Weihnachtsgans ist verschwunden, und« – meine Stimme kippt, sodass die Worte in einem erstickten Wispern verebben – »Ugolino ebenfalls.« Ich könnte heulen, und da die Tränen ohnehin schon meine Augenwinkel kitzeln, lasse ich sie fließen. Die Palme wankt in Richtung Wohnzimmer und fegt dabei um ein Haar Babbos heißgeliebtes *Pace-e-Bene*-Schild aus Terracotta von der Wand. Friede, Freude, Eierkuchen, schön wär's.

»*Merry Christmas!*«, schmettert Sammy seiner Liebsten entgegen und setzt nach einem fragenden Blick auf die *famiglia* ein teilnahmsvolles »*May I help you?*« hinzu. Da keiner antwortet, tut er das Naheliegende und überreicht meiner Schwester ihr Geschenk. Die Spitzen der Palme zittern zärtlich. Maura, die soeben nach einer Olive gegriffen hat, wird blass. Ihre Hand gefriert in der Luft, dann wandert der Leckerbissen zurück in die Schale.

»Freust du dich gar nicht?«, fragt Sammy beklommen.

»Doch, klar!«, flüstert Maura. Und plötzlich, ohne Vorwarnung, beginnt sie zu heulen, was das Zeug hält. Dicke Tränen kullern über ihre runden Wangen, ein Bild des Jammers. Sammy lässt die Palme Palme sein und legt beide Arme um seine Liebste.

»Aber, *darling*, was hast du bloß?« Maura schnieft und wimmert weiter. Sammy kramt nach einem Taschentuch und streichelt liebevoll ihre Wange.

»Maura, *Mauruccia*«, flötet er hingebungsvoll. Wie gut, dass Nonna ihm einmal sämtliche italienischen Verniedlichungs- und Koseformen beigebracht hat, jetzt ist Sammy ein professioneller Tröster.

»*Mauruccina*, mir kannst du es doch sagen!« Wenn der wüsste! Zumindest in Sachen Professionalität steht »Mauruccina« ihm in nichts nach.

»U-U-Ugolino ist weg!«, schluchzt sie theatralisch. »Was so-o-o-ollen wir bloß ma-a-a-achen?«

Heuchlerin! Sammy nimmt sie erneut fest in den Arm.

»Schsch, gemeinsam werden wir ihn schon finden. Iss etwas, das wird dir guttun.« Er fischt die Olive wieder aus der Schale und steckt sie ihr in den Mund.

»M-m-m-einst du?«, japst Maura, bereits kauend.

»Natürlich, Essen hat dir immer geholfen.« Er schaufelt ihr eine großzügige Portion *insalata caprese* auf den Teller und drückt ihr die Gabel in die Hand. Dass er das Naturell seiner Freundin verkennen würde, kann man ihm jedenfalls nicht vorwerfen.

Die Minuten verrinnen. Maura haut rein, Savia folgt ihrem Beispiel, wir anderen beratschlagen, diskutieren, drehen uns im Kreis.

Um Punkt drei klingelt es erneut.

»Das ist jetzt aber bestimmt der Weihnachtsmann!«, ruft Savia und stürmt zur Tür, ich hinterher. Diesmal wird Savia nicht enttäuscht. »Eeeendlich Geschenke!«, juchzt sie.

»*Buon Natale, ciccolina!*«, deklamiert Massimo mit tief verstellter Stimme. »Warst du auch brav?«

»*Ma certo*«, antwortet die Kleine, »*sempre!*«

In einem imposanten rot-weißen Kostüm überschreitet *Bab-*

bo Natale die Schwelle, Zipfelmütze, Rauschebart und künstlicher Bauch inbegriffen. Er ist schwer bepackt. Heute Morgen wurde von Nonno in unserer Garage ein prall gefüllter Jutesack deponiert, den Massimo sich nun über die rechte Schulter geworfen hat.

»Dein Sack stinkt«, stellt Savia kritisch fest. Dann fällt ihr Blick auf das riesige verschnürte Paket unter seinem linken Arm.

»Was ist da drin?«, fragt sie neugierig.

»Eine wunderbare Sechs-Komma-fünf-Kilo-Gans, Sonderzüchtung.«

»Wieder kein Barbie-Puppenhaus«, mault Savia. Mit Sonderzüchtungen kann sie nicht viel anfangen.

Massimo strahlt mich derart begeistert an, dass sein Bart genauso verrutscht wie mein Lächeln zur Erwiderung.

»*Magnifico, grazie!* Komm rein!«

»Du scheinst wahnsinnig begeistert! Stimmt etwas nicht?« *Babbo Natale* wirkt spürbar verschnupft.

»*Tutto bene*«, lüge ich, »es ist nur gerade – etwas unpassend.« Ich nehme ihm das Paket ab und schleppe es ächzend ins Wohnzimmer, wo ich es direkt in den Schoß der quiekenden Oma Liselotte plumpsen lasse.

»Da hast du deine Gans, frohe Weihnachten.«

»Respektlose Trine!«, krakeelt die so Beschenkte empört. Mit einem dumpfen Schlag landet das Paket auf dem Couchtisch.

»*Ciao a tutti! Che succede?* Bin ich zu spät oder zu früh?«

»*Ciao*, Massimo«, entgegnet Angelo und rauft sich mit beiden Händen das dichte Haar. »Keins von beidem. Es ist nur gerade etwas unpassend.« Meine Bemerkung von eben wiederholend, beendet er das Schauspiel, ehe es beginnen kann.

»Der Weihnachtsmann heißt Massimo?«, wundert sich Savia. Angelo bleibt ihr eine Antwort schuldig. Stattdessen zerrt er *Babbo Natale* den Sack von der Schulter.

»Dafür ist jetzt keine Zeit!«, murmelt er nervös und verfrachtet die Geschenkeladung unter den Weihnachtsbaum, wo sie prompt von seiner Tochter geplündert wird. Niemand schreitet ein.

Massimo steht hilflos da und erinnert diesmal mehr an einen begossenen Pudel als an einen Mops.

»Setz dich und nimm dir einen Glühwein«, schlage ich vor, »momentan ist echt die Kacke am Dampfen.«

»Mal wieder«, seufzt Massimo und steht weiterhin dumm da. Angelo muss ihn höchstpersönlich zur Couch geleiten, auf deren letztem freien Platz er in sich zusammensinkt.

15.20 Uhr, und bei uns herrscht Ratlosigkeit. Abgesehen von Maura und Savia hat niemand einen Bissen angerührt. Auf der Couch reihen sich Weihnachtsmann Massimo (samt Mütze, Bart und Bauch), Oma Liselotte, Nonno Corrado und Opa Franz. Wir anderen halten Maulaffen feil oder verteilen uns auf die übrigen Sitzgelegenheiten. Auf dem Tisch liegt unbeachtet die eklig blasse, gerupfte Weihnachtsgans.

»Wir müssen etwas tun«, meint Mama, »in einer Stunde wird es dunkel.«

»Benachrichtigen wir die Polizei«, sagt Babbo, dessen Internetrecherchen immerhin erbracht haben, dass die Fahndung nach vermissten Kindern in der Regel umgehend eingeleitet wird.

»Die Polizei?«, ruft Arianna entsetzt vom Fenster her, wohin sie sich tuschelnd mit ihrem Ehemann zurückgezogen hat. Die gemeinsame Sorge um den nicht gemeinsamen Sohn erzwingt einen Waffenstillstand. »Nicht die Polizei! Sie werden unangenehme Fragen stellen.«

Wie zufällig geselle ich mich zu den beiden.

»Polizei hin oder her, um unangenehme Fragen werdet ihr nicht herumkommen«, bemerke ich ausreichend leise, sodass nur die beiden es verstehen.

»Was willst du damit sagen?«

»Dass ich euren Streit gestern mitbekommen habe.« Arianna mustert mich feindselig, Angelo rauft sich erneut kräftig das Haupthaar.

»Was genau hast du mitbekommen?«, vergewissert er sich.

»Dass du nicht Ugolinos Vater bist und dass Arianna dafür ist, die Geheimniskrämerei zu beenden.«

»Was noch?«

»Reicht das nicht? Abgesehen davon: *Ich* bin sowieso nicht das Problem.«

»Sondern?«

»Ugolino, er hat es ebenfalls gehört.«

Kawumm! In beeindruckender Geschwindigkeit wechselt Ariannas Gesichtsfarbe von gesund zu leichenblass.

»Mein Gott! Ich wusste, dass so etwas irgendwann geschehen würde.« Halblaut vor sich hin fluchend, verschwindet sie in Richtung Flur.

»Wo willst du hin?«, plärrt Angelo ihr nach.

»Ich rufe die Polizei.«

»Quatsch, dafür ist es zu früh.«

»Nein, sie hat recht, es ist das Vernünftigste«, schaltet Babbo sich ein.

»*Esatto*«, bestätigt Nonna.

Arianna hat bereits die Verbindung hergestellt, vor der Tür ist mit kurzen Unterbrechungen ihre sich panisch überschlagende Stimme vernehmbar. Im Raum herrscht Grabesstille. Ich atme tief durch, um die in Wellen anrollenden Attacken von Angst, Schwindel und schlechtem Gewissen zu beruhigen.

»Anna.« Erst jetzt bemerke ich, dass Mama mich seit längerem beobachtet. In der Art, wie sie meinen Namen ausspricht, liegt mehr, als man in Worte fassen kann. Alles und nichts, Sorge, Bedauern, Furcht, Zweifel, ein Hauch der an der Bettkante durchwachten Nächte meiner Kindheit.

»Du wirkst extrem nervös, kann es sein, dass du etwas Wichtiges verschweigst?«

Die Intuition einer Mutter ist unschlagbar.

»*Tocca a te*«, fordere ich meinen Cousin auf, »sag du es ihnen.« Angelos Augen verengen sich zu schmalen Schlitzen, das ebenmäßige, etwas einfältige Antlitz verzieht sich zu einer bösartigen Fratze, die seinem himmlischen Vornamen spottet.

»Das wirst du bereuen«, zischt er.

»Du drohst mir?«

»Nenn es, wie du willst, *carogna*! Aber hör auf damit, herumzuschnüffeln, nachts, wenn du schlafen solltest, und deine Nase in Dinge zu stecken, die dich nichts angehen!«

Diese Tirade trifft mich hart. In der Vergangenheit hat es zwischen Angelo und mir die eine oder andere Meinungsverschiedenheit gegeben, als »Biest« oder »Aas« hat er mich selbst im größten Streit nie bezeichnet.

»Angelo! *Ma che comportamento è?*«, tadelt Zia Gina, die das Gebaren ihres Sohnes ähnlich abscheulich findet.

»So ich mich nicht einmal benehme nach sieben Gläsern *grappa*«, pflichtet ihr Zio Franco bei. »Und du als meine Sohn solltest sein wohlerzogener.«

Angelos Pupillen schießen Laserpfeile quer durch den Raum, es fehlt nicht viel, und er hätte seine Eltern pulverisiert.

»Ihr habt es nötig, gerade ihr«, schreit er sie an, »ihr verlogenen Idioten!« Mühevoll bewahrt Zia Gina Haltung.

»*Figlio mio, basta*«, entgegnet sie unterkühlt, »es reicht.« Der Gemaßregelte scheint dies anders zu sehen.

»Angelo«, äfft er den Tonfall seiner Mutter zu früheren Gelegenheiten nach, »so freundlich, so liebenswürdig, unser ganzer Stolz!«

»In diese Momente niggt!«, schaltet sich sein Vater ein.

»Und so potent«, setzt Angelo noch eins drauf, eine obszöne Bewegung mit dem Unterleib imitierend, die Oma Liselotte und Nonna Elsa einen Simultanausruf der Beschämung entlockt. »Ihr seid doch überhaupt erst daran schuld. Ohne eure scheiß Erwartungen könnte ich der sein, der ich bin, und das alles wäre nicht passiert.«

Maura schielt verstohlen zu mir herüber. Ich sehe ihr förmlich an, was sie denkt: Sollte ich am Ende nicht die Einzige sein, die etwas zu verbergen hat? Besteht die Chance, dass die Leiche im Keller der anderen grässlicher stinkt?

Ich weiche den telepathischen Gedankenströmen meiner egoistischen Schwester aus und konzentriere mich erneut auf die verbalen Lava-Ergüsse meines Cousins, der noch nicht fertig ist.

»Apropos verlogen. Wissen die anderen, weshalb ihr in diesem Jahr früher gekommen seid, habt ihr es mit einer einzigen Silbe erwähnt?«

»Das tut nichts zur Sache«, stottert Zia Gina.

»Oh, ich finde doch, das tut es, insbesondere, da mein glorreicher Babbo ohne Unterlass seine Expansionsbestrebungen betont.«

Massimo hat sich vom Sofa erhoben und ist zu Angelo getreten. Wie vorher Nonna bei mir legt er ihm besänftigend eine Hand auf den Arm.

»Hey, vielleicht hat deine Mamma recht, und es reicht. Sag nichts, was dir hinterher leidtut.«

»Leidtut? Was soll *mir* da leidtun? Sie werden es so oder so erfahren.«

»Was werden wir erfahren?« Mamas Augen sausen hektisch zwischen den Streithähnen hin und her. Nebenbei drückt sie die aufspringende Oma Liselotte zurück ins Polster.

»*Üh*«, windet sich Zio Franco.

»Was?«, insistiert Mama.

Da seine Eltern weiterhin schweigen, sieht sich Angelo in der Pflicht.

»An der Tür des *Vesuvio Due* hängt seit zwei Wochen ein Schild. Und wollt ihr auch wissen, was daraufsteht? *Chiuso per fallimento.*«

Das ist ein Ding!

»Und ich dachte, sie tanzen dort auf den Tischen!«

»Das war einmal«, kommentiert Angelo sarkastisch, »*tempi passati.*«

»O mein Gott«, flüstert Mama, »das darf nicht wahr sein.«

»Fahr nach Regensburg und überzeuge dich selbst!«

»Worum geht es, bitte?«, erkundigt sich Oma Liselotte, die diesmal wirklich nichts verstanden hat. Zio Franco gibt sich einen Ruck.

»Um was es geht?«, erwidert er bitter. »Es darum geht, dass wir mussten schließen das *Vesuvio Due*. Weil wir haben *bancarotta*, wir sind *al verde*, pleite!«

Das darauffolgende vielkehlige »Oh! Ah! Uh!« durchbreche ich mit einem brüsken Fingerzeig auf Angelo.

»Und er«, verkünde ich düster, noch ehe jemand das eben Gesagte verarbeiten kann, »er ist nicht der leibliche Vater von Ugolino.«

Die Zeit vollführt eine Vollbremsung, rund um den Tannenbaum gerinnen die Sekunden. Massimos Hand auf Angelos Arm gefriert, Babbo gafft ins Leere, sogar Maura hält im Kauen inne. Allein aus dem Flur ertönt, einem bedrohlichen Ostinato gleich, weiterhin die Fragen beantwortende, fiebrige Stimme von Arianna. Dann tut es einen dumpfen Schlag: Opa Franz ist sein bayerisches Bierseidel aus der Hand geglitten und auf dem harten Olivenholzparkett zu Bruch gegangen. Zwischen den Scherben sammelt sich die braungelbe Flüssigkeit zu einer klebrigen Pfütze.

Plötzlich bin ich ganz ruhig.

»*Ecco*«, konstatiere ich tonlos, »so ist es wohl: Der Krug geht so lange zum Brunnen, bis er bricht.«

Le bugie hanno …

… le gambe corte. Lügen mögen kurze Beine haben, in unserer Familie haben zumindest die Lügner relativ lange. Angelo, Zia Gina, Zio Franco sind von mittlerer, Maura und Arianna sogar von überdurchschnittlich großer Statur.

Letztere kehrt nun zurück aufs Schlachtfeld.

»Sie schicken möglichst schnell jemanden vorbei«, seufzt sie erschöpft, »weil Feiertag ist, kann es aber etwas dauern, außerdem gibt es einen Großeinsatz in der Nähe des Stadions. Sie nehmen an, dass Ugolino sich spätestens in ein paar Stunden von selbst wieder einfinden wird.«

Die Antwort ist Schweigen.

»Was habt ihr?«

»Sie wissen es«, flüstere ich, »alles.«

»Auch, dass wir sind pleite«, fügt Zio Franco mit gesenktem Haupt hinzu. Arianna nickt fatalistisch.

»Besser so, vielleicht.«

Die beiden einige Zeit später eintreffenden Polizeibeamten erfassen beeindruckend schnell die Lage. Nach einer knappen Befragung, in deren Zuge sich die geballte maiottische Familienenergie gemeinsam mit der schonungslosen Wahrheit als wild gestikulierendes deutsch-italienisches Wirrwarr entlädt, begegnen wir skeptischen Blicken.

»Da haben Sie am Telefon ja einiges verschwiegen«, sagt einer der Beamten zu Arianna.

»Also, ganz ehrlich«, resümiert der andere, »wäre ich Ihr Kind, würde ich mir auch mal eine Auszeit gönnen.«

»Da können wir gut noch ein paar Stunden zuwarten, ehe wir größere Suchaktionen starten«, bekräftigt ihn sein Kollege träge. »Sie werden sehen, spätestens morgen ist Ihr Sohn wieder da.«

»Morgen?« Arianna ist entsetzt.

»Oder früher. Seien Sie versichert, wir kennen das. Wahrscheinlich sitzt er irgendwo im Warmen und lässt es sich gutgehen.«

»Wie soll das möglich sein«, faucht Arianna, »ich habe überall angerufen.«

»Ohne Ihnen zu nahe treten zu wollen – in Ihrer Familie scheint es einige Geheimnisse zu geben. Denken Sie, dass Sie hinreichend über die Freunde ihres Sohnes informiert sind?«

Arianna steht den Beamten gegenüber wie eine Rachegöttin, die sonst sanftmütigen haselnussbraunen Augen blitzen kampfeslustig, das drahtige Haar hängt verfilzt herab. Die geballten Fäuste lassen einen ungebremsten Wutausbruch erwarten, der jedoch nicht eintritt: Sie lässt beide Arme sinken und kehrt den Polizisten den Rücken.

»Ich weiß gar nichts mehr.«

Die Beamten besprechen sich leise.

»Folgender Vorschlag: In ein paar Stunden, sagen wir« – er zückt seine Armbanduhr – »gegen neun, schauen wir wieder vorbei. Ist Ihr Sohn dann nicht da, ordern wir Einsatzkräfte und beginnen mit der Suche.«

»Und wenn etwas Schreckliches geschehen ist?«

»Eher beginnt die Gans da drüben zu fliegen«, meint der Beamte aufmunternd.

Aller Augen richten sich auf die unappetitliche, nackte Weihnachtsgans.

»Mensch, Oma«, schimpft Maura, deren Magen sich augenscheinlich wieder umdreht, »tu sie wenigstens in den Kühlschrank.«

Oma Liselotte ist empört: »In diesem Haus grassiert der Wahnsinn! Lasst es bitte nicht an mir aus! *Ich* bin völlig normal.«

Babbo packt die Gans, verschwindet in der Küche und schmeißt sie ins Kühlfach. Mama presst ihre Hände gegen die Schläfen. »Hört endlich auf! Es ist schlimm genug.«

Die beiden Beamten schütteln den Kopf.

Doch wir können noch mehr.

Kaum ist die Tür hinter den sich verabschiedenden Polizisten ins Schloss gefallen, beginnen die wechselseitigen Unterstellungen, Schuldzuweisungen, Verunglimpfungen.

Zio Franco wirft Angelo vor, der heiligen Famiglia Maiotti ein Kuckuckskind beschert zu haben, der entgegnet, dass er sich mit einem Pleitegeier wie seinem Vater erst gar nicht abgibt. Zia Gina, die, von Weihnachten und Ostern abgesehen, nur selten in die Kirche geht, erinnert großspurig an das vierte Gebot, dem zufolge man Vater und Mutter ehren muss. Arianna schreit, dass Angelo, und nur Angelo, mit seiner Engstirnigkeit schuld an der Misere sei, worauf der seiner Ehefrau damit droht, »endgültig alles auffliegen zu lassen«, was etwas übertrieben scheint, da bekanntlich bereits alles aufgeflogen ist. Mama presst weiter die Hände an die Schläfen, Babbo legt ihr den Arm um die Schultern und vergräbt sein Kinn in ihrem Haar. Nonna Elsa ergreift abwechselnd Partei für Schwieger- und Enkelsohn, Oma Liselotte zetert, dass sie nie, nie mehr wiederkommen wird, Nonno Corrado starrt unschlüssig in seine Karten, die von der Situation ebenfalls überfordert sind, Savia brüllt nach ihrem Bruder. Maura dagegen kneift im Hintergrund tapfer die Lippen zusammen, vielleicht ist sie der Ansicht, dass wer im Glashaus sitzt, nicht mit Steinen werfen soll.

»Mei, is des a Gfrett«, fasst Opa Franz den Stand der Dinge auf Bayerisch zusammen, und Arianna klagt dazu lautstark, dass sie die nächsten Stunden nicht überleben wird.

Und ich? Ich habe eine Idee.

Die Tasche meiner Jeans abtastend, werde ich schnell fündig.

»Vielleicht brauchen wir gar nicht so lange mit der Suche zu warten«, rufe ich in die Runde.

Arianna merkt auf. »Wie das?«

»Gib mir zehn Minuten.«

Im Flur setze ich mich auf die Treppe und tippe in die Tastatur meines Handys die Nummer auf dem Zettel in meiner Gesäßtasche ein.

Eine Verbindung kommt flott zustande.

»Ja, hallo?«

»*Ciao!*«, sage ich leise.

»Anna?«, tönt es auf der anderen Seite freudig überrascht. »Wie schön, ich hätte nie gedacht, dass du dich so bald meldest.«

Dass ich mich unter normalen Umständen voraussichtlich gar nicht gemeldet hätte, lasse ich klugerweise unerwähnt.

»Tut mir leid, dass ich am Feiertag störe«, fahre ich stattdessen fort, »ich hätte mal eine Frage …«

Eine Viertelstunde später ist sie da: die freiwillige Feuerwehr von Katzwang. Nacheinander klettern acht Mann in schmucker Uniform von einem noch schmuckeren Einsatzwagen mit Blaulicht auf dem Dach. Der Erste (nicht uniformierte) von ihnen ist Peter, der Letzte – Dottore Vincenzi.

»War wohl nichts mit dem 2. Januar«, bemerkt er versonnen, indem er die über dem Bauch spannende Jacke glatt streicht. »Schon länger keinen Einsatz mehr gefahren, aber wenn die Pflicht ruft! Feiertagsbedingt sind wir etwas dezimiert.«

»Hallo«, sagt Arianna, die hinter mich getreten ist, »wie gut, dass Sie da sind. Es geht um …« Beim Anblick meines Chefs bleibt ihr die Spucke weg. Ihn hat sie kaum erwartet, wie sollte sie?

»Es geht um meinen Patensohn Ugolino«, helfe ich aus, »acht Jahre, dunkelhaarig, circa 1,28 groß. Er ist seit heute Mittag verschwunden.«

»Vielleicht auch schon seit heute Vormittag«, präzisiert Arianna.

Peter stellt die Männer vor: »Johannes, Georg, Ludwig, Joseph, Robert. Davide kennst du. Und das ist mein Vater Wolfgang, der Kommandant.«

»Guten Abend zusammen«, grüße ich die Kameraden.

Arianna und »Davide« Dottore Vincenzi fixieren einander auf eigenartige Weise. Nicht feindselig, nicht angespannt, eher zurückhaltend, fast emotionslos. Wie zwei Menschen, die sich gut kennen, aber das Interesse aneinander verloren haben. Ich muss an die monatlichen 470 Euro denken.

So unbewegt die Mutter, so wissbegierig die Tochter.

»Wer ist der Onkel?«, fragt Savia, die sich an Ariannas Hosenbein geheftet hat.

»Das ist Annas Chef, er wird uns helfen, deinen Bruder zu suchen«, erklärt Arianna.

»Und wirst du ihn finden?«, erkundigt sich die Kleine ernst.

»Sì, cicciolina. Ja, kleiner Engel, das werde ich. Versprochen.« Selbst beim nicht sonderlich kinderlieben Dottore Vincenzi verfehlt Savias unschuldiger Charme seine Wirkung nicht.

Für weitere Höflichkeiten bleibt keine Zeit. Peters Vater Wolfgang stellt kleine Trupps zusammen. Außer den Großeltern beteiligen sich alle Anwesenden an der Suche. Babbo, Mama und Zia Gina begleiten Ludwig, Zio Franco gesellt sich zu Johannes, Georg und Joseph, Maura und Sammy zu Robert. Angelo und Massimo gehen allein und erhalten dafür die Spezialtaschenlampe von Dottore Vincenzi, der sich mit Wolfgang und einer zunächst zögerlichen Arianna auf den Weg macht. Letztere hat mit Angelo seit dem großen Knall kein Wort mehr gewechselt. Ich selbst halte mich an Peter.

Die Schäberles scheinen heimgekehrt, ihr Küchenfenster ist inzwischen schwach durch einen Lichtschimmer von irgendwo innerhalb des Hauses erhellt. Im Gegensatz zu den Nachbarn von gegenüber, die auf das Feuerwehrauto aufmerksam geworden sind und ihre Hilfe anbieten, bleibt ihre Tür verschlossen. Ziemlich ungewöhnlich für die sonst so neugierige Frau Schäberle, die von Dingen, die sie nichts angehen, angezogen wird wie Pu der Bär vom Honigpott.

»Wo sollen wir mit der Suche beginnen?«, fragt mich Peter, dessen Taschenlampe die Dunkelheit für mehrere hundert Meter durchbricht. Ich bin ratlos.

»Hast du irgendeine Vorstellung, wo er sein könnte?«

»Nicht die leiseste Idee. Wir haben überall angerufen und die nähere Umgebung abgesucht.«

Direkt hinter unserem Haus fließt die am Ufer mit Bäumen gesäumte Rednitz, im Anschluss erstreckt sich das weitläufige, von asphaltierten Spazierwegen durchzogene Areal des Wiesengrunds. Untertags führen dort Besitzer ihre Hunde spazieren, Kinder erproben sich im Fahrradfahren, an windigen Herbsttagen steigen Drachen in die Höhe. Um diese Zeit ist es menschenleer und einsam. Vor dem Haus teilen wir uns nach zwei Seiten hin auf. Einige Trupps schlagen über die Hauptstraße den Weg zu einem am Fluss entlangführenden Waldpfad ein, ich lenke Peter in die entgegengesetzte Richtung. Dort gelangt man, vorbei an einem verwunschen daliegenden aufgelassenen Fabrikgebäude, zu einer kleinen Brücke, die direkt in den Wiesengrund führt. Als Kind habe ich zu Hochwasserzeiten von diesem Aussichtspunkt oft die gurgelnden Strudel beobachtet und mich gegruselt. Heute jagt mir der Gedanke an den trübe dahinrauschenden Strom aus anderen Gründen Angst ein.

»Schmarrn«, bemerkt Peter, meine Befürchtungen erratend, »ein Achtjähriger fällt nicht einfach in den Fluss, und absichtlich springt er erst recht nicht rein. Was ist mit der Ruine da hinten? Spielt er dort, wenn er euch besucht?«

»Nein, das wäre zu gefährlich. Das Gebäude steht leer, solange ich denken kann. Schon Maura und mir war als Kindern streng untersagt, es zu betreten.«

»Und habt ihr euch daran gehalten?«

»Strikt.«

»So, so, zwei ganz brave Mädchen.«

Im Schein der Lampe fange ich einen schelmischen Seitenblick ein. Versucht er mit mir zu flirten? Unter anderen Umständen könnte man diese Situation als romantisch bezeichnen. Es ist vollständig dunkel geworden. Wir haben den Steg hinter uns gelassen, in unserem Rücken rauscht und gurgelt gedämpft das Wasser, vor uns öffnen sich die nächtlich verlassenen, vom weiten Firmament überspannten Wiesen. Am schwarzen Himmel funkeln die Sterne, der Schnee glitzert sanft im Licht des Mondes und im Kegel unserer Lampe.

»Heute ist Vollmond«, schwärmt Peter, »und der Himmel! So klar!« Er betrachtet mich aufmerksam. »Der Mond macht dein Gesicht ganz silbern, du siehst hübsch aus. Wie eine Elfe.«

Der schöne Peter, ein Senfbeschmierer, Medizinstudent und Poet! Ganz unberührt lassen mich diese Worte nicht, nur fühle ich mich im Moment wenig elfengleich.

»Bitte hör auf, ich komme um vor Sorge.«

Verschämt spähe ich über die Schulter. Ein ganzes Stück entfernt tanzt das Licht eines anderen Suchtrupps über den Schnee. Mama, Babbo, Massimo, Arianna? – Es ist nicht zu erkennen.

»Verzeih«, sagt Peter weich.

»Ugoliiiino«, tönt es durch die Nacht, von näher und fern, »Ugoliiino.« Ich vermeine Massimos Stimme herauszuhören, oder war es die von Angelo?

Fahl liegt die Landschaft im Mondschein. Eine Weile laufen wir kreuz und quer, unkoordiniert, mit bald heiserer Stimme laut den Namen meines Patensohns skandierend. Wie oft habe ich hier als Kind im Herbst versucht, meinen Papierdrachen mit dem bunten Schleifenschwanz in die Höhe zu ziehen. Bei nicht ausreichendem Wind oder starken Böen stürzte er ab. Wie oft bin ich diesen Weg an freundlichen Tagen mit Mama entlangspaziert. Einmal habe ich ihr dabei von meiner ersten unglücklichen Liebe zu einem Klassenkameraden erzählt, der am Ende den Verführungskünsten von Julie zum Opfer fiel. Mama konnte das überhaupt nicht verstehen. Noch im vergangenen Sommer habe ich ein paar Mal in Begleitung von Ugolino die Flussauen durchstreift, und den Wald auf der anderen Seite. Ugolino!

Hart packe ich Peter am Arm.

»Ich weiß, wo wir suchen müssen.« Letzten Sommer hatte mich Ugolino zu einer selbstgebastelten »Hütte« aus dicht verschlungenen Ästen geführt, die er, ein wenig entfernt von Gerasmühle, auf einer bewaldeten Anhöhe jenseits des Flusses und des weitläufigen Wiesengrunds errichtet hatte. Mit dem Fahrrad konnte er sie sowohl von seinem Elternhaus als auch von uns aus bequem erreichen. Mühsam waren wir in das zwischen belaubten Büschen verborgene igluartige Bauwerk gekrochen, in dem wir zu zweit so eben Platz fanden, und hatten in ein paar verlorene Sonnenstrahlen geblinzelt, deren Kraft durch Blätter und Geflecht drang. Ich wurde zu feierlichem Schweigen verpflichtet, niemandem durfte ich davon erzählen, schwören sollte ich auf *l'onore della famiglia*. Dass die Familienehre das Höchste ist, muss der damals Siebenjährige dem Gerede der Erwachsenen entnommen haben.

Ob dieses Iglu noch existiert und ob ich es wiederfinde? Wäre Ugolino um diese Uhrzeit dort, er würde erbärmlich frieren. Andererseits: Als wir daheim alles durchforsteten, waren seine dicke Winterjacke und die Wolldecke von meinem Bett verschwunden. Mein Patensohn scheint Vorsorge getroffen zu haben.

Leicht ist es nicht, die Stelle zu finden. Im Winter und noch dazu im Dunkeln sieht alles so anders aus, fremd und abweisend. Dafür sind die Äste kahl, das Unterholz zugänglicher.

Peter leuchtet voran. Wir durchschreiten einen kleinen Graben, dann geht es steil bergan.

»Ein Stück noch«, keuche ich, »da oben muss es sein. Weiter links.«

»Ugoliiino«, brüllt Peter. Keine Antwort, kein Echo, nichts. Von der Hütte ist nicht viel mehr übrig als das Grundgerüst mit einem Gewirr dürrer Äste darüber.

»Ugoliiino!«

»Hör auf zu rufen, gib mir die Lampe.« Peter gehorcht, und ich lenke den Strahl geradewegs durch das stark geweitete Einstiegsloch. Die Hütte ist leer.

Ich will mich schon enttäuscht zurückzuziehen, als im Augenwinkel etwas meine Aufmerksamkeit erregt, ein kurzer Flash, nicht mehr. Ich sehe genauer hin. In der Ecke, dort, wo das Gerüst laienhaft im Erdboden verankert ist, blitzt es grell pink. Ich gehe in die Hocke und dränge mich näher. Tatsache: Halb verborgen unter einem Zweig liegt Ugolinos pinkfarbene Plastikspinne.

»Er war da«, flüstere ich, »er war wirklich da.«

Nur, wo ist er jetzt?

»Hast du was gefunden?«

Rasch packe ich die Spinne und reiche sie nach draußen.

»Sie gehört Ugolino.«

Peter begutachtet das eklige Spielzeug kopfschüttelnd.

»Lass uns umkehren!«

Als wir erhitzt daheim ankommen, sind einige der Suchenden, darunter Arianna und Dottore Vincenzi, bereits zurück. Alle erfolglos. Ich präsentiere meinen Fund. Wolfgang betrachtet ihn stirnrunzelnd und meint, wir sollten ihn der Polizei zeigen. Die Stimmung ist gedrückt. Arianna weint, mein Chef versucht unbeholfen, sie zu trösten. Sein Versprechen gegenüber Savia vermochte er nicht einzulösen, Ugolino bleibt verschwunden. Die Kleine beschwert sich nicht, denn sie ist mit einem Kissen unter dem Kopf auf dem Boden im Eck hinter der Krippe eingeschlafen. Ihr zartes Gesichtchen strahlt etwas so Liebliches, zugleich Verletzliches aus, dass man es küssen möchte. Und genau das tut zu meinem großen Erstaunen Dottore Vincenzi: Er geht in die Knie, küsst Savia auf die Stirn und breitet, argwöhnisch beäugt von Maura, eine karierte Wolldecke über ihren zierlichen Körper. Meine Schwester hat sich zusammen mit Sammy, dessen Hand sie krampfhaft umklammert hält, in die entgegengesetzte Zimmerecke verdrückt. In der allgemeinen Aufregung bleibt unbemerkt, dass sie und mein Chef sich unbeholfen aus dem Weg gehen. Irgendwie passt das zu neulich, als Dottore Vincenzi beim Anblick von Maura wie eine Rakete im Hinterzimmer verschwand.

Savia verschläft leise seufzend den Kummer, die wachsende Angst, die jedes Mal durch den Raum schwappende Welle von Enttäuschung, wenn wieder ein Suchtrupp mit leeren Händen zurückkehrt. Die Pendeluhr zeigt auf zehn vor acht, in gut einer Stunde kommt die Polizei. Doch haben wir nicht bereits die gesamte Gegend durchkämmt? Nein, tröste ich mich, das sind Spezialisten, sie werden wissen, was zu tun ist. Die Nervosität wächst.

»Könnten deine berühmten Karten nicht ausnahmsweise etwas Kluges verkünden?«, piesackt Nonna Elsa ihren Ehemann.

»Tun sie ja.«

»Dann raus mit der Sprache: Wo ist Ugolino?«

»Wie oft habe ich dir erklärt, dass die Karten keine genauen Fakten liefern, sondern lediglich Bilder, Anhaltspunkte.«

»Sei mir nicht böse, Corrado«, interveniert Mama, »aber deine Karten interessieren mich gerade einen feuchten Kehricht.«

»Sollten sie aber«, insistiert Nonno ungerührt, »sie sagen

nämlich immerhin, dass Ugolino wohlbehalten zu uns zurückkehren wird.«

»*Ma quando?*«, brüllt Arianna wie ein waidwundes Tier. »Wann, wann, wann?«

Keiner der Anwesenden kann etwas Sinnvolles tun, keiner will die Segel streichen. Babbo unterhält sich mit Robert, die übrigen Feuerwehrleute stehen teils unschlüssig herum, teils haben sie sich am Tisch niedergelassen. Johannes knabbert geistesabwesend an einer Olive, Georg probiert die *alici* und verzieht das Gesicht.

»Bäh, sind die sauer.«

Bis auf Angelo und Massimo haben sich alle wieder eingefunden.

»Wir warten auf die Polizei«, beschließt Wolfgang, »dann sehen wir weiter.« Niemand widerspricht.

Ich fühle mich komplett überreizt, bin hundemüde und hellwach in einem. Wie durch einen milchigen Schleier zieht die Szenerie an mir vorüber, am liebsten würde ich mich verkriechen. Scheinbar bin ich da nicht die Einzige, denn plötzlich lässt Maura die Hand ihres Freundes fahren, springt auf und stürmt hinaus. Erneute Übelkeit?

Sammy will ihr nach, ich gebe ihm ein Zeichen: »Lass nur, ich übernehme das. Schwesternsache!«

»Wenn du meinst.«

»Bin gleich wieder da«, raune ich Peter zu, der kurz meine Hand drückt und sich seinem Vater zuwendet.

Das Badezimmer im oberen Stockwerk ist leer. Meine Schwester hängt ramponiert auf dem Schreibtischstuhl ihres Mädchenzimmers.

»*Mi sento una merda*«, begrüßt sie mich resigniert, »Mann, geht's mir scheiße.« Verwunderlich ist das nicht, in den letzten Tagen hat sie einiges mitgemacht. Die Verzweiflung über den mutmaßlich fremdgehenden Sammy, Trennung mit anschließender Versöhnung, Dauerübelkeit plus Dauerübergeben, ein positiver Schwangerschaftstest. Und zwischendurch musste sie noch einen Karpfen erschlagen.

»Sag, hat sich die Sache mit dieser« – ich krame in meinem Gedächtnis nach dem Namen – »Rosalie eigentlich aufgeklärt?« Die Antwort ist ein Gestus kraftlos in die Luft geworfener Arme.

»*Boh!* Was weiß ich? Vermutlich tatsächlich eine Freundin aus Schultagen. Kann ich es überprüfen?«

»Und wie hat Sammy auf den Einbruch in seinen Facebook-Account reagiert?«

»Hat er nicht gemerkt. Oder es war ihm egal.«

»So, so.« Meiner Schwester jedenfalls scheint es ziemlich egal zu sein. Spannend, zu beobachten, wie bei ihr in kürzester Frist die Tragödie von gestern zum Nebenschauplatz von morgen mutiert. An sich aber logisch, schließlich geben sich die Dramen bei ihr die Klinke in die Hand. Was hat sie mir heute Mittag verschwiegen? Jetzt, unter vier Augen, kann ich gut ein bisschen nachbohren. Diesmal lasse ich mich nicht abwimmeln.

»Heute Mittag wolltest du mir etwas erzählen.«

»Richtig«, setzt Maura an, »*il bambino, sai* …«

»Was ist mit dem Kind?«

»Mmh … ja … also, das ist etwas schwierig.«

»Hattest du bereits erwähnt.«

Maura zuckelt und zögert, stellt ihre Füße auf einen kleinen Hocker, zieht sie wieder zurück, begrapscht nervös ihr Haar, trommelt mit den Fingerkuppen auf die Tischplatte.

»Und?«

»Versprich erst, dass du mir keine Vorwürfe machst.«

»*Promesso!*«

»Na gut – es könnte sein, dass Sammy nicht der Vater ist.«

»Wie bitte?«

»Es könnte sein, dass Sammy nicht der Vater ist«, wiederholt meine Schwester überdeutlich artikulierend, als wäre ich zu doof, den Sinn der Worte zu erfassen.

»Spinnst du? Wie kommst du denn *darauf*?«

»Keine Vorwürfe! Ich hatte so was wie eine Affäre. Mit Sammy lief es schlecht, ich glaubte schon, es wäre aus. Da bin ich halt ein bisschen schwach geworden.«

»Bei der ersten Gelegenheit.«

»Na ja, bei der zweiten. Es war auch nur ein einziges Mal.«

»Verhüten konntest du natürlich nicht!«

»Ich habe die Pille vergessen«, wehrt sich Maura. »Auch nur ein einziges Mal. Glaub ich.«

»Ziemlich viele einzige Male irgendwie. Du siehst ja, was du davon hast!«

Maura schlägt mit der flachen Hand auf den Tisch.

»Das war genau der Grund, weshalb ich mich dir und nicht Mama anvertrauen wollte. Ich habe mich getäuscht, du bist kein bisschen besser.«

Über Mauras Pausbäckchen kullern schon wieder dicke Tränen, sie schnieft und wirkt dabei ein wenig wie das Kind, das sie erwartet. Die Schwangerschaftshormone? Ich schalte einen Gang zurück.

»Wer ist der Glückliche oder vielmehr der Unglückliche? Kenne ich ihn?«

Maura starrt an mir vorbei.

»Ich kenne ihn also«, seufze ich.

»Jep.«

Ich durchforste mein Hirn, presse es aus wie eine Zitrone, mir will jedoch niemand Plausibles einfallen.

»Massimo?«, tippe ich aufs Geratewohl.

»Der schleimige *mammone*? Wofür hältst du mich?«

Hätte mich tatsächlich sehr gewundert.

»Rick?«, versuche ich es erneut. Rick ist einer von Sammys Freunden und sehr männlich.

»Neeeeee.«

»Jetzt sag schon!«

Maura kapiert, dass es sich um kein Spiel handelt und sie liefern muss. Mit düsterer Miene beginnt sie herumzudrucksen. Dann, ganz unvermittelt, serviert sie die Wahrheit.

»Es ist dein Chef!«

Würde ich nicht bereits auf dem Sofa lümmeln, müsste ich mich setzen.

»Dottore Vincenzi?«, stammle ich entgeistert. »Hatte er es am Ende deswegen so eilig, zu verschwinden, als du mich in der Praxis abgeholt hast? Weicht er dir aus?«

»Genau das wollte ich am Montag rausfinden, seit dem Vorfall haben wir nicht miteinander gesprochen. Mir war die Sache furchtbar peinlich, schließlich ist er dein Chef. Ich wollte einfach mal testen, wie er auf mich reagiert.«

»Mit Flucht.«

»Scheint so. Eben war er ja auch komisch zu mir.«

»Eben war Ugolino verschwunden. Und nebenbei: Du hast dich nicht viel anders benommen.«

»Trotzdem.«

»'ffanculo. Was hast du dir dabei gedacht?«

»Gar nichts. Alles begann mit einem Scherz.«

»Seltsamer Humor.«

»Vor ungefähr fünf Wochen hatte ich einen Kontrolltermin. Ich war spät dran und außer Davide niemand mehr in der Praxis. Er meinte aber, das könne er schnell allein machen, da brauche er keine Helferin. Ich hätte ja gute Zähne.«

Natürlich, bei Maura ist alles top. Außer ihrer Lebensplanung.

»Da Sammy vorher ein paar Mal nach deinem Chef gefragt hatte, betrachtete ich ihn anders als sonst, mit einer gewissen Neugier. Wir plauderten über dies und das, und während er mein Gebiss unter die Lupe nahm, beklagte er sich über das Wetter, die deutschen Krankenkassen und eine *rompicogliona* von Patientin, die ständig Alibi-Termine vereinbart, weil sie hinter ihm her ist.«

»Signora Petrelli.«

»Einen Namen hat er nicht genannt. Er meinte nur, diese Person habe ihm sogar schon nach Feierabend vor der Praxis aufgelauert.«

»Klingt leicht übertrieben.«

»Davide fühlte sich komplett verfolgt. Gestalkt.«

»Herzzerreißend!«

»Mehr zum Spaß habe ich gesagt, das Ganze sei kein Thema. Er müsse sich bloß mal mit einer jüngeren Frau zeigen, das spräche sich herum und diese *strega* würde automatisch verduften.«

Signora Petrelli, eine verhexte alte Schachtel? Charmant.

»Wir haben geschäkert, geflirtet, dann hat er mich zum Essen eingeladen.«

»*Generoso*, sehr großzügig! Und weiter?«

»Draußen war es dunkel, ich habe niemanden gesehen, aber Davide meinte, da sei irgendwer, das müsse sie sein. Vorsichtshalber hat er den Arm um mich gelegt.«

Dass mein Chef ein *donnaiolo* ist, war mir nicht völlig unbekannt, aber dass er sich sogar an meiner Schwester vergreift!

»Was für ein Casanova! Und dann?«

»Sind wir zum Griechen gegangen. Zu dem in Reichelsdorf mit den extragroßen Portionen und dem leckeren Zaziki. Wir haben gegessen, getrunken, geplaudert. Es war richtig nett.«

»Kann ich mir vorstellen.«

»So nach dem vierten Ouzo ist die Sache außer Kontrolle geraten. Ich hab ein bisschen wegen Sammy gejammert, er hat mir Komplimente gemacht und aus der Serviette eine Papierrose gefaltet. Das fand ich süß.«

Ich kenne süßere Dinge, aber Maura findet auch meine Schneekugelsammlung super.

»Später sind wir zu ihm gegangen, ich wette, du hast keine Vorstellung davon, wie schick dein Chef eingerichtet ist.«

»Nein, und ich glaube, ich will es gar nicht wissen.«

»Als ich frühmorgens heimschlich, war ich ziemlich fertig.«

»Zu viel Ouzo? «

»Und Retsina. Was aus dieser Verehrerin geworden ist, habe ich leider nie erfahren.«

»Was soll aus ihr geworden sein? Signora Petrelli ist weiterhin bei uns Stammgast und dein lieber Davide ihr gegenüber stets ausgesucht freundlich. Vielleicht wollte er dich einfach rumkriegen.«

»Krass.«

»Oder er wollte sie ein bisschen eifersüchtig machen, weil er von ihrem Interesse letztlich geschmeichelt ist. Die Petrelli hat doch nicht wirklich auf der Straße gelauert! Aber er muss ihr was erzählt haben. Wahrscheinlich hat sie deswegen am Montag so komisch dahergeredet.«

»Pah«, macht Maura verächtlich, »Männer.« Der altersschwache Schreibtischstuhl knirscht unter ihrem Gewicht.

Mir schießt etwas durch den Kopf.

»Von wegen Männer«, nehme ich ihr Stichwort auf, »du sagst, du bist dir unsicher. Kommt Sammy denn überhaupt als Vater in Frage? Wenn ihr euch nicht mehr verstanden habt« – ich suche nach den passenden Worten –, »wart ihr vielleicht nicht mehr sehr vertraut miteinander.«

»Du meinst, von wegen Sex? Nö, sooo schlimm war es nun auch wieder nicht. Ich persönlich hätte ja abgewartet, was passiert«, gesteht sie entwaffnend ehrlich, »aber du siehst selbst, es ist nicht gut möglich. Wenn mein Kind nicht mindestens vollmilchschokoladenbraun wird, weiß Sammy Bescheid.«

»Da hast du recht!«

Maura dreht sich von mir weg. Eine Weile sehen wir vereint zum Fenster hinaus. In meiner Magengegend spüre ich ein sonderbares Ziepen. Mir ist, als müsste ich meiner Schwester etwas ganz Entscheidendes mitteilen. Nur habe ich keine Ahnung, was.

»Dottore Vincenzi ist nicht der Vater deines Kindes«, sage ich leichthin.

»Zu gerne würde ich das glauben«, stöhnt Maura.

»Ich glaube es nicht, ich bin mir sicher – irgendwie.«

»Irgendwie! Schwesterherz, Irrationalität ist mein Ding, nicht deins!«

Angespannt mit den Armen rudernd, schnappe ich nach dem Unfassbaren, das leider unfassbar bleibt.

»Warte, ich erklär's dir …«

Ein durchdringendes »Dingdong« an der Haustür unterbricht meine Bemühungen.

»Wie spät ist es?«

»Viertel nach acht«, brummt Maura.

»Dann ist es nicht die Polizei. Vielleicht …« Ich springe auf, rase aus dem Zimmer und überschlage mich beinahe, als ich die Treppe hinunterrenne. Im Flur ramme ich Arianna, die von der Küche aus ebenfalls durchgestartet ist.

»Pass doch auf«, schreien wir gleichzeitig, und gleichzeitig greifen wir nach der Türklinke.

Draußen steht Frau Schäberle. Wenn sie uns jetzt darauf aufmerksam machen möchte, dass wir die Straße nicht geräumt haben, bringe ich sie um. Doch es kommt anders.

»Fräulein Maiotti«, richtet sie sich an mich, voll gedämpfter Freundlichkeit, zugleich verlegen, »könnten Sie bitte kurz zu uns rüberkommen?«

Wie? Will sie mir etwa am 25. Dezember um 20.15 Uhr demonstrieren, wie man ordnungsgemäß die Küche putzt?

»Bitte«, wiederholt Frau Schäberle.

»Also offen gestanden«, erwidere ich distanzierter als beabsichtigt, »gerade ist es ausgesprochen schlecht. Wir befinden uns hier in einer etwas verfahrenen Situation.«

»Aus der wir Sie womöglich befreien können.«

»Sie machen mich neugierig.«

Die scheinbar allwissende Nachbarin wird mir unheimlich. In Pantoffeln stolpere ich hinter ihr her, Arianna will mir folgen.

»Nein, nur sie«, wehrt Frau Schäberle, auf mich deutend, ab und winkt mich ins Haus.

»Ich versichere Ihnen, wir hätten Sie früher benachrichtigt«, erklärt sie hölzern, »aber er behauptete steif und fest, ein armes Waisenkind zu sein, das am Weihnachtstag nicht zurück ins Heim möchte. Und ich habe ihn hier noch nie gesehen. Wir sind ja auch erst vor ein paar Monaten eingezogen.«

»Wovon sprechen Sie?«

»Kommen Sie mit.«

Sie führt mich ins Wohnzimmer. Dort wirkt alles sehr anheimelnd, freundlich, und es ist gar nicht so ordentlich wie gedacht. Über den Tisch ist ein Schafkopfspiel hingebreitet, im Eck prangt ein mit Zinnfiguren und Holzspielzeug geschmackvoll behängter Weihnachtsbaum, darunter befindet sich eine rustikal geschnitzte Krippe, die sehr teuer gewesen sein muss. Daneben steht, mit geblümter Teetasse in Händen und Sorgenfalten auf der Stirn, Herr Schäberle, ein farbloser Beamtentyp Mitte, Ende fünfzig. Auf dem Sofa aber sitzt, eingemummt in meine Kuscheldecke:

»Ugolino!«

Da hockt er, der kleine Satansbraten, auf einem urgemütlichen Plüschsofa, vor sich einen dampfenden Becher heißer Schokolade.

Frau Schäberles knielanger Musselinrock kleidet sie perfekt. Überhaupt ist unsere Nachbarin wie ausgewechselt. Kein Keifen, keine Dreistigkeit, keine Besserwisserei. Dafür echte Besorgnis, ein schlechtes Gewissen und – ich kann es nicht fassen – eine Flasche Pikkolo auf der Kommode. Kein Prosecco Valdo, das nicht, aber Freixenet, immerhin.

»Wie gesagt, es ist uns extrem peinlich, und er hat darauf bestanden, ausschließlich mit Ihnen zu sprechen.«

Ich unterziehe den Ausreißer einer strengen Musterung. Das zerzauste Wuschelhaar, die ein wenig zerknirscht dreinblickenden Kastanienaugen, der in die Decke gewickelte Kinderkörper heischen nach Mitleid.

»*Ragnetto!* Das ist ein Ding.« Meine Stimme kippt vom Koloratursopran in den Kontra-Alt. Ugolino duckt sich auf dem Sofa zusammen. »Sagen wir so«, füge ich, die Erleichterung kaschierend, in halbironischem Ton hinzu, »dein Anblick bestätigt zumindest das gute alte Sprichwort: Lügen haben kurze Beine. Verdammt kurze!«

Gleich und Gleich ...

... gesellt sich gern. »*Chi s'assomiglia si piglia*«, lautet Babbos übliches Statement, wenn Nonna, Mama, Arianna und Zia Gina munter in der Küche vor sich hin schnattern oder wenn Nonno Corrado und Opa Franz in behäbigem Einklang auf dem Sofa schweigen. Manchmal auch, wenn er selbst und Zio Franco sich einvernehmlich aus dem Trubel zurückziehen, um ihre mystische Zigarre zu schmauchen.

Möglicherweise käme ihm ein solcher Kommentar auch jetzt über die Lippen, wo die Schäberles, beide gleich aufgescheucht, gleich blässlich, gleich besorgt und irgendwie peinlich berührt, sich stockend anschicken, die Situation zu schildern. Ehe die beiden jedoch überhaupt einen Laut von sich geben können, stürze ich mich auf Ugolino, schließe ihn in die Arme und lasse ihn nicht mehr los.

»*Ragnetto*«, schreie ich, »wie konntest du uns das antun?« Dabei ist wohl eher die Frage, wie *wir* das *ihm* antun konnten. »Bist du unverletzt? Ist dir kalt? Hast du Hunger? Durst?«

Ugolino nickt abwechselnd und schüttelt den Kopf, wirft mir seine Ärmchen um den Hals, drückt die Wange fest an meine Brust. Sein Haar riecht nach feuchten Kiefernnadeln und Schnee.

»Gott sei Dank bist du wieder da, *grazie a dio*!« Etwas Klügeres fällt mir nicht ein. Sichtlich berührt von dieser Szene, übernimmt Herr Schäberle die Regie.

»Das war so«, setzt er an, »meine Frau und ich haben heute Nachmittag einen Spaziergang gemacht.«

Herrn Schäberle habe ich bisher kaum als eigenständige Person wahrgenommen, mehr als Anhängsel von jemandem, mit dem wir Ärger haben. Nüchtern betrachtet, entwickelte sich die Abneigung zwischen seiner Frau und meiner Familie infolge einer empörten Beschwerde von Nonna, die behauptete, Frau Schäberle habe sie schief angesehen, als sie eines Morgens mühevoll unsere überquellende, stinkende Biotonne zur Sammelstelle für die Abholung schob. Gesagt habe Frau Schäberle zwar nichts, nein, doch scheel angesehen habe sie sie, so richtig *di sbieco*, das bestimmt. Worauf Nonna sich eines Kommentars bezüglich der heiligen Ordnung der Schwaben nicht habe enthalten können. Worauf wiederum Frau Schäberle … War es so, war es anders? Die Sache bei solchen Dingen ist die, dass man es hinterher nicht mehr so genau nachvollziehen kann. Streng genommen hat Herr Schäberle mit dem Ganzen gar nichts zu tun.

»Wir gingen also spazieren, hinten im Wiesengrund, drehten eine schöne Runde. Dann, gegen vier Uhr …«

»Etwas später«, korrigiert seine Ehefrau, »das muss etwas später gewesen sein.«

»Kurz nach vier Uhr stellte ich fest, dass ich, nun ja, zur Toilette musste. Nach Hause war es nicht sehr weit, aber in gewisser Weise eben doch zu weit, Sie verstehen.«

»O ja.«

»Darum habe ich mich spontan in die Büsche geschlagen, normal keine große Sache, in diesem Fall jedoch …« Seine Worte verebben.

»In diesem Fall hat er an meine Hütte gepinkelt«, quiekt Ugolino. Seit seinem wunderbaren Wiederauftauchen ist dies der erste zusammenhängende Satz, den er von sich gibt. Herr Schäberle hüstelt genant.

»So könnte man es ausdrücken. Urplötzlich rührte sich was im Busch, und da saß der Junge. Zitternd und zähneklappernd.«

»Nur ein bisschen«, protestiert Ugolino.

»So haben wir ihn gefunden«, ergänzt Frau Schäberle.

»*Fortunatamente!*« Die Erleichterung hat mich noch immer fest im Griff.

»Er verweigerte strikt jede Aussage darüber, wohin er gehört, bestand darauf, elternlos zu sein, ohne Familie, völlig allein auf der Welt.«

»Ihm sind Grimms Märchen nicht bekommen!«

»Aber ich *bin* allein und elternlos«, insistiert Ugolino.

»Übertreib nicht, *ragnetto*«, korrigiere ich ihn, »zumindest deine Mutter ist deine Mutter.«

»Na super!«

Frau Schäberles Blick fliegt verwirrt zwischen Ugolino und mir hin und her.

»Wir waren unsicher, was zu tun ist. Letztlich haben wir ihn mit hierher genommen.«

»O ja, das habt ihr!«, grinst Ugolino. »Ihr seid nett!«

Herr Schäberle kratzt sich verlegen am Hinterkopf. »Danke, gleichfalls!«

Kaum zu glauben! Während bei uns Polizei und freiwillige Feuerwehr anrückten, saß Ugolino wenige Meter entfernt auf der Couch der hingebungsvoll um ihn bemühten Schäberles. In der guten Stube jener Nachbarn, mit denen wir aus welchem Grund auch immer im Clinch liegen. Niemand von uns, selbst meine diplomatische Mutter nicht, hätte je daran gedacht, hier nachzufragen, im Leben nicht.

»Erst als wir ihm zu verstehen gaben, dass wir die Polizei verständigen müssen, wenn er weiterhin nichts sagt, kam er mit der Sprache heraus. Da waren wir schon etwas verblüfft!«

»Kann ich mir denken!« Chaotisch, unzuverlässig, verantwortungslos, an einem einzigen Nachmittag hat die Famiglia Maiotti alle ihr entgegengebrachten Vorurteile restlos bestätigt.

»Wir haben den Jungen noch nie bewusst wahrgenommen, obwohl wir über Ihre Familie ja ganz gut im Bilde sind. Manchmal beobachten wir Sie nämlich, bei Ihnen ist immer so viel los.«

»Ich weiß«, bekenne ich mit geneigtem Haupt, »wir fahren verbeulte Autos, sind nervötend, laut, mit einem Wort – unzumutbar. Und völlig kehrwocheninkompetent.«

»Vielleicht ein wenig«, gibt Frau Schäberle zu. »Aber andererseits so lebendig!«

»*Molto vivaci!*«, kräht Ugolino.

Hätte mir jemand vor zwei Tagen gesagt, dass dieselbe beständig den Feudel schwingende und Zio Francos Dreckskarre beschimpfende Frau Schäberle einmal beinahe neidvoll unsere »Lebendigkeit« preisen würde, ich hätte ihn für verrückt erklärt. Mein Hirn kann das alles gar nicht verarbeiten, ich weiß nicht, was ich denken, geschweige denn sagen soll. Herr Schäberle rettet die Lage.

»Ugolino wollte ausschließlich mit Ihnen sprechen, er meinte, Sie seien seine Patentante und die einzig Normale in der Familie. Die Einzige, die weder herumzickt noch rund um die Uhr mit Kochen oder Kartenlegen beschäftigt ist.«

Ich fühle mich geschmeichelt.

»Vielen Dank. Das ist in etwa korrekt umschrieben. Und nun, verzeihen Sie, sollten wir lieber rübergehen. Die anderen machen sich gewiss große Sorgen. *Su ragnetto, avanti!*«

Ugolino verschränkt trotzig die Arme vor der Brust.

»*No!*«

Mir wird heiß. Bloß keine Szene, nicht jetzt, wo die gestrengen Schäberles gerade dabei sind, ihre Anti-Maiotti-Haltung zu überdenken.

»Ich will nicht heim.«

»Du musst.«

»Ich will auch nicht mehr ins *Vesuvio*. Mamma und Babbo haben mich angelogen.«

»Später im Leben wirst du die Erfahrung machen, dass man nicht immer die Wahrheit sagen kann.« Seichtes Erwachsenengeschwätz, das Ugolino unbeeindruckt lässt.

»Später, später. Kann ich nicht hierbleiben?«, schlägt er vor. »Hier gefällt es mir. Es ist so entspannt.«

Zu meiner großen Verblüffung glätten sich die Falten im Antlitz von Herrn Schäberle, und die Augen seiner Gattin beginnen zu glänzen wie zwei blanke Sterne am Christhimmel.

»Das geht leider nicht, kleiner Schatz. Aber du kannst jederzeit wiederkommen. Du bringst Leben ins Haus«, sagt Frau Schäberle.

»*Grazie*, Tante Heidi«, bedankt Ugolino sich wohlerzogen, »*grazie*, Onkel Ernst.«

»Tante Heidi«, »Onkel Ernst«, mir wird ganz schummrig von so viel spontaner kindlicher Zuneigung – und von so viel überwältigender Sturheit. Es bedarf einiger Überzeugungskünste und am Ende einer ungelenken Eskortierung durch die Schäberles, bis wir uns nicht mehr in deren Wohnzimmer, sondern allesamt ein Haus weiter auf der Schwelle zu unserem eigenen wiederfinden.

Das bei unserem Eintreffen losbrechende Tohuwabohu sucht seinesgleichen: eine kreischende Arianna, die unter vielmündigen Oooohs und Aaaahs der Umherstehenden den wehrlosen Sohn an den mütterlichen Busen presst, staunende Feuerwehrleute, beglückte Verwandte. Der Lärmpegel entspricht dem eines Badeseeufers zur Hochsaison.

Das einst feindliche Nachbarehepaar tauscht unbehagliche Blicke. Wie sollen sie sich verhalten? Unnötige Sorge. Als heldenhafte Retter des Sohns, Enkels, (Groß-)Neffen, Patenkinds gehören die Schäberles quasi umgehend zur *famiglia*. Zia Gina schleppt Glühwein, Mama einen Stuhl herbei, Nonno macht sogar auf dem Sofa Platz. Kurzfristig herrscht ein nahezu idyllischer Zustand, ein Abbild des Elysiums. Allein Babbo verhält sich gewohnt sachlich. »Ich verständige die Polizei«, brummt er fatalistisch, »zumindest das hat sich wohl erledigt.«

»Und wir können abrücken«, bekundet Kommandant Wolfgang stellvertretend für seine Kollegen.

»Ich bleibe«, erklärt Dottore Vincenzi prompt, »Angelo und der Typ im roten Mantel haben meine Taschenlampe.« Damit widmet er sich am Kopfende der Tafel dem kläglichen Rest der gefüllten Oliven. Daheim scheint der *donnaiolo* nicht eben dringlich erwartet zu werden.

Uns anderen wird erst in diesem Moment bewusst, dass zwei Personen fehlen – mein Cousin und Massimo, der Weihnachtsmann. Ugolino windet sich prompt aus der schraubstockartigen Umklammerung seiner erleichterten Mutter:

»Mamma, hör auf damit, ich bin schon groß. Wo ist Babbo?«

Arianna reagiert leidenschaftslos: »Wir haben dich alle gesucht, er ist noch unterwegs.«

»So spät?«, frage ich.

»Warum nicht? Dem passiert schon nichts. Außerdem hat er Massimo.«

»Ich glaube, ich bleibe auch noch ein bisschen«, raunt Peter mir zu, »darf ich?«

Mein Herz beginnt zu klopfen wie nach einem 1000-Meter-Sprint, nur dass man da nicht zugleich das Gefühl hat, drei Tütchen Frigeo-Brause auf einmal hinuntergekippt zu haben.

»Gerne.«

Unsere freundlichen Helfer brechen auf, nicht ohne vorher mit von Nonna eilig zusammengestellten Dankes-Care-Paketen aus Gebäck und Panettone überhäuft worden zu sein. Die Schäberles sitzen wie festgefroren auf den ihnen zugewiesenen Plätzen, eine solche Show bekommen sie nicht alle Tage geboten.

Wo bleiben Angelo und Massimo? Letzterer könnte sich zur eigenen *famiglia* verabschiedet haben, seine Dienste als Weihnachtsmann sind nun ja überflüssig. Ob aber Angelo imstande wäre, sich einfach zu verdrücken? Warum nicht, letzthin tut mancher von uns eigenartige Dinge.

Feuerwehrmann Joseph, ein hochaufgeschossener Vierzig-jähriger mit raspelkurzem, angegrautem Haar und wulstigen Lippen, scheint mit Hellsichtigkeit gesegnet.

»Die sind hinter euch gewesen«, sagt er im Hinausgehen zu mir, »sie haben heftig diskutiert. Besonders der eine war total konfus – dieser Angelo. Kein Wunder, ist schließlich kein Spaß, so ein verschwundenes Kind.«

Nachdem die Feuerwehrleute unter Gepolter abgezogen sind, beäugt Frau Schäberle sorgenvoll den auf dem Boden zu-rückgelassenen Dreck, über den Nonna mühelos hinwegsieht. Und Babbo weiß Rat.

»Wozu gibt es *cellulari*«, meint er pragmatisch, »rufen wir sie an.« Der erste Versuch einer telefonischen Kontaktaufnahme startet ein fetziges »Schuld war nur der Bossa Nova« auf der Fensterbank, wo Angelo sein Handy abgelegt und vergessen hat. Ich wusste gar nicht, dass mein Cousin einen derart grot-tigen Musikgeschmack hat. Im zweiten Anlauf wähle ich die in meinem Gerät zu *Babbo-Natale*-Zwecken eingespeicherte Nummer von Massimo. Es beginnt vielversprechender: Frei-zeichen, einmal, zweimal, viermal, sechsmal, dann ein hohles »tut, tut, tut«. Ich probiere es erneut. Erfolglos. Das kann alles bedeuten und nichts, wahrscheinlich ist Massimo tatsächlich längst nach Hause gegangen und will seine Ruhe. Verübeln kann man es ihm nicht. Als Weihnachtsmann bestellt, als Ver-misstensuchhund eingesetzt, etwas irre. Gedanken mache ich mir um Angelo.

»Wie seltsam«, murmle ich vor mich hin. »Wir müssen ihn auftreiben. Er sollte erfahren, dass Ugolino wieder da ist«, sage ich laut. »Sonst sorgt er sich zu Tode um seinen Sohn.«

»Ich bin nicht sein Sohn«, hält Ugolino, dem dieser Umstand

vorhin kurzzeitig entfallen schien, trotzig fest. Es klingt nicht mehr sehr überzeugt. Der maiottischen Nestwärme kann niemand auf Dauer widerstehen, vor dem berauschenden Dunstkreis der *famiglia* kapitulieren selbst schwierigere Gemüter. Zum Beispiel Herr und Frau Schäberle, die das dargebotene Programm weiterhin interessiert verfolgen.

»Vergiss die Gene, *ragnetto*«, entgegne ich weise, »glaub mir, du bist viel mehr der Sohn deines Vaters, als du dir momentan vorstellen kannst. Ich jedenfalls gehe Angelo jetzt suchen! Weit kann er nicht sein.« Entschlossen schiebe ich mein Handy in eine der vorderen Hosentaschen, und nicht weniger entschlossen ziehe ich Peter samt seiner Feuerwehrtaschenlampe zur Tür.

»Die kühle Nachtluft tut gut!«, seufze ich, sobald wir auf die Straße treten. »Ich musste da mal raus.«

Peter gluckst verhalten.

»Offen gestanden frage ich mich inzwischen, ob ich dich wirklich um deine Familie beneiden soll.«

»Sag ich doch.«

Automatisch schlagen wir denselben Weg wie am frühen Abend ein. Was für ein Tag! Weil ich fast nichts gegessen habe, meldet sich mein strapazierter Magen mit einem wütenden Knurren.

»Sollen wir uns wirklich noch mal auf die Suche machen?«, fragt Peter nach einer Weile. »Das wird nichts bringen. Es ist Stunden her, dass wir sie irgendwo da hinten gesehen haben« – er deutet vage ins Dunkel. »Sie könnten überall sein.« Aus ihm spricht eine medizinstudentische Rationalität, in der ich ein kleines Stück meines Babbo wiedererkenne. Der Gedanke wärmt meine Seele.

»Du hast recht, aber lass uns ein paar Schritte gehen. Es ist so schön hier draußen.«

Statt zu antworten, schreitet Peter gemächlich zu meiner Linken voran. Er hat die Taschenlampe ausgeknipst. Im matten

Mondlicht hebt sich der Asphaltweg gut erkennbar von den an ihn angrenzenden schneebedeckten Wiesen ab. Ich liebe die Nacht. Anders als im sommerlichen Italien, wo sie erfüllt ist vom Zirpen der Zikaden und geschwängert von allerhand mediterranen Düften wie Thymian, Rosmarin oder Salbei, liegt sie auf der winterlichen nordischen Aue schwer wie ein Tuch. Das hat nichts Bedrückendes, vielmehr empfinde ich ein Gefühl der Klarheit und erstmals in diesem Jahr ein Gefühl von Weihnachten. Über uns breitet sich ein großer, stiller Friede. Peter erweist sich als idealer Weggefährte. Kein weiterer Kommentar, keine Ratschläge, keine unsinnigen Fragen, deren sich manch anderer nach solchen Turbulenzen nicht enthalten hätte. Die gnädig dämpfende Nacht sorgt für eine von mir tief empfundene Atmosphäre der Selbstverständlichkeit und Vertrautheit. Ob mein Begleiter ähnlich fühlt? Die Frage beantwortet sich mit der gespenstischen Zeitversetzung weniger Sekunden.

»Als wäre es immer so gewesen«, sagt Peter. Ich lächle beseelt, doch im selben Moment erfasst mich ein nagender Zweifel. »Als wäre es immer so gewesen« – das mag vieles heißen. Zuneigung oder Monotonie, Sympathie oder Langeweile. Vielleicht auch Verliebtheit?! Aufmerksam horche ich seiner in mir verhallenden Stimme nach, eine Facette suchend, die mir die genaue Bedeutung der Worte entschlüsseln könnte. Da scheint nichts zu sein. Weder feine Ironie, die das Gesagte als Scherz entlarven würde, noch Innigkeit oder Sehnsucht. Bloß Neutralität.

Ugolino hat es längst erkannt: Ich mag Peter. Mehr, als ich irgendjemandem eingestanden hätte, am wenigsten mir selbst. Geht es ihm ebenso? Er hat mir seine Nummer gegeben. Er hat gesagt, dass die Hoffnung zuletzt stirbt. Andererseits habe ich mehrfach Telefonnummern aus reiner Sympathie erhalten, von Männern, die sich in Wahrheit für Maura interessierten. Ich kann »so verdammt nett« sein, und ich habe eine unterhaltsame

Familie, manchmal reicht das. Der Beweggrund Maura scheidet in diesem Fall aus. *La famiglia? No.* Bleibt meine verdammte Nettigkeit, die man in Bezug auf Peter ebenfalls nicht unbedingt ins Feld führen kann. Zweimal habe ich ihn stehen und einmal im Unklaren gelassen, um mich dann überstürzt bei ihm zu melden, weil ich die Hilfe seines Feuerwehrvaters benötigte. Kein Exempel herausragenden Benehmens. Ich brauche mich nicht wundern, wenn er genug von mir hat. Jemand greift nach meiner linken Hand. Der raue Klang von Peters Stimme reißt mich aus den Gedanken.

»Im Mondlicht wirkt der Ärmel deines – Dufflecoats – geradezu unbefleckt.«

»*ACE detersivo freschezza di bucaneve*«, sprudelt es ohne weitere Überlegung aus mir hervor, »Nonna importiert es flaschenweise aus unserer Heimat. *Prendi due paghi uno.*« Man sollte mich ohrfeigen, unbedingt. Eine subtile Spur von Romantik, und mir fällt nichts anderes ein als eine Stellungnahme zur italienischen Sonderpreispolitik. »Zwei zum Preis von einem« – Nonna folgt beim Erwerb ihres nach Schneeglöckchen duftenden Spezial-Waschmittels demselben Prinzip wie Zio Franco beim Kauf seiner abgeschmackten Nutten-Feuerzeuge.

Peter könnte meine Hand jetzt loslassen. Er tut es nicht.

»Ehrlicherweise finde ich, dass du selbst sogar noch besser aussiehst als der Ärmel deines Mantels.«

»Unbefleckt?«, frage ich entsetzt.

»O nein, nein! Gut, einfach sehr gut. Aber das weißt du wohl.«

No.

»Du bist eine so wunderbare Mischung aus italienischer Optik und deutscher Zurückhaltung«, sagt er und bleibt stehen. Ich tue es ihm gleich, wende mich ihm zu. Im diffusen Halbdunkel des Mondes ist schwer zu erkennen, ob seine blauen Augen Funken schlagen. Eigentlich kann es nicht anders sein, in dieser Situation, in einer heiligen Feiertagsnacht, unter den vereinzelten Sternen und dem guten Mond. Meine Eingeweide durchkriecht ein Schauern. Ich muss aufs Klo. Dringend. Das letzte Mal pinkeln war ich am frühen Nachmittag, ehe die ganze »Wo-ist-Ugolino-Hektik« begann.

»Was denkst du?«, fragt Peter.

Was ich denke? *Das* kann ich ihm nun wirklich nicht sagen.

»Nichts.«

Peter lässt meine klammen Finger los, um meine beiden Wangen mit überraschend warmen Händen zu umfangen. Dann beugt er sich zu mir herab und berührt meinen Mund ganz sanft mit seinen Lippen, beinahe flüchtig.

»Und jetzt?« Meine Antwort ist die wortlose Imitation einer Salzsäule.

»Ich weiß«, seufzt mein Begleiter, »es ist nicht der richtige Moment. Ich habe nur inzwischen den Eindruck gewonnen, dass es bei deiner Familie den richtigen Moment niemals geben wird.« »*Devi cogliere la palla al balzo!* Du musst die Gelegenheit beim Schopf packen!«, hallt es von fern in meinem Kopf – unisono aus den Mündern meiner *famiglia*, die den richtigen Moment zu zerschlagen droht. Ich erwache aus der Erstarrung.

»*Esatto!*«, rufe ich an Peters Ohr vorbei in die kalte Winternacht. »Wie recht du doch hast.« Flink hebe ich mich auf die Zehenspitzen, schlinge die Arme um seinen Hals und küsse ihn zurück. So atemlos und leidenschaftlich, dass ihm Hören und Sehen vergeht. Von wegen deutsche Zurückhaltung! Ich bin immerhin eine halbe Italienerin, auch mitten in der klirrenden Kälte des nordischen Winters. Ein paar Knutschereien und blödes Gefummel auf Klassenfahrten oder in den Sommerferien habe ich hinter mir. Es ist also nicht mein erster Kuss, aber mein heftigster. Er schmeckt nach einem Hauch der *alici marinate*, die Peter bei uns daheim gekostet hat. Letztlich ist *la famiglia* eben stets präsent, und sei es in Form aromatischer Spuren eingelegter Sardellen.

Hatte das Verschwinden meines Patensohns am Ende etwas Gutes? Habe ich mich nicht allein deswegen dazu durchgerungen, Peter überhaupt zu kontaktieren?

»Wow«, sagt der, als er zum Luftholen kommt, und dann gleich noch einmal: »Wow.« Es klingt im positiven Sinne ungläubig. Daher lege ich nach. Mein Gegenüber hat sich so weit gefangen, dass wir uns auf Augenhöhe begegnen. Wir bezärteln und beschmusen uns wie Teenager, die wir nicht mehr sind. Meine frostigen Zehenspitzen verschiebe ich ebenso wie den stärker werdenden Harndrang in eine der entlegeneren Regionen meines Bewusstseins. Die Endorphin-Ausschüttung aufgrund der unerwarteten Wende dieses verrückten Weihnachtstags scheint intensiv genug, um das zu ermöglichen. Mehr und mehr finde ich Gefallen an diesen Küssen, an meinem klopfenden Herzen, an Peters vertrauter werdendem Männergeruch. Vor meinen geschlossenen Lidern ziehen Bilder vorüber. Der Senfärmel auf dem Weihnachtsmarkt, *Santa Claus* im Palmy Beach, die zickige Julie, der furchtsame Peter im Behandlungsstuhl von Dottore Vincenzi. All das in wenigen Tagen. Kann es so einfach sein? Kann das Leben sich in kurzer Zeit von Grund auf ändern? Ist das so, wenn Amor zuschlägt? Ich sollte Maura fragen. Nein, sollte ich nicht. Die Antwort muss ich mir selbst geben. Diesmal bin ich die Hauptdarstellerin, ich ganz allein. Auf dem Scheitelpunkt einer besonders intensiven Welle des Glücksgefühls vibriert es in meiner Hosentasche. Ich werde das ignorieren. Ein einziges Mal möchte ich meinen Frieden. Da ich mich jedoch ganz fest an Peter presse, überträgt sich die Vibration auch auf ihn. So viel zum passenden Moment.

»Dein Handy!«

»Die können mich mal.«

Er küsst mich auf die Nasenspitze.

»Etwas Wichtiges vielleicht?« Der Romantik-Parabelflug hat seinen Scheitelpunkt überschritten und lässt die Schwerelosigkeitsphase hinter sich. Mühsam nestle ich mit eisigen Fingern den schnurrenden Apparat aus der Hosentasche. Das Vibrieren verebbt. Ich kontrolliere das Display.

»Das war Massimo, vermutlich ist er längst daheim.«

»Willst du nicht zurückrufen?«

»Wozu? Solange er noch anrufen und stören kann, ist er jedenfalls nicht tot. Und Angelo mit Sicherheit ebenso wenig.«

Dieser bestechenden Argumentation kann Peter sich nicht verschließen.

»Dennoch«, flüstert er besorgt, weiterhin ganz nah bei mir, »es ist kalt, und du frierst, wir sollten umkehren.«

Widerwillig gebe ich nach. Etwa 150 Meter vor uns kreuzt eine um diese Uhrzeit kaum befahrene Straße den Wiesengrund. Entweder wir nehmen die, oder wir kehren um. In beide Richtungen ist der Heimweg gleich weit. Weil die Asphaltstraße Laternen säumen, entscheide ich mich für diese Alternative.

Peter greift nach meiner Hand. Langsam setzen wir uns in Bewegung.

»Seltsam, ich hätte nicht gedacht, dass du mich magst. Zumindest hätte ich nicht darauf gewettet.«

»Und ich hätte geschworen, du bevorzugst Julie. Darauf hätte ich durchaus gewettet.« Wie wohlig kribbelnd, das auszusprechen, jetzt, wo es anders ist.

»Du überschätzt Julie«, entgegnet Peter nachdenklich, »und du unterschätzt dich selbst.«

Sein Kompliment macht mich verlegen.

»Aber ich bitte dich, insgeheim vergöttern alle Männer Frauen wie Julie. Attraktiv, weltgewandt, erfolgreich.«

»Weltgewandt«, sagt mein Begleiter schmunzelnd, »na ja.«

»Sie arbeitet für einen internationalen Modekonzern und fährt zu Business-Meetings nach Mailand.«

»Das mag ja sein.«

»Du zweifelst daran?«

»Nein, ich relativiere, mir sind ein paar Dinge zu Ohren gekommen.«

»Was für Dinge?«

»Zum Beispiel, dass sie zu einem der von dir erwähnten Meetings zu spät kam, weil sie sich davor in einem schicken Restaurant ein *risotto alla Milanese* gönnte.« Könnte passen. »Der Termin ging in die Hose, und alle waren stinksauer.«

»Wer behauptet so etwas?«

»Eine ziemlich verlässliche Quelle: ihr Freund.«

»Dennoch, Julie ist so unheimlich – attraktiv.«

»Das bist du auch.«

Scheint, als müsste ich mein Misstrauen besiegen.

»*Grazie, altrettanto*«, gebe ich stotternd zurück, »danke, gleichfalls.«

»Dem ist nichts hinzuzufügen«, befindet Peter zufrieden, »Gleich und Gleich gesellt sich eben gern!«

Inzwischen haben wir die Straße erreicht. Nach einigen Metern überqueren wir eine breite Brücke; eine Biegung nach rechts, ein Stück geradeaus, und dann geht es mir wie zuvor meinem Patensohn: Ich will nicht zurück zur lärmenden, neugierigen *famiglia*, will es bis aufs Letzte auskosten, dieses unbefangen selige Gefühl des absolut Unversehrten, Neuen, das im Licht eines anderen Tages nicht mehr so intensiv sein wird wie in dieser verheißungsvollen Nacht. Ins Nachsinnen über eine geeignete Formulierung meiner Empfindungen schiebt sich ein linker Hand auftauchender Rettungsanker ins Blickfeld: der Winzerhof. An der Fassade baumeln mit Schneemützchen überzogene Bocksbeutel-Girlanden, die Fenster im Erdgeschoss sind schummrig erleuchtet. Das Restaurant ist feiertags geöffnet.

»Lass uns da reingehen«, murmle ich, »nur für eine halbe Stunde, auf ein Glas Silvaner oder so.«

Mir ist kalt, ich muss aufs Klo, außerdem brauche ich Abstand und etwas Zeit zu zweit. »Zu zweit«, wie schön das klingt! »Ich rufe daheim an und gebe Bescheid«, füge ich rasch hinzu.

Peter akzeptiert ohne Zögern, vielleicht kommt mein Vorschlag ihm nicht ungelegen. Wenn schon ich mich durch die Eskapaden der *famiglia* überfordert fühle, wie sehr muss es erst ein Fremder sein!

Wir betreten die heimelige Gaststube. Einige der rustikalen Holztische sind belegt, auf jedem davon brennt eine funzelige Kerze. Der Romantik-Parabelflug peilt eine neue Steigphase an.

»Wie nett«, kommentiert mein Begleiter. Kerzenlicht funktioniert immer.

Ich sehe mich um, wende mich nach rechts, stutze. Dort in der Ecke, ein Liebespaar. Eng aneinandergedrückt, ebenso verschmust und entrückt wie kurz zuvor ich selbst in der klirrenden Kälte. Ich kneife die Augen zusammen, ganz fest, öffne sie wieder. Dort in der Ecke sitzt Massimo.

»Anna, *carissima*«, stammelt er, als er mich entdeckt, »ich habe versucht, dich zu erreichen. Du bist nicht rangegangen.«

»Ich – äh – war verhindert«, stammle ich zurück. Meine Nerven spannen sich unangenehm, mir wird ganz flau. Massimo betrachtet mich seinerseits schockiert, fahrig zupft er seine ihm zugewandte Begleitung am Ärmel.

»Gleich und Gleich«, nuschle ich vor mich hin, »im wahrsten Sinne des Wortes.« Und dann, eingedenk der unverbrüchlichen Traditionen und Wertvorstellungen von *la famiglia:* »Verdammte Scheiße.«

Die Person an Massimos Seite oder, besser gesagt, in seinen Armen ist niemand anders als mein Cousin Angelo.

Schmutzige Wäsche ...

... wäscht man zu Hause. – *I panni sporchi si lavano in famiglia,* sagt auch der italienische Volksmund. Bedauerlicherweise scheitern derlei patente Konzepte mitunter an banalen Umständen. So sind wir jetzt zwar wieder »zu Hause«, aber nicht unbedingt »*in famiglia*«. Ein noch nicht (und wer weiß, ob jemals) angeheirateter Sammy kuschelt mit Maura, Frau Schäberle sitzt im Sessel, ihr Gatte auf dem Sofa, Dottore Vincenzi vor einem riesigen Stück Panettone. Er flirtet abwechselnd mit Nonna Elsa, Zia Gina und deren Glitzerreh.

Allein das aus dem Wohnzimmer dringende Stimmengewirr bedeutet das K.o. für den Mut von Massimo und Angelo. Noch vor wenigen Minuten im Winzerhof schworen sie heilige Eide, sich outen zu wollen, notfalls heldenhaft in die abweisende Phalanx der *famiglia* hinein. In der knappen halben Stunde, die wir beisammensaßen, habe ich mehr über meinen Cousin erfahren als in ungefähr zwanzig gemeinsam verbrachten Lebensjahren. Dass ich entgegen Nonnas inständigen Beschwörungen bei Massimo niemals eine Chance gehabt hätte, ist nun sonnenklar. Er tickt eben anders, wie er mir vor kurzem selbst erklärte. Ziemlich baff haben Peter und ich den blumigen, von wechselseitigem Oberschenkelgetätschel begleiteten Eröffnungen der verliebten Männer gelauscht. Eine komische Note verlieh dem Ganzen Massimos noch immer rudimentär vorhandenes Weihnachtsmannkostüm.

Jetzt, in der heimeligen Stube der *Casa Maiotti,* erstarren die Helden der Nacht zu Granit und verstecken sich hinter unserem Rücken. Dafür legt Peter unauffällig den Arm um meine Hüfte, was Maura mit einem wissenden Grinsen quittiert, soll heißen: *Brava*, da hast du ja einmal etwas richtig gemacht!

Die couragierten Coming-out-Vorsätze meines Cousins und seines *Babbo Natale* müssen einstweilen sowieso zurückstehen, denn im Moment genießt jemand anders seinen großen Auftritt. Umringt von teils aufgescheucht umherschwirrenden Erwachsenen schildert der verlorene (Enkel-)Sohn schätzungsweise in der tausendsten Variante sein Ausreißabenteuer. Soeben dringt dabei Befremdliches zutage.

»Auf die Idee, abzuhauen, hat mich eigentlich erst Anna gebracht.«

»Ich?«

»*Sì*«, bestätigt Ugolino putzmunter. »Als du angefangen hast, nach mir zu suchen, dachte ich, dass ich mal weg sein könnte.«

»Aber«, stottere ich, »als wir dich suchten, warst du eindeutig nicht da!«

»Doch«, widerspricht Ugolino leise, »war ich.«

»Wo denn? Wo warst du?« Arianna hatte keine Gelegenheit, sich vom Schock des Nachmittags zu erholen, und wirkt entsprechend ramponiert. Mit den übrigen Anwesenden verhält es sich ähnlich. An der einen Seite der Essenstafel ignoriert Maura plätzchenmampfend meinen Chef. Der macht trotz der Rückkehr seiner Taschenlampe keine Anstalten, sich zu verabschieden, sondern verfolgt von der gegenüberliegenden Seite des Tisches, kräftig kauend und Espresso trinkend, mehr George Clooney denn je, das Geschehen mit aufreizender Lässigkeit. Ab und an wirft er einen interessierten Seitenblick auf die weiterhin friedlich neben der Krippe schlummernde Savia, die nicht einmal die Rückkehr des Bruders zu wecken vermochte. Sollte Dottore Vincenzi gerade sein Herz für Kinder entdecken? Wird er es noch bereuen, keine eigenen in die Welt gesetzt zu haben? Mamas Gesicht glänzt rötlich, Nonna presst unentwegt die Hände auf den Leib, woraus zu schließen ist, dass sie diesmal ernsthaft unter Verstopfung leidet, Nonno wühlt lustlos in seinen Karten, Babbos Kopfhaut schimmert hell durchs schüttere Haar, Zia Ginas Reh hat zwei bis drei Pailletten verloren und Zio Franco offensichtlich seine letzten Deutsch-Reserven verbraucht.

»Wo du warst?«, schließt er sich der Frage seiner betongrauen Schwiegertochter an.

»Auf dem Klo.«

Zio Franco blinzelt orientierungslos.

»*Era in bagno*«, übersetzt Arianna mechanisch.

»Das Gästeklo«, entfährt es mir, »da habe ich nicht nachgesehen.«

»Klar«, erklärt Ugolino, als wäre dies die selbstverständlichste Sache der Welt, »ist ja immer verstopft. Ein bisschen kalt da drin, aber ruhig. Und ich hatte meine Winterjacke und deine Kuscheldecke dabei.«

»Was hast du dort gemacht?«, fragt Nonna.

»Überlegt, ob Mamma und Babbo sich weniger streiten würden, wenn ich der Sohn von Babbo und nicht der von Carlo wäre.«

»Wer ist Carlo?«, erkundigt sich Dottore Vincenzi neugierig. Arianna bedeutet ihm zu schweigen.

»Oder ob ich mich in der Schule mehr anstrengen sollte, damit ich später niemals in einem dummen *ristorante* arbeiten muss.«

Zio Franco wirft dramatisch die Hände in die Höhe: »In eine dumme *ristorante*? *Nipotino*, wie du kannst sagen so etwas? Die *ristorante* ist unser Leben.«

»Von wegen! Das *ristorante* war unser Leben«, kommentiert Zia Gina trocken, »ein Scheiß-Job, im Grunde; wo unser Enkel recht hat, hat er recht. Abgesehen davon, dass er, soweit ich verstanden habe, gar nicht unser Enkel ist.«

»Giiiina«, johlt Zio Franco, als hätte man ihm ein brennendes Feuerzeug unter den behaarten Hintern gehalten, »du mich tötest mit Worten.«

»Beruhige dich, *caro mio*«, erwidert seine Ehefrau gefasst, »an Worten stirbt man nicht.«

Unbeeindruckt von dieser Grundsatzdiskussion, fährt Ugolino in seiner Erzählung fort:

»Dann hat Anna plötzlich so rumgeschrien, und mir ist klargeworden, dass ihr mich sucht. Ihr habt euch echt komisch aufgeführt, ganz schön verrückt.«

»*Ragnetto*, also wirklich!«, rufe ich erregt. »Ich habe mir entsetzliche Sorgen gemacht.«

»Das war sehr nett von dir«, sagt Ugolino treuherzig, »darum habe ich später ja mit dir geredet.«

»Wie gnädig.« Ich muss eine in mir emporschießende Welle der Wut unterdrücken. Die miese kleine Spinne, dieser Sargnagel, stellt mich hin, als hätte ich nicht alle Tassen im Schrank.

»*Pace, coccinella*«, sucht Babbo mich zu besänftigen, »sei friedlich, er ist ja wieder da.« So hopplahopp, zack, zack, alles wieder gut? *No!*

»Das ist nicht lustig«, zische ich aufgebracht.

»Erst wollte ich rauskommen.« Ugolino ist nun doch ein wenig kleinlaut. »Aber es war so schön, mal richtig Aufmerksamkeit zu bekommen. Und dann dachte ich, dass ich ebenso gut abhauen kann, wo ich sowieso nicht mehr zur Familie gehöre.«

»Hör auf damit«, schluchzt Arianna. Zia Ginas und Mamas Augen glänzen feucht, Nonna nimmt die Hände vom Bauch und schlägt sie vors Gesicht. Selbst die sonst überwortgewaltige Oma Liselotte bleibt stumm.

»Als ihr alle wieder im Wohnzimmer wart, bin ich nach draußen.«

Ich erinnere mich an das irritierende Geräusch im Flur – wohl das Schnappen der Haustür.

»Vielleicht wäre ich nie wiedergekommen, wenn nicht zufällig er« – Ugolino deutet auf Herrn Schäberle – »gepinkelt hätte und sie« – sein Zeigefinger wandert weiter zu Frau Schäberle – »nicht so nett gewesen wäre.«

»Nur gut, dass Carlo nichts von alldem weiß«, konstatiere ich nüchtern.

»Tante Heidi« und »Onkel Ernst« blicken betroffen drein.

Frau Schäberles muntere Äuglein schweifen unruhig durch den Raum.

»Schön haben Sie's hier«, sagt sie, um etwas gesagt zu haben, »so kreativ arrangiert.« Durch die geöffnete Wohnzimmertür grüßt der desolat verdreckte Flur. »Ich könnte ab und zu beim Hausputz helfen.« Frau Schäberle ist eben Frau Schäberle, sie kann nicht anders. Oma Liselotte findet prompt die Sprache wieder.

»Diese Frau wirkt vernünftig«, bemerkt sie kampfeslustig.

Nonna horcht auf. Mit schräg gelegtem Kopf mustert sie Frau Schäberle vom Scheitel bis zu den Zehen und zurück. In Erwartung einer gepflegten Schimpfkanonade halte ich die Luft an; und werde maßlos enttäuscht. Vor Oma Liselotte kann Nonna sich keine Blöße geben.

»*Come no*«, murmelt sie mit dem Anflug eines Lächelns, »warum nicht. Auf dem Gebiet sind Sie Expertin.«

Aufgrund der irritierenden Anwesenheit unzähliger bohrender Augenpaare gibt sich Frau Schäberle vorsichtshalber zerknirscht.

»Verzeihung, ich wollte nicht unhöflich sein.«

»Waren Sie nicht«, nuschelt Nonna, »waren Sie nicht. Kommen Sie, setzen Sie sich zu mir, wir genehmigen uns einen *limoncello*.«

»Du kannst genauso gut ein paar deiner Pikkolos aus dem Keller holen«, werfe ich altklug dazwischen, »ihr habt nämlich eine gemeinsame Leidenschaft!«

Nonna nickt anerkennend, ist zu komplexeren Handlungen jedoch nicht mehr in der Lage. Mit zittriger Hand füllt sie stattdessen ein Sektglas randvoll mit der quietschgelben Flüssigkeit. Frau Schäberle nimmt es ehrfürchtig entgegen.

»*Cin cin!*«

Na denn, prost!

Nachdem zumindest das geklärt ist, hält in meinem Rücken Angelo seine Stunde für gekommen.

»Ich … wir … hätten etwas zu sagen!«, holpert er los. »Etwas Wichtiges.«

Galant trete ich einen Schritt zurück. Peter streichelt meinen Arm. Wie dankbar bin ich für diese winzige Geste angesichts des unausweichlich heraufziehenden Gewitters, das seinerseits mit einer winzigen Geste beginnt: Angelo greift nach Massimos Hand und zieht ihn nach vorn ins Rampenlicht.

»*Oh my god, Massimo*«, meldet sich Sammy aus dem Hintergrund, »ich wusste ja, dass du … aber dass du und Angelo …« Sammy und Massimo sind befreundet, logisch, dass Sammy Bescheid weiß. Massimo setzt seinen treuesten Hundeblick auf.

»*Sorry amico*, ich konnte dir nicht alles sagen. Wegen Maura, du verstehst?« Meine Schwester blinzelt verwirrt vom einen zum anderen.

Ariannas Lider flattern, ihr muss klar sein, was jetzt kommt. Dass sich ihr sehnlicher Wunsch vom Vorabend so schnell, umfassend und überdies in theatralischer Öffentlichkeit erfüllen würde, damit hat sie nicht rechnen können.

Mein Cousin ermannt sich: »Gut – Ugolino ist nicht mein Sohn, das wisst ihr ja schon.«

Zustimmendes Gebrumme, Geseufze, Gemurmel einerseits, ein erstauntes »Ach wie?« bei Frau Schäberle und ein sonores »*io no!*« bei Dottore Vincenzi andererseits. Auch Sammy schaut etwas komisch, aber nicht unbedingt ultraüberrascht aus der Wäsche. Maura in seinem Arm haucht ihm ein schmalziges

»oh my darling« entgegen. Dass dieser Darling unter Umständen ebenfalls nicht der Erzeuger ihrer anderen Umstände ist, scheint sie erfolgreich zu verdrängen.

»Euch interessiert sicher«, setzt Angelo erneut an, »*warum mein Sohn nicht mein Sohn ist.*«

»I was ned«, brabbelt Opa Franz.

»Manches geht einen vielleicht nichts an«, ergänzt Oma Liselotte. Prinzipiell klug gedacht, aber bei ihrer Neugier eine schamlose Lüge.

»So kompliziert kann es ja nicht sein«, mutmaßt Herr Schäberle, und man sieht ihn dabei innerlich ein Formular zücken, dem zufolge sich alle Dinge einer klar festgelegten Ordnung zu fügen haben, »da ist wohl jemand fremdgegangen.«

»Nicht unbedingt«, unterbricht ihn seine Frau, »es gibt auch andere Möglichkeiten, zum Beispiel …«

»Jetzt lasst ihn doch mal ausreden«, befiehlt Mama. Ihre natürliche Autorität wirkt. Es kehrt Stille ein, und in dieser Stille erfährt das geneigte Publikum, wie mein Cousin mit Anfang zwanzig ein Lehrjahr auf Sardinien verbrachte, weil er möglichst bald das *Vesuvio* übernehmen sollte. In Porto Rotondo, wo Bekannte von Zio Franco ein Nobelhotel führten, vertiefte er seine Branchenkenntnisse und, wie er das groschenromanhaft nennt, die Nähe zu sich selbst. Er dachte nach. Über die Situation.

Zio Franco, der nie sehr gern nachgedacht hat, schon gar nicht über irgendwelche Situationen, erkundigt sich umgehend mit raumgreifenden Gesten, welche spezielle *situazione* sein Sohn meine. Schließlich habe dieser *tutto* gehabt, was er sich wünschen kann, insbesondere *la famiglia*!

Der so Gescholtene erklärt, sein Vater habe selbstredend recht und er uns alle unheimlich lieb, worauf – *ecco!* – in Zio Francos Welt wieder *tutto a posto* ist und er seinen Sohn lediglich darum bittet, die Hand unseres *Babbo Natale* loszulassen, da er händchenhaltende Männer *sconcertante* findet. Zia Gina kann ihm da nur beipflichten. Händchenhaltende Männer seien sehr befremdlich.

Mein Cousin entspricht mechanisch dem Wunsch seiner Eltern. Dann erklärt er in festerem Tonfall, dass er (wer nicht?) gewisse Probleme mit den ehernen Regeln der *famiglia* und deren minutiös festgelegter Rollenverteilung gehabt habe. Er klagt über Tradition und Schicksal, die ihn dazu bestimmten, jung zu heiraten, ein *ristorante* zu übernehmen und Kinder zu zeugen, die ihrerseits jung heiraten, ein *ristorante* übernehmen und weitere Kinder zeugen würden. Zwischendurch fällt Massimo in die Seufzer seines Liebsten ein. Dieses Spiel ist ihm schließlich vertraut – mit der Variante, dass das Restaurant seiner *famiglia* ein Lebensmittelladen ist.

Angelo indessen verdeutlicht, dass er das ganze Brimborium mit Ehefrau, Hochzeit und *bambini* schon irgendwie schätze, nur eben nicht für sich selbst. Eigentlich, denn mitgemacht hat er es ja doch, aber nur, weil er sich unter Druck gesetzt fühlte, Erwartungen entsprechen musste. Und zwar nicht irgendwelchen, sondern den presslufthammerharten Vorstellungen von Zia Gina und Zio Franco, die zu noch Schlimmerem hätten führen können als zu einer Ehe. Wobei Letztere mindestens das Zweitschlimmste sei, zumindest dann, wenn man irgendwie »anders« empfinde und manches für einen einfach nicht »stimme«.

So richtig fällt der Groschen angesichts dieser sanften Hinführung zum Thema nicht, weswegen Angelo ein wenig weiter um den heißen Brei herumzwitschert, mal seufzt, mal winselt, mal, synchron begleitet von Massimo, wie ein drolliger Mops von unten nach oben blickt, um endlich über ein paar Umwege auf Mimmo zu kommen, den Sohn von Paolo und Francesca, jenen Freunden von Zio Franco mit dem Hotel in Porto Rotondo. Mimmo, bei dem Zia Gina sich sogar mit viel

Phantasie nicht zusammenreimen kann, was er mit Angelo gemeinsam haben soll, halb debil und geschäftsuntüchtig, wie er sei. Immerhin sei dieser Idiot nach ihren Informationen dafür verantwortlich, dass seine Eltern einen teuren Geschäftsführer einstellen mussten. Die Intelligenz könne also nicht das Bindeglied sein, aber Angelo habe ja von Kindheit an einen solchen Sinn für Soziales gehabt, denkbar sei etwa, dass ein gemeinsames Hobby … Jäh durchbricht mein Cousin das sinnlose Herumgerätsel seiner Mutter mit den Worten: »Mimmo liebt Männer, genau wie ich!«

Dafür, dass die Bombe hochgegangen ist, geschieht zunächst überraschend wenig. Was daran liegen mag, dass nicht jeder Angelos Worte sofort in vollem Umfang erfasst. Die Leitung, auf der mein Onkel steht, reicht allerdings von hier bis Italien.

»Eh? Ich ebenso liebe Männer. Alberto, Bernardino, Sebastiano. Man immer braucht *amici*, die Sachen organisieren.«

Babbo, dessen graue Zellen eine Spur schneller arbeiten als die seines Schwagers, kratzt nervös die schüttere Stelle am Hinterkopf. Mama an seiner Seite murmelt etwas wie »ah«, »schwul« und »o Gott«.

»*Wow*«, macht Sammy, aus dessen Armbeuge Mauras verwuschelter Haarschopf emportaucht, »*it seems to be true.*« Was wahr zu sein scheint, sagt er nicht.

Im Gegensatz zu vorher ist nun auch Zia Gina mit Erkenntnis gesegnet.

»Franco, ich fürchte, du verstehst nicht, was dein Sohn uns sagen möchte«, formuliert sie bedächtig. Etwas hängt in der Luft. Noch nicht greifbar, doch irgendwie bereits vorhanden. Vor einem Hintergrundsound aus pikiertem Getuschel, Geräusper, Geschmatze, Glühweintassen- und Lebkuchentellergeklapper ist es am Ende meine Schwester Maura, die das Kind beim Namen nennt.

»Zio Franco«, richtet sie sich an unseren Onkel, langsam

und deutlich, »dein Sohn ist schwul.« Und um weiterer Missverständnissen vorzubeugen, wiederholt sie das Wesentliche in seiner Muttersprache: »*Omosessuale, capito?*«

Als Angelo zu diesen Worten seine Hand erneut langsam in die seines Partners schiebt, kommt Bewegung in die Angelegenheit. Zio Francos Gesichtsfarbe vollzieht chamäleontische Wandlungen: von Leichenblass über Tomatenrot zu Kornblumenblau, Safrangelb, zurück zu Aschfahl.

»*Porca puttana!*«, brüllt er. »Willst du damit sagen, meine Sohn ist *frocio?*«

»*Babbo*«, fleht Angelo.

»… *finocchio?*«

»… *ti prego!*«

»… *checcho?*«

»*Signor Santaniello* …«, streut Massimo ein.

»… *recchione?*«

»Zio Franco«, resümiert Maura, »dein Repertoire an Ausdrücken für Männerliebe ist bemerkenswert.«

»Und ziemlich ordinär!« Vorbei an Dottore Vincenzi drängt Babbo sich zum Schrank, lässt die Klappe der Hausbar hinunter und zieht eine Averna-Flasche hervor.

»Mir auch einen«, bittet mein Chef. Babbo schenkt ein. »*Cin cin!*« Die Gläser klingen.

»Zwoa Mannsbuider, mei, mei, da oane mid am andern«, kommentiert Opa Franz, »fria gobs des aa ned.«

»Und das alles in Gegenwart der armen Kinder«, klagt Nonna. Eines der armen Kinder schläft in seiner Krippenecke den Schlaf der Gerechten. Das andere zeigt sich pragmatisch.

»Möglicherweise streiten die sich weniger«, überlegt Ugolino. »Wäre nicht schlecht.«

Angelo zieht das Schwulstregister.

»Ugolino, eins sollst du wissen«, verkündet er großartig, »du wirst immer mein Sohn bleiben.«

255

»*E il mio*«, ergänzt Massimo.

»Wir wollen nichts übertreiben«, sieht Arianna sich genötigt, ihre Bastion zu verteidigen, »ich bin schließlich auch noch da.«

»Alle Achtung«, flüstert mir Peter ins Ohr, »hier geht es zu wie auf der Opernbühne.«

»Hoffentlich ohne Tote!«

Der zornesrote Zio Franco gibt keinen Anlass, darauf zu vertrauen.

»*Mio figlio*, ausgerechnet«, heult er auf, »von alle mögliche Kinder meine Sohn. Gina, sag, was ich habe verbrochen, dass ich habe gezeugt eine arschfickende Schlappschwanz?«

»Franco, *basta*!« Die nicht unbedingt zimperliche Zia Gina wirkt ehrlich entrüstet.

»*Finocchio!* Das ist schlimmer als … schlimmer als ….« Zu unserem Glück fällt ihm nichts Passendes ein.

»Ihr solltet die Rechte ans Fernsehen verkaufen«, flüstert es erneut an meinem Ohr.

Die Schäberles scheinen Ähnliches zu denken, sie lauschen mit weit aufgesperrten Mündern, Herr Schäberle neben Nonno und dessen Kartenchaos, Frau Schäberle neben Nonna. Die beiden fühlen sich bei uns bereits richtig heimisch.

»Schalt einen Gang runter, *suocero*«, fordert Arianna, »schon mal darüber nachgedacht, dass du mit deinem Machogehabe nicht ganz unschuldig sein dürftest an der Situation?«

Selbstredend hat Zio Franco darüber noch nicht nachgedacht.

»Du wagst es, mich zu kritisieren? Du … du … *adultera*!«

»Oh, oh! Ob man jemanden als Ehebrecherin bezeichnen kann, dessen Ehe nie vollzogen wurde, ist eine beinahe philosophische Frage.« Diese Anmerkung trägt wenig zur gewünschten Beruhigung meines Onkels bei.

»Mein Sohn, eine impotente Idiot!«, schreit er in einer Lautstärke, dass die Schäberles nebenan jedes Wort verstehen würden, wenn sie nicht ohnehin bei uns im Zimmer säßen. Eine solche Beleidigung wiederum kann Massimo nicht auf seinem Liebsten sitzen lassen.

»*No, Signor Santaniello*«, interveniert er freundlich, aber bestimmt, »das ist nicht wahr! Im Gegenteil!«

»*Sileeeenziiiio*«, brüllt Zio Franco, »ich das will nicht hören. Ich es ertrage nicht mehr.« Damit sinkt er ermattet in den zufällig unbesetzten Fernsehsessel, wo er sich krümmt und windet, als wäre der Teufel hinter ihm her.

Oma Liselotte zeigt uns einen kollektiven Vogel.

»Wenn man jemandem erzählt, wie es hier zugeht, glaubt einem das kein Mensch. So etwas kann nur in dieser Familie passieren.«

»*No!*«, meldet sich wiederum Massimo höflich zu Wort. »*Signora*, da haben Sie unrecht, bei uns passiert so etwas auch!«

Oma Liselotte ist verblüfft.

»Bei euch rückt am Abend des ersten Weihnachtsfeiertags die freiwillige Feuerwehr an, um verschwundene Kinder zu suchen, deren Großväter pleite sind, während zweifache Familienväter eröffnen, dass ihren Sohn jemand anders gezeugt hat und sie eigentlich den Weihnachtsmann lieben?«

Respekt, solche Abstraktionsfähigkeiten hätte ich meiner Großmutter gar nicht zugetraut.

»Das nicht, *signora*, aber wie ja wohl klar sein dürfte, bin ich ebenfalls schwul.« In einer Aufwallung von Leidenschaft, die man bei ihm nicht vermutet hätte, drückt er Angelo einen Kuss auf die Schläfe.

»Jesus Maria!«

Nonna Elsa bekreuzigt sich in Windeseile zweimal, die Schäberles glotzen verdutzt, aus dem Fernsehsessel dringt nur noch ein schwaches Röcheln. Armer Zio Franco, armer Gianni. Dessen Konzepte von Familie, Männlichkeit und Potenz dürften sich nicht allzu sehr von denen meines Onkels unterscheiden. »Tsssss.«

»*Mi dispiace molto*«, wendet sich Massimo an Nonna, »ich weiß, du und mein Babbo, ihr hattet andere Pläne. Doch Anna und ich waren uns sowieso einig.«

So viel ist richtig.

Mit einem Mal erschüttert hysterisches Lachen den Raum. Es ist Arianna, die sich gar nicht mehr einkriegen will. Sie prustet, gluckst, spuckt.

»*Me--ra--vi--glio--so!*«, stößt sie zwischen mehreren maschinengewehrartigen Salven hervor. »Wunderbar! *Stratosferico!* Kinoreif! Angelo, Massimo, ich kann euch gar nicht sagen, wie sehr mich eure Offenheit entspannt!«

»Geht uns genauso, nicht wahr, Angelo?«, bestätigt Nonnas ehemaliger Traumschwiegerenkel, »ungeheuer befreiend! Jeder kann es wissen, ihr alle, mein Babbo, meine *famiglia*! Ich stehe auf Männer, und das ist völlig okay!«

Während mein Cousin verkrampft dreinschaut, fällt von seinem Liebsten die ihm anerzogene Höflichkeit ab, er tänzelt herum, mit ausgebreiteten Armen, dreht sich wie ein Derwisch um sich selbst und sieht dabei mopsiger aus denn je. Das Ganze wirkt ein bisschen wie die Darbietung eines indianischen Fruchtbarkeitsrituals oder, besser gesagt, wie die Darbietung dessen, was ich mir unter einem indianischen Fruchtbarkeitsritual vorstelle. Wären die Feuerwehrleute noch da gewesen, sie hätten gewiss applaudiert.

»Gianni das wird nicht überleben«, röchelt Zio Franco mit letzter Kraft, »und ich ebenso.«

»Es wird Ärger geben, aber auch freudige Überraschungen. Und Geheimnisse werden enthüllt«, zitiert Nonno Corrado sich selbst. Aus einer Entfernung von circa zwanzig Zentimetern Luftlinie raunt er mir stolz die Erfüllung seiner vor zwei Tagen vage getroffenen Kartenprophezeiungen zu. »Das mit der *amore*«

– sein gichtbefallener Zeigefinger deutet auf Peters mich zärtlich umschmeichelnden Arm – »hat ja letztlich auch geklappt.«

Ugolino, der umgehend vom Talent aller Kinder Gebrauch macht, exakt das mitzubekommen, was nicht für seine Ohren bestimmt ist, mustert uns beide von Kopf bis Fuß.

»Anna ist verliebt«, kräht er, die allgemeine Aufmerksamkeit auf uns ziehend, »und ich war live dabei.«

Da ich weder Peters Gesicht noch das meine sehe, kann ich nicht sagen, welches Bild wir abgeben. Ugolino gähnt herzhaft und verzieht sich zu Nonna. Schläfrig lässt er den Kopf an ihre Schulter sinken. Die Enthüllungen, der Nachmittag im Freien und der ganze Tumult fordern ihren Tribut. Mama betrachtet mich wehmütig.

»Ich bin eine Rabenmutter. Ich bekomme nicht mal mit, wenn meine Dauersingle-Tochter einen Mann kennenlernt.«

»Und gar keinen so schlechten«, grunzt Nonna, der entfallen scheint, dass sie noch vor einer Stunde ausschließlich den soeben disqualifizierten Massimo als meinen Partner akzeptieren wollte, »endlich.« Zia Gina lächelt huldvoll.

»Wenigstens *eine*, die normal ist!«

»Na ja, sooo normal auch wieder nicht, immerhin ist sie dreiundzwanzig.« Oma Liselotte muss stets ein Haar in der Suppe finden. Angelo hingegen pfeift durch die Zähne und begutachtet Peter in einer Weise, die wenig Zweifel an einem wohlwollenden Ergebnis lässt.

»*Auguri cugina!* Hätte ich dir nicht zugetraut.« Dass ich noch vor ein paar Stunden ein »aasiges Biest« war, spielt keine Rolle mehr. Peter lässt all das duldsam schweigend über sich ergehen, eine gute Voraussetzung, um dauerhaft in der Famiglia Maiotti zu bestehen. Dauerhaft? »*Non esageriamo*«, rufe ich mich innerlich zur Vernunft, »nicht übertreiben, ihr habt euch gerade ein Mal geküsst.« Ein Mal? Ich rechne nach: Na gut, drei Mal, vier Mal, vielleicht öfter.

Angelo küsst Massimo. Nicht leidenschaftlich, eher zärtlich. Ein seltsames Bild. Eins, an das man sich gewöhnen muss.

»Da machst wos mid«, grummelt Opa Franz, und seine normalerweise strikt abstinente Ehefrau greift nach Babbos Averna, um mit einem kräftigen Schluck die aus den Fugen geratene Realität ins Lot zu bringen. Ihre knochigen Hände zittern dabei so heftig, dass sich fast der komplette Inhalt des Glases über ihr Festtagsseidenes (das mit den großen lilafarbenen Magnolien) ergießt. Neben einer besonders prächtigen Magnolie prangt jetzt ein brauner Averna-Fleck. Fast so böse wie Senf.

»Heiland!«, jault Oma Liselotte verzweifelt. »Jesses! Auch das noch.« Ob sich ausgerechnet der neugeborene Erlöser in dieser Situation als der richtige Ansprechpartner erweist, darf bezweifelt werden. Nachdem einige Feuerwehrleute mit ihren Haix-Spezialstiefeln dagegengerempelt sind, macht unsere Krippe einen leicht derangierten Eindruck. Ein Hirte ist zu Fall gekommen und hat im Dominoeffekt Joseph, den Sammy-König, den Esel und leider auch die Futtertrogwiege samt Jesuskind mitgerissen. Frau Schäberle inspiziert den Fleck.

»Halb so wild«, tröstet sie, »den kriegen wir wieder raus.«

»Mit *ACE detersivo freschezza di bucaneve*«, bestätigt Nonna.

»Allerdings!« Ich als senfgeplagtes Wesen muss es wissen. »Bei all der schmutzigen Wäsche, die heute schon gewaschen wurde, kommt es auf ein Teil mehr oder weniger nicht an.«

»*I panni sporchi si lavano in famiglia.* Und sei es nur mit der hauseigenen Waschmaschine!«, sagt Nonno, der nicht nur in Sachen Aberglauben sehr bewandert ist.

Oma Liselottes Miene spiegelt eine gewisse Skepsis wider. »Wovon redet ihr da?«, scheint sie stumm zu fragen. Zur Antwort schrillt im Flur das Telefon. Insgeheim rechne ich mit Bisnonna Fabiola.

»Bitte nicht noch eine Hiobsbotschaft«, fleht Mama, als sie lostapft, um das Gespräch entgegenzunehmen. Keine halbe

Minute später kehrt sie zurück, das Gesicht erhellt von einem breiten Grinsen.

»Mutter, welche Freude, das war der 24-Stunden-Service der Deutschen Bahn! Die Weihnachtsgans ist wieder da!«

Tutto il mondo ...

... *è paese*. Dass die Welt ein Dorf sein kann, hat wohl jeder von uns schon einmal erlebt. Zum Beispiel, wenn in Rimini überraschend der ungeliebte Nachbar nebenan im Liegestuhl saß (ich hoffe nach wie vor nicht, dass mir das je mit den Schäberles passieren wird). Aus italienischer Perspektive meint die Redensart, dass wir Menschen uns, wo immer man hinschaut, verteufelt ähnlich sind. Gelacht und geweint, geliebt und gestritten wird im Süden Siziliens gleichermaßen wie auf Spiekeroog. Oder in den Karpaten.

Verteufelt ähnlich sind sich die Mitglieder meiner deutsch-italienischen Familie zumindest in ihrer momentanen Desorientierung. Alle laufen ziemlich neben der Spur und wissen nicht mehr, was sie glauben sollen. Es liegt so viel Anspannung in der Luft, dass die gute Stube spornstracks in Flammen aufgehen könnte. Zu dumm, dass die Feuerwehr bereits abgezogen ist.

Noch ist die Sache nicht ausgestanden, noch gibt es ein paar Unbekannte in der Gleichung, an denen selbst das wunderbare Wiederauftauchen der Weihnachtsgans (eine »freudige Überraschung«, wie Nonno selbstzufrieden betont) nichts ändert.

Was, frage ich mich, bewegte Arianna zu diesem sonderbaren Arrangement mit meinem Cousin? Angelo verliebte sich in Massimo, als der erstmals bei uns den Weihnachtsmann gab, so viel weiß ich seit unserem Rendezvous im Winzerhof, über Arianna haben wir nicht gesprochen. Sollte eins und eins hier tatsächlich zwei ergeben? Getrieben von einem tief in mir schlummernden Sinn fürs Investigative, ergreife ich die Initiative.

»Angelo liebt Männer, ist es denn so, dass umgekehrt du …?«

»*No*«, lautet die harsche Antwort, »ist es nicht. Ich bin nicht lesbisch, falls du das meinst.«

»*Ma, perché?* Warum das Ganze?«

Arianna zögert.

»Kannst du es nicht endlich mal lassen?«, geht Angelo dazwischen. »Du hast doch genug angerichtet!« Und etwas zurückhaltender, müde beinahe: »Müssen wir wirklich vor den Kindern alles bis ins letzte Detail diskutieren?«

»Ha! Aber diskutieren vor die Kinder, dass du liebst diese kostümierte Idiot anstatt deine *moglie*, du findest in Ordnung. *Ridicolo*.« Zio Franco arbeitet hart an der Wiedererlangung seiner alten Form.

»Schscht!« Mama legt den Zeigefinger an die Lippen. Die Anwesenheit von Minderjährigen braucht niemand mehr zu kümmern, denn Ugolino ist seiner Schwester an Nonnas Schulter ins Reich der Träume gefolgt.

»*Allora*«, fährt Zio Franco mit geringfügig gedrosselter Lautstärke fort, »wie es sieht aus?«

»Mich würde das ebenfalls interessieren«, schließt sich Babbo an. Seine technokratisch-sachliche Art setzt eine Zäsur. Arianna mahlt nervös mit den Kiefern, räuspert sich unentschlossen.

»Arianna!« In Angelos Stimme liegt eine verständnisvolle Weichheit, wie sie nur schwulen Männern und Sozialpädagogen zu eigen ist. Weshalb ist mir das früher nie aufgefallen? »Du musst nichts weiter sagen. Es macht keinen Unterschied. Wir können das unter uns klären.«

»Könntet ihr. Reden ist Silber, Schweigen ist Gold«, frotzelt ein avernaseliger Dottore Vincenzi aus der Ecke. Gerade er, dem man bisweilen zur Eindämmung seines Redeflusses Schweigegeld bezahlen möchte.

»Da ist was dran«, findet Nonna, bei der Sprichwörter stets auf fruchtbaren Boden fallen.

»Also dann – *boh*.« Arianna nestelt geistesabwesend an einem stoffbezogenen Gummiband herum, das ihr lockiges Haar zuvor im Nacken zusammenhielt. Mehrfach hat sie es an- und wieder abgezogen und sah mit jedem Mal ein wenig verwegener aus. Kurzzeitig hat es den Anschein, sie wolle sich umwenden und auf Nimmerwiedersehen aus unser aller Leben verschwinden.

»Wie wäre es, wenn wir die Weihnachtsgänse in den Ofen schieben?«, versucht Angelo abzulenken.

»Verzeihung, meine Lieben, nicht mit mir«, ereifert sich Zia Gina, »eine solche Haltung finde ich inakzeptabel. Man sieht ja, wohin das führt.«

Zu bankrotten Restaurants beispielsweise. Meine Tante lässt keinen Zweifel daran, dass sie nicht nachgeben, sondern so lange bohren wird, bis alles restlos auf dem Tisch ist. Und gegen ihre Schwiegermutter war Arianna von jeher machtlos.

»Ist ja nichts dabei«, presst sie, an ihren Ehemann gerichtet, hervor, »ich weiß nur nicht, wie ich es formulieren soll. Mach du.« Das Haarband wandert erneut an seinen Platz, das heißt, es kehrt zurück in seine Funktion als Bändiger eines extrem zerfledderten Haarschopfs, der das Antlitz seiner Besitzerin nicht eben vorteilhaft umschmeichelt.

»*Bene*. Die Sache ist die«, setzt Angelo an, und wir lauschen andächtig, »wenn zwei Menschen ein Handicap haben, kann es von Vorteil sein, sich zusammenzutun. Manchmal ergibt minus und minus plus. So war es bei Arianna und mir.«

Diese Aussage zündet. Sie vertreibt Ariannas Scheu und wird zum Startschuss für ein Duett, wie man es sogar in der Mailänder Scala nicht alle Tage geboten bekommt.

Zunächst unterrichtet uns Angelo im flötenden Halbfalsett genauer über seinen sardischen Selbstfindungstrip. Dabei stellt sich heraus, dass der strittige Mimmo zwar nach außen hin debil wirken mag, innerlich aber mit allen Wassern gewaschen ist. Er brachte meinen Cousin nämlich nicht nur auf den Trichter des homosexuellen Coming of Age, sondern führte ihn gleich umfassend in die passende Szene von Porto Rotondo ein, wo Angelo augenscheinlich einiges erlebte. Schwungvolle Nächte mit einer Reihe an Zufallsbekanntschaften, flüchtige Affären, dramatische Gefühlswallungen und Eifersuchtsausbrüche.

Auf den erregten Zuruf von Zio Franco hin, dass wir es so genau gar nicht wissen wollen – was für meinen Onkel zutreffen mag, den sensationslüsternen Mienen nach zu urteilen, für die Übrigen nicht unbedingt –, übernimmt Arianna den Part einer gefühlsduseligen Arie darüber, wie sie und Angelo sich *martini-bianco*-trinkend zu später Stunde in irgendeiner Hotelbar kennenlernten, just an jenem Abend, da Arianna am Boden zerstört war und Angelo seinen ersten Liebeskummer durchlitt. Der Spross einer englischen Familie, ein heranwachsender Dandy Güteklasse A, hatte seine Sommerfrische beendet und war egoistisch ins heimische Königreich zurückgekehrt. Weil mein tief erschütterter Cousin erkannte, dass er den attraktiven Oscar-Wilde-Verschnitt niemals wiedersehen würde, war er recht schnell vom Martini auf Härteres umgestiegen.

Arianna hatte ähnliche und doch ganz andere Sorgen. Aus einem kleinen Bergdorf stammend, Mutter früh verstorben, Vater alleinerziehend und mit viel zu großem Bauernhof, gab es für sie wenig Perspektiven. In der idyllischen Abgeschiedenheit des sardischen Hinterlandes war es unmöglich, zu shoppen, zu lieben oder einen vernünftigen Beruf zu ergreifen. Dass das auch woanders nicht ohne weiteres funktionieren würde, konnte Arianna nicht wissen. Erst einmal nahm sie ihren Abschied und ging nach Cagliari, um dort im Tourismussektor ihr Auskommen zu finden. Von Rosa, der Cousine eines Schulkameraden, die schon vor nicht allzu langer Zeit ein Jahr im Ausland gelebt hatte, war ihr zugetragen worden, dass Arbeit im

Tourismus gleichsam auf den Bäumen der Strandpromenaden wuchs: endlose Schlangen an hungrigen, durstigen, vergnügungssüchtigen Teutonen mit überdimensionalen Geldbeuteln, die begierig darauf warteten, mit Cocktails versorgt, verköstigt, bespaßt zu werden. Das war ein Selbstläufer, da konnte nichts schiefgehen! Oder doch?

Leider ja. Alles in allem entpuppte sich die kühne Behauptung der kosmopolitischen Cousine als urbane Legende. Ohne die nötigen Kontakte bekam Arianna lediglich wechselnde Jobs an wechselnden Orten. Sie verdingte sich als Zimmermädchen in Tortolì, als Barkeeperin in San Teodoro, als Kellnerin in Olbia, um schließlich als Aushilfe in einem Luxushotel von Porto Cervo zu landen, wo sie die Blumenrabatten pflegte und den Pool reinigte. Dass die Tourismus-Sache eine Nullnummer und das Landleben so schlecht nicht gewesen war, hätte sie sich nie eingestanden, denn in den Augen der Dorfgemeinschaft und ihres *papà* war sie längst so etwas wie ein gefallenes Mädchen. Eine glatte Fehleinschätzung, denn den ihr angebotenen Job im Escort hatte sie entrüstet abgelehnt. (Dass Zio Franco in diesem Zusammenhang nicht verstand, wie man ohne Not auf ein Auto verzichten könne, während Nonna sich ein weiteres Glas *limoncello* einschenkte, sei nur am Rande erwähnt.)

Dann trat oder, besser, schwamm Carlo in Ariannas Leben. In den klaren Meeresfluten von Porto Cervo, in denen sie an einem Sonntagnachmittag Abkühlung suchte, stieß sie bei einer rot leuchtenden Begrenzungsboje mit ihm zusammen. Arianna, die ihre Kontaktlinsen in der Strandtasche hatte lassen müssen, erspähte nur einen von dunklen Locken umwogten rosa Fleck – der wenig später durch das wabbelige Plastik der Sehhilfe zu einem Märchenprinzen mutierte, dessen Einladung zum Essen sie unmöglich ausschlagen konnte. Nach dem Verzehr eines Miniatur-Tomaten-Mozzarella-Türmchens, gefolgt von einer tischtennisballgroßen Portion *risotto alla milanese*, gefolgt von einem spatzenhaften *Millefoglie*-Häufchen, wusste Arianna genau: Carlo war ihr *principe azzurro* – und blieb es traumhafte siebzehneinhalb Wochen lang. Die Dauer einer Auszeit, die sich der Sohn aus betuchten Haus vor seiner arrangierten Eheschließung mit einer Tochter aus einem ebenso betuchtem Haus ausbedungen hatte. Eine niederträchtige Klausel im Vertrag der großen Gefühle, über die seine Geliebte erst vollumfänglich in Kenntnis gesetzt wurde, als das Malheur, sprich Ugolino, sich schon stecknadelkopfgroß in ihrer Gebärmutter tummelte. Ariannas verhaltene Freude über das heranwachsende Wesen, das immerhin zur Hälfte aus ihrem Traummann bestand, wich Panik angesichts der ungewissen Zukunft. War sie damit nicht tatsächlich zu dem geworden, wofür ihr Vater sie längst hielt?

Carlo favorisierte eine medizinische Behebung des Problems. Die werdende Mutter lehnte dies ebenso rigoros ab wie zuvor die Betätigung im Escortservice; für beides war sie zu katholisch. Arianna begrub den Hoffnungszipfel auf ein Lebensglück im Hollywood-Style, sie begrub den Traum auf eine triumphale Rückkehr in ihr Heimatdorf als eine, die es geschafft hat. Mit niemandem mochte sie reden, nur Rosa vertraute sie sich an. Die war bestürzt, fühlte sich mitschuldig, helfen konnte sie nicht. Am schlimmsten aber traf Arianna der unverschämt dahingestotterte Zweifel des vormaligen Kavaliers an seiner Urheberschaft ihres Zustands. Könne man wirklich genau wissen, ob ausgerechnet er?! ... Er sei wohl kaum der Einzige gewesen! ... Arianna habe doch sicher noch ein paar andere?! ... Ein bisschen *lucciola* hier, ein bisschen *mignotta di tutti* dort .... *eccetera, eccetera.*

Lucciola. Prostituierte. Erst am Vorabend hat Angelo seine Ehefrau im Eifer des Gefechts wieder so genannt. Vor vielen Jahren in der Bar von Porto Rotondo muss er andere Worte gewählt haben, damals fand Arianna ein offenes Ohr, und ihr von Gram gebeugtes Haupt sank an die tröstende Schulter meines Cousins.

»Man soll ja niemandem zu nahe treten«, flüstert Peter in *mein* offenes Ohr, »aber das klingt schon ein bisschen nach den Sonntagabendfilmen im Fernsehen, für die meine Mutter einen Mord begehen würde.«

Ich spendiere ihm ein hoheitsvolles Lächeln.

»Wie du vorhin selbst sagtest – *la famiglia* ist schwer telegen.«

An jenem Abend wurden die Grundlagen für ein extravagantes Bündnis gelegt. Arianna und Angelo wurde gewahr, dass sie einander helfen konnten, ja helfen mussten, und sehr dumm wären, es nicht zu tun. Im Licht des Südens ging ihnen auf, dass sie wie eine Blinde und ein Tauber waren, die gemeinsam sehen und hören konnten. Arianna fehlte ein Ehemann, Angelo die Liebe zu den Frauen. Arianna hatte ein ungeborenes Kind, Angelo eine Pizzeria. *Perfetto.*

Carlo ward nicht mehr gesehen. Er folgte einem perfiden Grundsatz: Ugolino konnte nicht sein Sohn sein, weil er nicht sein Sohn sein durfte. Arianna hätte ihm das Gegenteil beweisen, ihn verklagen können, doch was hätte es genutzt: Sie war allein, er entstammte einer einflussreichen Familie.

»I can't believe it«, ruft Sammy aufgeregt dazwischen, »sie ist es tatsächlich, es passt alles!«

»Hä?«, macht Maura, die scheinbar schwer am Überlegen ist, ob sie ihre eigene Zwangslage womöglich einem familiären Hang zu seltsamen Familienkonzepten verdankt. Vorbestimmung sozusagen, ein Naturgesetz, gegen das man machtlos ist.

Angelo, der vom sopranartigen Falsett in eine wenigstens tenorale Stimmlage gewechselt hat, ergeht sich in einem kurzen Selbstlob-Intermezzo über die Logik und Intelligenz des mit Arianna ausgeheckten Plans. Widersprechen kann man ihm nicht, bis vor wenigen Minuten hat das phantasievolle Gebäude aus Täuschung, Diskretion und Abhängigkeit standgehalten. Niemand von uns hatte gemerkt, dass die beiden gefühlsmäßig insgeheim getrennte Wege gingen. Arianna war eine hingebungsvolle Mutter, Angelo ein aufmerksamer Vater, das *Vesuvio*, anders als sein Ableger in Regensburg, wirtschaftlich sehr erfolgreich. Das getürkte Familienleben wirkte echt, ebenso die alltäglichen Ehestreitigkeiten und die anschließenden Versöhnungen. Auf ihre verschrobene Weise waren sie das vielleicht auch.

Davon zeugt der emotionale Schlussakkord.

Arianna: »Man kann es sehen, wie man will, unter dem Strich finde ich das Arrangement gar nicht so schlecht. Im Grunde liebe ich diese *famiglia*.«

Angelo: »Geht mir genauso! *Ecco!* Jetzt wisst ihr es. Alles! *Tutto quanto!*«

Die Reaktionen? Generalpause. Dann kommt Leben in den während der balladesken Szene zunehmend unruhig gewordenen Sammy. Er holt tief Luft, will etwas sagen.

Oma Liselotte kommt ihm zuvor: »Dass man diesen Italienern nicht trauen kann, hab ich immer gewusst, aber so was? Das spottet jeder Beschreibung.«

»Geh, Lisl, hab di ned so«, sagt Opa Franz, »der Angelo is doch supa, und de guade Arianna war halt a weng a Schnalln! Aba recht a nette!«

»Schnalln« ist gleich »*lucciola*« ist gleich »Prostituierte«. Es scheint das Schicksal mancher Menschen, ständig als etwas bezeichnet zu werden, das sie eigentlich nicht sind.

Zio Franco und die Schäberles glotzen so dumm wie stumm aus der Wäsche. Babbo reibt sich unbehaglich die Hände, Nonna kippt Frau Schäberle den Rest der *Limoncello*-Flasche ins Glas.

»In der Liebe läuft nichts nach Plan«, lallt sie vor sich hin.

»Kann ich bestätigen«, brummt Maura.

Nonno lupft eine Tarot-Karte. Sie zeigt eine würdige Dame mit blauem Mantel und weißem Kreuz auf der Brust.

»Nicht jede Frau kann eine *sacerdotessa* sein«, versucht er sich in Diplomatie und wirkt dabei ein bisschen wie ein Schiedsrichter auf dem Fußballfeld, »diese Hohepriesterin hier hat aber schon vor Tagen prophezeit, dass …«

»Ich verstehe nur eins nicht«, fällt Babbo ihm ins Wort, »da dieser Carlo Ugolino gezeugt hat und sich Angelo offen zu Massimo bekennt: Wer, bitte, ist der Vater von Savia?«

Eine berechtigte Frage. Arianna, die noch den Koloraturen ihres Geständnisses nachhängt, ist augenblicklich wieder bei uns. Sie blinzelt im Raum umher. Schließlich nimmt sie jemanden ins Visier: den Mann, der eine Expressaffäre mit meiner Schwester Maura hatte und außerdem mein Chef ist. Dottore Vincenzi schiebt den Panettone beiseite, setzt das Averna-Glas ab und erhebt sich schwankend.

»Obgleich ich nicht will, muss ich wohl. Machen wir's kurz. Eure Arianna und ich hatten vor Jahren ein *amoreggiamento*. Der Vater von Savia bin ich.«

Dottore Vincenzi und Maura, Dottore Vincenzi und Arianna, Techtelmechtel innerhalb unserer *famiglia* scheinen die zweite Natur meines Chefs zu sein. Techtelmechtel mit Kinderfolge, unbequem und teuer. Teuer! Diesmal feuern meine Synapsen vorbildlich. Zu vorbildlich.

»470 Euro! Alimente, natürlich!«, rutscht es mir schneller heraus, als ich denken kann. Die regelmäßigen Zahlungen an Arianna auf den Kontoauszügen, die mir vage vertraute achtstellige Ziffer im Betreff: 20052010 – der 20. Mai 2010, Savias Geburtsdatum.

Dottore Vincenzi zieht konsterniert die linke Augenbraue nach oben. »Meiner Erinnerung nach hatten wir uns darauf verständigt, Stillschweigen zu bewahren.«

»Keine Ahnung, woher sie das weiß«, sagt Arianna, »ich *habe* Stillschweigen bewahrt. Abgesehen von Angelo wusste niemand Bescheid. Und dem musste ich es ja sagen.«

»*Merda!*«, tadle ich mich selbst. Erst denken, dann sprechen!

Beschämt senke ich die Lider und gestehe die Sache mit den halb freiwillig gesichteten Kontoauszügen.

»*Mi dispiace tantissimo capo*, selbstverständlich bin ich bereit, die Konsequenzen zu tragen.«

»Konsequenzen?«, echot Nonna harsch. »Was für Konsequenzen! Wir sind doch nicht in der Politik! Er ist der Vater von Savia, somit gehört er zur *famiglia*, und wir haben ein Recht, Bescheid zu wissen.«

»Äh – ja.« Dottore Vincenzi kann ein gewisses Unbehagen nicht verbergen.

»*Madonna!*«, stöhnt er resigniert. »Ist das anstrengend hier!« Daran wird er sich gewöhnen müssen.

Mir geht etwas anderes durch den Kopf: Bis heute ist Savia offiziell die Tochter von Angelo, wieso haben die beiden Dottore Vincenzi angesichts ihres Arrangements überhaupt reinen Wein eingeschenkt?

»Wir standen unter enormem finanziellen Druck«, seufzt Arianna, als ich sie das frage. »Gina und Franco hatten das Restaurant in Regensburg eröffnet. Zugleich wurde die Miete des *Vesuvio* erhöht, ein weiterer Kredit überstieg unsere Möglichkeiten. Savias Lebensunterhalt sollte gesichert sein.«

Sie beißt sich auf die Unterlippe. So fest, dass es wehtun muss. »Das war nicht der einzige Grund. Ich bekam auch Skrupel. Ugolino wird seinen leiblichen Vater nie kennen, bei Savia sollte es anders sein und Davide die Wahl haben.«

»Die mir persönlich nicht schwerfiel«, bestätigt der. »Man mag von mir halten, was man will, Kinder sind nichts für mich. Ich bin kein Familienmensch. *Amo le donne, bambini* sind mir suspekt. In ihren Mini-Mündern kann kein Zahnarzt vernünftig seine Arbeit verrichten, sie quäken, wenn sie eine Spritze bloß von weitem sehen.«

Da kenne ich noch jemanden, der das tut und definitiv kein Kind mehr ist. Dottore Vincenzi ergreift den Averna und prostet uns zu: »Trotzdem bin ich Italiener: *alimenti* sind Ehrenschulden! Dass ihr die Güte hattet, mich zu informieren« – um in diesen Worten eine gewisse Ironie auszumachen, bedarf es keiner großen Gabe – »war ein herausragender Akt der Nächstenliebe. Abgesehen davon ist diese Kleine doch ziemlich *carina*!« Sein Seitenblick auf die schlummernde Savia verheißt beinahe eine Geschichte beginnender Vaterliebe.

»Karina?«, erkundigt sich Frau Schäberle *limoncello*selig. »Ich dachte, sie heißt Savia.«

»Ja, leider«, reagiert Oma Liselotte prompt, »Karina wäre der wesentlich schönere Name gewesen. Aber was will man von einer Familie erwarten, in der weder Respekt noch Anstand existieren.«

Niemand macht sich die Mühe eines Kommentars. Oma Liselotte ist das völlig gleichgültig, von dem, was sie an diesem Abend erfahren hat, wird sie sich so bald nicht erholen: »Ich fasse es nicht, ich kann es einfach nicht glauben.«

»Ich schon«, verschafft Sammy sich endlich Gehör, »es stimmt alles exakt mit dem überein, was Rose gesagt hat.« Arianna stutzt. »Rose?«

»Rosalba Ledda, eine ehemalige Austauschschülerin an meiner Highschool. Wir waren dicke Freunde, haben uns jedoch aus den Augen verloren, als sie nach Italien zurückkehrte, genauer gesagt nach Sardinien.« Rosa, die kosmopolitische Cousine? »Ewig hatten wir nichts voneinander gehört, bis sie mich vor einigen Monaten auf Facebook kontaktierte.«

»Rosalie?«, fragt Maura ausdruckslos.

»*Yes*. Erst haben wir miteinander gechattet, später mal telefoniert. Natürlich erzählte ich, dass ich mittlerweile in Deutschland lebe und mit einer Halbitalienerin samt deren chaotischer *family* zusammen bin.« Schuldbewusst verzieht er die Mundwinkel: »*Sorry*.« – *Sorry*? Nach diesem Abend gibt es da rein gar nichts mehr zu entschuldigen.

»Rose hat gelacht, Deutschland, das träfe sich gut, da könne sie was erzählen, das zwar einige Jahre her und dennoch unübertroffen sei. Die Story über eine Jugendfreundin, die sie mir auftischte, tat ich glatt als Märchen ab. Später kam ich ins Grübeln. Rose hatte keine Namen erwähnt, bloß einen Zahnarzt, ein Kind und eine Pizzeria. ›Bullshit, vergiss es‹, sagte ich mir, habe dann aber doch bei Maura nachgehakt, was furchtbar in die Hose ging. Sie regte sich auf, weil sie meine Fragen so *strange* fand. Ihr kennt sie ja. Irgendwann steigerte sie sich rein und unterstellte mir derart üble Dinge, dass ich die Lust verlor, ihr die Wahrheit zu sagen. Wir haben uns zerstritten, getrennt und wieder vertragen, ohne dass das Ganze noch mal zur Sprache gekommen ist. Ich hätte es bestimmt nicht mehr erwähnt!«

»Du kennst Rosa?«, fragt Arianna ungläubig.

»Scheint so!«

»*Porco Giuda! Shit, shit!*« Maura ist geplättet. Die Affäre mit meinem Chef hätte sie sich sparen können. Der für seinen Teil verfolgt die Szene belustigt.

»Man könnte fast meinen«, zwinkert er ihr zu, »wir wären alle eine große *famiglia*.«

Sein Bekenntnis in Sachen Arianna scheint ihn auch in Sachen Maura zu entspannen.

»Die gute Rosa«, grinst Angelo, »einzige Mitwisserin und Ursprung allen Übels. So schließt sich der Kreis. Die Welt ist ein Dorf.«

Damit ist endgültig alles gesagt. Nicht ganz.

»Moment, Leute, wo wir gerade so richtig dabei sind«, platzt meine Schwester heraus, »von wegen Homosexualität, Pleiten, uneheliche Kinder und so. Ich hätte da ebenfalls noch eine Kleinigkeit.«

Alle Augen richten sich auf Maura, der angesichts der plötzlichen Aufmerksamkeit die Worte in der Kehle gefrieren. Erst nach ein paar anstoßenden »Häs«, »Ahs«, »*Dais*«, »*Ehs*« und einem »Heilg's Blechle!« von Herrn Schäberle fasst sie sich ein Herz. »Ich bin schwanger«, haucht sie dem sensationsverwöhnten Publikum entgegen. »Ich bekomme ein Baby, und es könnte sein ...«

»*Auguri*«, rufe ich freudig, »wunderbar! Das ist super! Alles Gute für euch, für dich und Sammy!«

Für dich und Sammy, tatsächlich, denn im sprichwörtlichen letzten Moment ist mir die Bedeutung des Begriffs »Vasektomie« eingefallen.

Anno nuovo ...

... *vita nuova*. Neues Jahr, neues Glück, neues Leben! Das neue Leben, welches in Maura heranwächst, ist mit an Sicherheit grenzender Wahrscheinlichkeit kein Produkt ihrer alkoholgeschwängerten Liebesnacht mit meinem Chef Dottore Vincenzi. Zu dem Zeitpunkt, als der sich mit meiner Schwester verlustierte, war er aufgrund eines urologischen Eingriffs bereits seit gut einem Jahr nicht mehr zeugungsfähig. »Die operative Durchtrennung der Samenleiter im Hodensack des Mannes« – nichts anderes nämlich umschreibt der Begriff »Vasektomie«, den mir meine Freundin Silvia mehrfach kichernd erläutert hatte. Ich könne mir kaum vorstellen, wie viele potente Platzhirsche die Praxis ihres Chefs aufsuchen würden, um der Verbreitung der eigenen Gene einen professionellen Riegel vorzuschieben. Eine uneheliche Tochter hatte dem frauen-, aber nicht kinderlieben Davide Vincenzi ganz offensichtlich gereicht, um ebenfalls zu dieser Maßnahme zu greifen.

Die Feiertage sind nunmehr vorübergeglitten, ein neues Jahr ist angebrochen, von dem man sich im Herkunftsland meiner *famiglia*, und nicht nur da, traditionell einen Neuanfang verspricht. Hehre Ziele werden gesteckt, alte Laster analysiert; die daraus abgeleiteten edlen Vorsätze für circa zwei Wochen eingehalten und danach vergessen. Nicht wahnsinnig spannend.

Interessanter mag sein, auf welche Weise sich die bunten Fäden unseres Familienknäuels entwirrt haben. Vielleicht sollte ich mit den Dingen beginnen, die *nicht* passierten: Da weder Nürnberg noch Italien in direkter verwandtschaftlicher Linie zu Hollywood liegen, wachte niemand am nächsten Morgen auf, um festzustellen, dass alles nur ein böser Traum gewesen war. Das *Vesuvio Due* wurde nicht durch eine überraschende Wendung des Schicksals vor der Pleite bewahrt. Ariannas Carlo erschien nicht im gestreckten Galopp auf einem weißen Schimmel, um seine verlorene Liebe samt illegitimem Nachwuchs in die Arme zu schließen, es gab keine verspätete Traumhochzeit, anlässlich deren Ugolino und Savia Blumen streuen oder Maura und ich hätten die Brautdamen geben können. Dottore Vincenzi wurde nicht über Nacht zum Mustervater und ich, meinen Indiskretionen zum Trotz, nicht entlassen. Auch die Schäberles sind nicht etwa so vernünftig geworden, die Kehrwoche vom Podest der heiligsten Güter der Menschheit zu stoßen.

Passiert ist dagegen Folgendes: Am 26. Dezember gab es Pikkolo Valdo für Nonna sowie Weihnachtsgans und Panettone für alle, einschließlich den Schäberles, die jetzt immerhin tolerieren, dass die Famiglia Maiotti in puncto Reinlichkeit andere Prioritäten setzt als sie selbst. Am Tisch saß – *naturalmente* – auch Dottore Vincenzi oder »Davide«, wie ich ihn jetzt nennen muss. Leider steht zu befürchten, dass er an die Existenz eines familiär begründeten Rechts auf unbezahlte Überstunden glaubt. Den Zahn werde ich ihm schleunigst ziehen müssen. Am selben Tag kam spontan meine Tante Rosl aus Regensburg angereist. Im Gepäck hatte sie ihren Freund Hubert, einen gähnend öden Steuerberater. Beide verstanden sich prächtig mit Frau Schäberle, welche die hintersten Winkel unserer gammeligen Behausung inspizierte, um sie einige Tage später, zwar in Nonnas Anwesenheit, aber unter konsequentem Ignorieren ihrer Anweisungen, auf Hochglanz zu bringen. Nonno Corrado und Herr Schäberle indessen haben eine gemeinsame Leidenschaft entdeckt und pflegen von Tarot über Schafkopf bis hin zu *scopa* einen regen interkulturellen Kartenaustausch. Arianna und Angelo sind offiziell weiterhin ein Ehepaar, inoffiziell tun und lassen sie, was sie wollen. Angelo mit Massimo, Arianna im Volkshochschulkurs »Bilanzbuchhaltung für Anfänger«, der sie dazu befähigen soll, das *ristorante* in Eibach eigenständig zu führen. Angelo wird in Zukunft nämlich öfter abwesend sein, um Zia Gina und Zio Franco zu unterstützen, die es in Italien nahe des Vesuvs mit einem *Vesuvio Tre* versuchen wollen. So also wird die Famiglia Santaniello nicht Eulen nach Athen, sondern Pizza nach Italien tragen. Und Massimo? Ist selbstredend mit von der Partie! Da Gianni den vom Tugendpfad der Heterosexualität abgekommenen Sohn schleunigst aus seinem Gesichtsfeld entfernen musste, hat er spontan in diese etwas fragwürdige Unternehmung investiert. Zio Franco akzeptierte zähneknirschend, Geld regiert nun mal die Welt, die deutsche wie die italienische. Eine weitere Finanzspritze dürfte von Nonno kommen, der tatsächlich … doch davon gleich.

Mauras Schwangerschaft hat sich am Ende als das geringste Übel erwiesen. Meine Schwester scheint jeden Tag ein klein wenig dicker zu werden. Nonna kocht und kocht, Maura isst und isst; und das alles mit der Entschuldigung, es für zwei tun zu müssen. Nach dem ersten Schockmoment haben sie und Sammy sich verlobt. Ob es jemals zur Hochzeit kommen wird, ist schwer zu sagen. Das heimische Mädchenzimmer wird weiterhin mit einer Regelmäßigkeit frequentiert, die daran gewisse Zweifel lässt. Dafür wächst parallel zum Bauch das Interesse an den Übungsobjekten Ugolino und Savia, denen Maura abwechselnd vorliest, vorschimpft und mütterliche Ratschläge erteilt. Die beiden nehmen es gelassen, so wie sie letztlich alles gelassen nehmen, was ihnen im Zuge dieses denkwürdigen Weihnachtsfests geboten wurde. Was bliebe ihnen bei *la famiglia* auch anderes übrig?

Und *ultimo ma non meno importante, last but not least*: Peter und ich. Im Vergleich zu Maura und Sammy sind wir ein geradezu kitschig harmonisches Paar. Peter beherrscht bereits geschätzte

7350 Vokabeln auf Italienisch und mehrere unheimlich praxisnahe Sätze wie: »*Una porzione di spaghetti al pomodoro con molto parmigiano ma senza finocchio, salvia e sedano, per favore.*« Spaghetti in Tomatensauce mit viel Parmesan, aber ohne Fenchel, Salbei und Sellerie – alles klar. Nach Peters Vater Wolfgang habe ich auch seine Mutter Kriemhild kennenlernen dürfen: Vater, Mutter, Sohn, nicht mehr, nicht weniger. Wie überaus entspannend!

Am 6. Januar, *Epifania*, dem Tag, bis zu dem unser in diesem Jahr gar nicht erst entzündetes Weihnachtsholzscheit hätte brennen sollen, klingelt das Telefon. Im Wohnzimmer brüllt der Fernseher, in der Küche klappert Nonna Elsa mit den Töpfen. Nonno Corrado testet ein neues Tarot-Legesystem, Mama versucht Maura wortreich zu erklären, weshalb sie während der Schwangerschaft keine Mettwurst essen soll, Babbo lugt in die Zeitung vom Vortag. Es ist dreiviertel acht, kurz vor der *Tagesschau*. Um diese Uhrzeit könnte jeder anrufen. Arianna, Zia Gina, Sammy, Peter. Peter? Ich hechte empor.

»*Bella di Bisnonna!!!*« Meine Urgroßmutter! Mit ihr hätte ich zu dieser vernünftigen Stunde am wenigsten gerechnet.

»*Come va?*«, erkundigt sie sich mit jener überlegenen Sanftheit, die sie meist an den Tag legt, wenn sie die Antwort bereits zu kennen glaubt. Wie es geht?

»*Così così*. Den Umständen entsprechend. Wir sind am Leben und erfreuen uns bester Gesundheit.«

Bisnonna schnauft durch die Leitung.

»Das klingt etwas dramatisch.«

»Es *ist* dramatisch, nur nicht ganz einfach zu erklären.«

Gli uomini non cambiano … röhrt passenderweise im Hintergrund Mia Martini ihr unvergessliches Lied von den betrügenden, sich nie ändernden Männern. Bisnonna mag Mia Martini? Eine weitere Unbekannte, eine von vielen.

»Wenn es so schwer zu erklären ist, dann lass es bleiben, in meinem Alter hat man ausreichend unnützes Zeug gehört. Nur eins möchte ich wissen: Wann kommst du mich besuchen?«

»*Boh! Chissà.*«

Im Hörer schnaubt es missbilligend.

»*Nipotina,* für derart vage Äußerungen bin ich ebenfalls zu alt.«

»Ach, Bisnonna, es ist so weit nach Italien.«

»Weit? Fällt dir keine bessere Ausrede ein? Heutzutage reisen die Leute in einer halben Woche um die Welt, da wirst du wohl noch die 1300 Kilometer von Nürnberg nach Napoli schaffen!«

So viel Energie ist entwaffnend.

»*Certo*«, hauche ich verunsichert.

»Na also, *brava! Ricordati di osare sempre.* Wie wär's mit Ostern?«

»Gewonnen!«, brüllt Nonno im Wohnzimmer. »Mein Los hat gewonnen! Ich habe es gewusst! Der Pudding konnte nicht lügen!« Der auf diese Worte hin entstehende Tumult lenkt mich kurzfristig ab.

»Was hast du gesagt?«

»Du sollst dich daran erinnern, immer zu wagen«, wiederholt Bisnonna gleichmütig auf Deutsch.

»Hübscher Spruch, ist er von dir?«

»*No,* von Gabriele D'Annunzio, einem meiner Lieblingsdichter. *Pasqua?*«

»Gut, Ostern«, gebe ich mich geschlagen, »ich werde es versuchen.«

»Nicht versuchen, wagen!«

»Verdammt noch mal, ja, wagen!« In der Leitung schnurrt es zufrieden. »Ach, Bisnonna, übrigens«, schiebe ich nach, »eins solltest du wissen: *Ho preso una cotta* – ich bin verknallt.«

Bisnonna Fabiolas Reaktion erfolgt etwas zeitverzögert.

»Ja, ja, wer sagt's denn«, tönt es weise aus dem Hörer, »*anno nuovo, vita nuova.* Oder besser: *Ogni fine è anche un nuovo inizio …* Jedes Ende ist zugleich ein Anfang!«

Das Beste zum Schluss –
dulcis in fundo

Aus dem Kochbuch der Famiglia Maiotti

Die Mengenangaben der folgenden Rezepte beziehen sich auf die acht bis neun Personen einer kleineren italienischen Großfamilie. Um sie deutschen Verhältnissen anzupassen, muss man sie in etwa halbieren.

Minestra maritata

Nonna Elsa ist fest davon überzeugt, dass es die zwei wichtigsten Bestandteile einer gelungenen *minestra maritata* in keinem Laden der Welt zu kaufen gibt: Liebe und eine neapolitanische Seele. Leider sind auch die übrigen Zutaten nicht immer problemlos zu erwerben.

Wer es dennoch versuchen möchte, benötigt: 4–6 Knoblauchzehen, 1 Zwiebel, 6 EL Öl, 100 g Speck (wenn möglich: *lardo*), 4 kg Gemüse wie Chicorée, Endiviensalat, Borretsch, Mangold, Spinat, Brokkoli (bzw. alles, was man sonst noch mag oder bekommt); dazu: 300 g Suppenfleisch vom Rind, 300 g Schweineschwarte, wahlweise auch Schweineschwänzchen, Hauptsache fett, 500 g pikante Würstchen wie Debreziner, Chorizo, alternativ z. B. Landjäger oder Nürnberger Bratwürste.

Und nun die Zubereitung: Gemüse putzen, blanchieren und

gut abtropfen lassen. Speck, Knoblauch und Zwiebel klein hacken, im heißen Öl anschwitzen, das Gemüse hinzufügen und alles mit ca. 1,5 Liter Wasser oder Brühe strecken; ca. 40 Minuten lang auf niedriger Flamme, zusammen mit etwas Parmesanrinde zur Aromatisierung, köcheln lassen.

In einem separaten Topf das Fleisch sieden, um das überschüssige Fett zu entfernen. Danach in mundgerechte Stücke schneiden und zur Suppe geben. Mindestens eine Viertelstunde ziehen lassen. Mit Pfeffer, Salz und Kräutern nach Belieben abschmecken. Heiß servieren!

Dieses an sich einfache, hier bereits an deutsche Einkaufsverhältnisse angepasste Gericht ist ein Experiment, auf das sich die Maßstäbe »richtig« oder »falsch« schwer anwenden lassen. Ähnlich wie beim *insalata di rinforzo* pflegt jede Familie ihr eigenes Rezept – je blühender die Phantasie, desto reichhaltiger die *minestra*. Da Elsa Maiotti zu den einfallsreichsten Menschen auf diesem Planeten gehört, passt auf ihre Suppe nur eine Beschreibung: zum Niederknien.

Der Orakelpudding

Es gibt Süßspeisen, die besser aussehen, als sie schmecken, bei anderen verhält es sich genau umgekehrt. Der traditionelle *budino di Natale* der Famiglia Maiotti befriedigt Auge und Gaumen gleichermaßen. Etwas Mühe und Phantasie garantieren dem *pasticciere* die beeindruckten Mienen dankbarer Schlemmer.

Am 22. Dezember beginnt Nonna Elsa mit der Zubereitung der untersten Schicht. Dazu verrührt sie 400 g Mascarpone mit einem Pfund Quark und hebt dann der Masse ungefähr ¼ Liter steif geschlagener Sahne unter. Dazu kommen ein Tütchen Vanillezucker und ein kräftiger Schuss *sciroppo di asperula* (Waldmeistersirup) aus Eigenproduktion. Zur Erzeugung eines satten Grüns wird der Creme abschließend neben der Orakelpistazie etwas Lebensmittelfarbe beigemengt. Darauf wird sie in eine große Glasschüssel gefüllt, glatt gestrichen und über Nacht kalt gestellt.

Das Rezept für die *panna cotta al limone*, aus der die mittlere Schicht besteht, ist ebenso simpel wie delikat: Sechs Blatt Gelatine in kaltem Wasser einweichen, in einem Topf unter ständigem Rühren 1 Liter frische Sahne, 400 g Puderzucker, den Abrieb von zwei Biozitronen und das Mark von zwei Vanilleschoten für ca. fünfzehn Minuten zum Köcheln (keinesfalls zum Kochen!) bringen. Von der Platte nehmen, die Gelatine zugeben und verrühren, schließlich den Saft der Zitronen und die Orakelmandel hinzufügen. Die Masse, ehe sie fest wird, in die Glasschüssel zur Waldmeistercreme füllen; wieder über Nacht kalt stellen.

Für die – aufgrund des Alkohols leider nicht kindgerechten – Variante der zweiten Schicht aus *tiramisù al limone* trennt Nonna sechs frische Eier, schlägt die Dotter mit 200 g Zucker schaumig und fügt 500 g Mascarpone, den Abrieb von zwei Zitronen sowie 4 cl *crema di limoncello* hinzu. Dann zieht sie vorsichtig mit einem Löffel das steif geschlagene Eiweiß unter die Masse, um im Anschluss in einer flachen Schüssel den Saft einer Zitrone mit *limoncello* und 2 EL Zucker zu vermengen. Mit dieser Flüssigkeit werden 200 g Löffelbisquits getränkt und direkt auf die Waldmeistercreme vom Vortag geschichtet. Darüber wird die Hälfte der soeben produzierten Zitronencreme verteilt. Es folgen eine weitere Schicht aus Löffelbisquits und der Rest der Creme samt Orakelmandel. Doch *attenzione*: Die Bisquits sollten zwar gut getränkt, aber nicht zu feucht sein, damit sie die unterste Schicht nicht durchweichen. Und ein Tipp: Die Zitronen mit dem besten Aroma stammen zweifelsohne aus Sorrent!

Die dritte Schicht ist schnell gemacht. Dies ist auch notwendig, da am Morgen des 24. Dezember ja noch so viel anderes, zum Beispiel die *minestra maritata*, vorzubereiten ist. Mit dem Stabmixer werden nach Gusto frische oder tiefgekühlte Beeren (Erdbeeren, Himbeeren, Johannisbeeren, Hauptsache, sie sind rot) püriert, dazu kommen der Saft einer Zitrone, etwas Zucker sowie, nicht zu vergessen, eine möglichst scharfe Chilischote, die dem glücklichen Finder ordentlich einheizt. Ein paar hübsche Beeren obenauf als Garnitur – *perfetto*!

Mit etwas Geduld und Zeit ließe sich diese Kreation theoretisch an einem Stück erschaffen, Nonna Elsa verfügt über keines von beidem und verfolgt noch aus einem anderen Grund strikt die rituelle Anfertigung an drei aufeinanderfolgenden Tagen: Nur ein mit Tamtam und einer Prise Theatralik hergestelltes Gesamtkunstwerk entfaltet am Ende die volle Magie.

Insalata di rinforzo

Die Zutaten dieses in Kampanien typischerweise am Weihnachtsabend servierten Gerichts variieren von Köchin zu Köchin. Schon zur Bedeutung des Namens existieren verschiedene Theorien. *Rinforzo* (Stärkung, Verstärkung), so besagt eine davon, beziehe sich darauf, dass dieser Salat traditionell an mehreren Tagen hintereinander gegessen und immer wieder mit neuen Zutaten angereichert, also verstärkt wird. Eine andere behauptet, dass der reichlich verwendete Essig den Appetit anregt, und gemäß einer dritten – die im Fall der Famiglia Maiotti eher abwegig ist – sollte dieser Salat schlichtweg das ansonsten eher magere, fleischlose Weihnachtsmahl aufpeppen.

Für ihre Version zerkleinert Arianna zwei Blumenkohlköpfe in zierliche Röschen und blanchiert diese so lange in kochendem Salzwasser, dass sie noch bissfest bleiben. Dann lässt sie sie abkühlen, gibt sie in eine große Schüssel und würzt sie mit 9 EL Essig, 9 EL Öl, Pfeffer und Salz. Im Anschluss wäscht, putzt und zerkleinert sie einen Endiviensalat sowie zwei rote Paprika, die sie in großzügige Streifen schneidet. Beides wird dem Blumenkohl beigemengt. Hinzugefügt werden außerdem ungefähr 12 feingehackte, in Salzlake eingelegte Sardellenfilets, 200 g in Essig eingelegtes Gemüse nach Wahl (z.B. Auberginen, Zucchini, Pilze) sowie 200 g schwarze Oliven und 200 g gesalzene Kapern. Schließlich werden alle Zutaten ebenso vorsichtig wie gründlich miteinander vermischt. Damit der Salat durchziehen und sein Aroma entfalten kann, sollte er möglichst zwei bis drei Stunden vor dem Servieren fertig sein. Ein ziemliches Ding der Unmöglichkeit, angesichts der Tatsache, dass Arianna nebenher dem Ritual des *ceppo di Natale* beiwohnen, Savia beaufsichtigen und sich überdies im Küchenkampf mit Nonna Elsa und Zia Gina behaupten muss. Glücklicherweise ist zumindest Mama Silkes Kartoffelsalat bereits seit dem Vorabend in der Waschküche kalt gestellt. Es lebe die deutsche Wohlorganisation.

Struffoli

Wie wir erleben durften, ist Maura *golosa*, also ein rechtes Leckermäulchen. Wenn sie nicht bei Gianni schnorren kann, bequemt sie sich schon mal selbst in die Küche, um das ein oder andere *dolce* zu fabrizieren. Eine besondere Vorliebe hegt sie für die in Kampanien zur Weihnachtszeit in großen Mengen verzehrten *struffoli*.

Zur Herstellung des Teigs benötigt sie 1 kg Mehl, 10 Eier, 200 g Butter, 3 EL Zucker, 1 Gläschen Anisschnaps und eine Prise Salz.

Zuerst siebt sie das Mehl und verarbeitet es mit allen Zutaten zu einem geschmeidigen Teig, den sie, mit einem sauberen Geschirrtuch abgedeckt, für ca. 1 Stunde ruhen lässt. Danach rollt sie ihn portionsweise zu langen Würsten aus, die wiederum in kleine Abschnitte zerteilt und zu einigermaßen runden Kugeln geformt werden. Dabei zu helfen ist eine von Savias Lieblingsbeschäftigungen, der sie mit großem Eifer nachgeht. Beim nächsten Schritt, dem Frittieren der *struffoli* in siedendem Öl, muss die Kleine dem Herd fernbleiben. Doch sobald die Süßigkeiten goldgelb und knusprig zum Abtropfen auf einem Küchenkrepp ausgebreitet und etwas abgekühlt sind, darf sie probieren.

Um die Sache im wahrsten Sinne des Wortes abzurunden, schmilzt Küchenmeisterin Maura nun noch 400 g Honig in einer Pfanne und vermengt ihn mit 4 EL Zucker, zwei Schuss Wasser und Anislikör sowie dem Abrieb einer Orange und einer Zitrone. In dem schäumenden Gemisch wendet sie die *struffoli* so lange, bis diese glänzend überzogen sind. Zu einer Pyramide schichten, eine Tüte bunter Streusel darüber, fertig!

Fortgeschrittene Konditorinnen servieren das klebrig-süße Vergnügen in Körbchen aus selbstproduziertem Mandelkrokant. Das allerdings würde hier etwas weit führen, viel weiter, als Mauras Backkünste reichen.

Panettone …

… muss man probiert haben, er gehört zu den herrlichsten Weihnachtsleckereien überhaupt. Maura würde den konfektionierten von Motta kaufen, denn Panettone ist leichter auf ein Buchcover gedruckt als frisch gebacken auf den Tisch gebracht. Wer das nicht glauben mag, dem sei ein vorweihnachtlicher

Spaziergang durch den Wiesengrund im Süden Nürnbergs empfohlen. Über die Rednitzbrücke gelangt man geradewegs nach Gerasmühle. Ein Ort, verträumt und verwunschen, wie aus märchenhafter Zeit. Wenn dann ein brachialer italienischer Fluch die Stille zerreißt, gefolgt vom Knallen eines Sektkorkens, so dürfte das Nonna Elsa sein, die sich möglicherweise mehr als nur einen Pikkolo genehmigt, weil ihr Panettoneteig wieder einmal nicht aufgegangen ist ...

Ringraziamenti ...

... an meinen Agenten Harry Olechnowitz, den die Famiglia Maiotti als Ersten überzeugte, und an meine Lektorin Angela Volknant, die das vielgestaltige Material mit Geduld und Expertise in lesbare Bahnen lenkte.

Danke an Christine und *Mamma* für die kreative Vorlektüre, Signora Campagna für die kompetente Durchsicht der italienischen Passagen und an all meine Freundinnen, *italiane e tedesche*, in denen so viel von Anna, Maura und Arianna steckt.

Und *naturalmente*: *Mille grazie* an meinen Ehemann, der beinahe so gelassen ist wie Babbo, mindestens so unterhaltsam wie Zio Franco und der wahrscheinlich sogar besser kochen kann als Nonna.